全国财经专业(新课程标准)精品教材

企业经营 ERP 沙盘模拟教程

QIYE JINGYING ERP SHAPAN MONI JIAOCHENG

主　编　于兆艳　罗　徽　江信鸿
副主编　王鹏程　李建颖　彭莎莎

浙江工商大学出版社
ZHEJIANG GONGSHANG UNIVERSITY PRESS

图书在版编目(CIP)数据

企业经营ERP沙盘模拟教程 / 于兆艳，罗微，江信鸿主编. — 杭州 ：浙江工商大学出版社，2016.5

ISBN 978-7-5178-1631-7

Ⅰ.①企… Ⅱ.①于… ②罗… ③江… Ⅲ.①企业管理—计算机管理系统—教材 Ⅳ.①F270.7

中国版本图书馆CIP数据核字(2016)第095791号

企业经营ERP沙盘模拟教程

主　编　于兆艳　罗　微　江信鸿

责任编辑　李相玲

封面设计　宣是设计

出版发行　浙江工商大学出版社

(杭州市教工路198号　邮政编码310012)

(E-mail:zjgsupress@163.com)

(网址:http://www.zjgsupress.com)

电话:0571-88904980,88831806(传真)

排　　版　奥创工作室

印　　刷　北京文良精锐印刷有限公司

开　　本　787mm×1092mm　1/16

印　　张　18.75

字　　数　480千

版 印 次　2016年6月第1版　2016年6月第1次印刷

书　　号　ISBN 978-7-5178-1631-7

定　　价　39.00元

前　言

企业经营ERP沙盘模拟演练课程源自军事上的沙盘模拟推演。它运用形象直观的沙盘教具全真模拟企业若干年的运营过程，它所构造的经营环境是企业真实状况的微缩。在模拟经营过程中，学习者会遇到企业实际运营中经常出现的各种典型问题，学习者要透彻分析企业外部环境条件和内部资源实力，制订整体战略规划，还要在生产、销售、营销、财务、研发等方面做决策，在顾客、市场份额、技术创新、利润等方面展开激烈竞争，认真参与所有战略和财务决策的制订以及年度损益表和平衡表的编制。

虽然面对的不是真实的企业组织，但是模拟沙盘推演过程却具备了企业经营的主要特征。在沙盘的模拟中，需要制订模拟企业的战略规划，考虑企业的资金筹措，制订企业的营销组合，研发企业的新产品，开拓企业未进入的新市场，需要维护企业的设施和设备，需要控制企业的现金流，核算企业的经营状况。每一个参与者都在沙盘模拟经营团队中扮演不同的角色、承担不同的任务，在"CEO"的领导下各司其职，各尽其能，齐心协力去赢得企业经营的成功。学员通过亲身参与可以直观地理解企业的市场定位、分析竞争对手、控制投资规模、合理运用资金，从而体会在不同的市场竞争环境下如何制订企业的经营策略和应对方案。掌握制订决策的正确方法，远离决策陷阱，提高决策能力，体悟如何使企业在现代竞争的经济环境下生存、发展的正确思维方式和管理理念。

企业经营ERP沙盘模拟这种体验式和参与性的学习方式，为学习者创造了轻松愉快的学习环境，运用视觉、听觉等多种工具，引导学习者进行思考、参与监测的学习过程，极大地激发了学习者的积极性和主动性，提高了学习的效果。这种实践性课程将学习者的企业管理的理论知识与企业经营模拟的实践行为有效地结合起来，将角色扮演和岗位实践集于一体，使学习者在参与性和体验式的学习情境中实现理论知识到实践技能的转化。

本书分为理论基础篇和运营实践篇。理论基础篇中主要介绍了企业设立、企业经营目标与战略的制订、企业经营的决策、企业的营销活动、现金流控制和财务管理以及生产运作、质量管理、库存控制等企业经营的主要活动涉及的理论基础，为模拟企业的实战运营做好相关理论知识的铺垫。运营实践篇主要阐述了基于用友ERP沙盘的企业经营模拟运作流程和规则，并且介绍了沙盘模拟经营的评价分析手段、工具沙盘模拟的总结分析的内容，以提高经营模拟的运行效果。针对目前大多数教材只介绍手工沙盘运行操作的不足，本书还详细介绍了"创业者"电子沙盘操作流程和相关规则，使本书有了更强的适用性。

本书编写过程中参考了许多国内外专家学者的著作，在此表示由衷的感谢。编写过程中也参考、借鉴、引用了很多互联网上的相关资料，但部分引用于网络的资料由于各种原因无法明确地标出文献的来源，在此时向这些文献的作者和提供者表示歉意以及感激。

由于编者水平所限，不当之处在所难免，恳请同行专家及广大读者提出批评指正意见和建议，以便更好地修订完善。

编　者

目 录

上篇 理论基础篇

第一章　企业设立

第二章　企业经营管理

第三章　企业生产运作管理

第一章　企业设立

学习目标

☞了解企业的类型；
☞掌握组织设计的原则；
☞熟悉不同企业组织结构的特点；
☞了解企业命名的原则、重要性；
☞熟悉企业名称申请的程序；
☞熟悉企业选址应注意的因素；
☞掌握企业登记设立的基本流程。

第一节　企业概述

案例引入

“创易网”的发起

2006 年 4 月，南京财经大学创业团队创建了创易网，并发起组建了南京高校创业联盟。这是目前南京地区唯一一家专注于大学生创业就业服务的网站。网站开办以来一直坚持以服务大学生为己任，在南京高校中树立了良好的公益形象。

创易网通过网络平台实现对大学生创业就业的指导服务，与大学生共享创业信息、寻找创业伙伴、分享创业心情，并为其提供创业资金贷款和创业项目指导。在南京青年人才创业中心支持下，网站计划参加 YBC 中国青年创业国际计划和南京“1118 工程”建设，为南京大学生提供快捷、权威的创业服务。

截至 2006 年 7 月 5 日，网站已有注册会员 221 人，访问总量达到 7 262 人次，日均独立 IP 访问达到 1 200 人次。

（资料来源：曹胜利，《大学生创业——高校素质拓展教程》，万卷出版公司 2006 年版。）

讨论：

1. 如何创办有自身特色的企业？
2. 企业创立成功的因素有哪些？

管理就是把复杂的问题简单化，混乱的事情规范化。

——杰克·韦尔奇

一、企业及企业的类型

（一）企业的概念

企业是从事生产、流通、服务等经济活动，为满足社会需要和获取盈利，依照法定程序成立的具有法人资格，进行自主经营，独立享受权利和承担义务的经济组织。

企业并不是人类社会存在以来就有的，它是社会生产力发展到一定水平时产生的，是商品经济的产物。

卡尔·马克思
（1818－1883）

最早出现的是工业企业。工业企业的早期发展经历了三个阶段，即资本主义手工业作坊、手工业工场和工厂企业。手工业作坊是一种简单协作劳动的组织形式，是工厂企业的萌芽。手工业工场是以专业化分工为基础形成的，具有比手工业作坊规模更大的社会化大生产组织形式，它是企业的初期形态。马克思曾指出：以分工为基础的协作，在工场手工业上取得了自己的典型形态。这种协作作为资本主义生产过程的特殊形式，在真正的工场手工业时期占统治地位。这个时期大约从16世纪中叶到18世纪末叶。①

18世纪60年代开始的资本主义"产业革命"产生了以机器为基本生产手段的工厂。1769年水力纺织机发明并使用以后世界上出现了第一个棉纺厂，随后资本主义手工业工场普遍向工厂这种生产组织形式过渡。这种工厂就是工业企业的近代形式。在大量工厂的涌现，并与社会各个方面建立了广泛的联系后，企业也就从早期的工业领域迅速扩展到商业、建筑、金融、采掘、运输、邮电等各个领域。

（二）企业的类型

从不同的角度，按照不同的标准可将企业划分成不同的类型。

1. 按企业资产的所有制性质分类

这是中国过去常用的一种分类方法。按照企业资产的所有制性质可将企业分成如下几种类型。

（1）国有企业。国有企业也称全民所有制企业。它的全部生产资料和劳动成果归全体劳动者所有，或归代表全体劳动者利益的国家所有。在计划经济体制下，中国的国有企业全

①［德］卡尔·马克思，弗里德里希·恩格斯：《马克思恩格斯全集》第1版第23卷，人民出版社1972年版，第373页。

部由国家直接经营。由国家直接经营的国有企业称为国营企业。

(2)集体所有制企业。集体所有制企业简称集体企业。在集体企业里,企业的全部生产资料和劳动成果归一定范围内的劳动者共同所有。

(3)私营企业。私营企业是指企业的全部资产属私人所有的企业。《中华人民共和国私营企业暂行条例》规定:"私营企业是指企业资产属于私人所有,雇工 8 人以上的营利性经济组织。"

(4)混合所有制企业。混合所有制企业是指具有两种或两种以上所有制经济成分的企业,如中外合资经营企业、中外合作经营企业、国内具有多种经济成分的股份制企业等。

中外合资经营企业是由外国企业、个人或其他经济组织与中国企业共同投资开办、共同管理、共担风险、共负盈亏的企业。它在法律上表现为股权式企业,即合资各方的各种投资或提供的合作条件必须以货币形式进行估价,按股本多少分配企业收益和承担责任。它必须是中国法人。

中外合作经营企业是由外国企业、个人或其他经济组织与中国企业或其他经济组织共同投资或提供合作条件在中国境内共同举办,以合同形式规定双方权利和义务关系的企业。它可以具备中国法人资格,也可不具备。合作各方依照合同的约定进行收益或产品的分配,承担风险和亏损,并可依合同规定收回投资。

2. 根据企业制度的形态构成分类

这是国际上对企业进行分类的一种常用方法。按此方法可将企业分成业主制企业、合伙制企业和公司制企业。企业制度是法律高速发展的结果,所以这种分类方法划分而成的企业类型也称法律形式。

(1)业主制企业。业主制企业是由一个人出资设立的企业,又称个人企业。出资者就是企业主,企业主对企业的财务、业务、人事等重大问题有决定性的控制权。他独享企业的利润,独自承担企业风险,对企业债务负无限责任。从法律上看,业主制企业不是法人,是一个自然人。

(2)合伙企业。合伙企业是由两人或数人约定,共同出资或以技艺共集一处设立的企业。合伙企业的合伙人之间是一种契约关系,不具备法人的基本条件,不是法人。但也有些国家的法典中,明确允许合伙企业采取法人的形式。根据合伙人在合伙企业中享有的权利和承担的责任不同,可将其分为普通合伙人和有限合伙人。普通合伙人拥有参与管理和控制合伙企业的全部权利,对企业债务负无限连带责任,其收益是不固定的。有限合伙人无参与企业管理和控制合伙企业的权利,对企业债务和民事侵权行为仅以出资额为限负有限责任,根据合伙契约中的规定分享企业收益。由普通合伙人组成的合伙企业为普通合伙企业,由普通合伙人与有限合伙人共同组成的企业为有限合伙企业。

业主制企业和合伙制企业统称为古典企业。

(3)公司制企业。公司是指依公司法设立,具有资本联合属性的企业。国际上有关公司的概念一般认为:"公司是依法定程序设立,以营利为目的的社团法人。"因此,公司具有反映其特殊性的两个基本特征:公司具有法人资格,公司资本具有联合属性。这是公司区别于其他非公司企业的本质特征。根据中国《公司法》规定,中国将存在国有独资公司,这是一种特殊的公司形式。

对公司企业可进一步按照其股东的责任范围进行分类。

①无限公司:是由两个以上的股东出资设立,股东对公司债务负无限连带责任的公司。

②有限责任公司:是由一定数量(中国《公司法》规定为 2 ~ 50 个)的股东出资设立,各股东仅以出资额为限对公司债务负清偿责任的公司。有限责任公司不能对外发行股票,股东只有一份表示股份份额的股权证书,股份的转让受严格限制。

③两合公司:是由一名以上的无限责任股东和一名以上的有限责任股东共同出资设立,无限责任股东对公司债务负无限连带责任,而有限责任股东仅以出资额为限承担有限责任的公司。

④股份有限公司:是由一定数量(中国《公司法》规定为 5 个)以上的股东出资设立,全部资本分为均等股份,股东以其所持股份为限对公司债务承担责任的公司。股份有限公司的财务公开,股份在法律和公司章程规定的范围内可以自由转让。

3. 按企业生产经营业务的性质分类

这种分类方法也是中国常用的企业分类方法。而且,中国企业的上级主管部门也是按这一分类来设置管理机构的。按这种分类方法分成的主要企业类型如下。

(1)工业企业。它是从事工业品生产的企业,为社会提供工业产品和工业性服务。

(2)农业企业。它是从事农、林、牧、副、渔业生产的企业,为社会提供农副产品。

(3)商业企业。它是从事生活资料流通和流通服务的企业。

(4)物资企业。它是从事工业品生产资料流通或流通服务的企业。

(5)交通运输企业。它是为社会提供交通运输服务的企业。

(6)金融企业。它是专门经营货币或信用业务的企业。

除上述主要类型外,还有邮电、旅游企业等。上述企业中的商业企业和物资企业统称为商品企业,简称企业。将生活资料和生产资料分开是中国计划经济体制的产物。生活资料和生产资料在生产和消费方面虽有各自的特点,组织流通的活动也会有所不同,但从市场经济的角度看它们都是商品,没有本质的区别。

二、企业组织结构

(一)组织设计的基本原则

1. 效能原则

企业是一种经济组织,它以营利为目的,利润最大化是它的首要目标。这是企业的经济效益。另外,企业还通过组织商品流通和流通服务为社会提供劳务服务,促进生产的发展,满足人民不断增长的物质文化生活的需要。这是人们常说的企业的社会效益。企业组织设计遵循效能原则,就是要建立合理的组织结构,使企业内部形成良好的运行机制,有利于提高工作效率,降低流通成本,为社会提供优良服务,使企业的经济效益和社会效益不断提高。

2. 统一协调原则

企业的组织设计必须使企业形成一个统一的有机整体。设计形成的组织结构应能保证企业运行时各个部门和个人协调一致地工作。“下级服从上级,局部服从整体”是统一协调原则的基本要求。从事商品流通服务业务的企业,经营过程中不需要什么技术设备,因而不受太多条件的制约,容易形成分散失控的局面。进行组织设计时应充分考虑这一情况,保证对整体经营活动的有效控制。

3. 精简原则

所谓精简,是指企业的组织结构在满足经营需要、保证企业目标实现的前提下,把组织中的机构和人员的数量减少到最低限度,使组织结构的规模与所承担的任务相适应。机构臃肿、人浮于事一方面浪费了人力资源,另一方面由于多余环节的存在而增大了交往成本。而且人员一多,还会增加人际关系方面的矛盾。“小管理,大经营”是中国企业几十年组织管理经验的总结。进行组织设计时应根据这一经验减少职能管理机构和管理人员,把更多的人力投入到经营活动中去。

4. 责权一致性原则

责权一致性原则要求组织结构中的各个部门和个人不仅要有明确的工作任务和责任,而且还要有相应的权力,即责权相适应。有责无权不能保证组织机构正常履行工作职能,承担不了应有的责任。权力过大会造成滥用职权,企业运行混乱。

5. 以营销为中心原则

商品企业的中心任务是销售商品或为社会提供服务,又称为营销活动。营销活动是实现企业目标的基础工作,无论是企业经济目标还是社会效益目标的实现,首先取决于营销工作的好坏。所以,企业的组织设计必须以营销活动为中心,就是说,在企业组织结构中,营销机构是主体,处于决定的地位。以营销活动为中心设计企业的组织机构应做好三个方面的工作:一是要把企业的主要力量安排在直接从事营销活动的机构中,包括人员数量在整个组织中的比重应是最大的、人员的素质应该是最高的;二是营销机构必须是主要的直线机构,由各层次的主要负责人直接领导指挥;三是在企业内部的协调关系中,其他部门的活动应该有利于营销活动的顺利进行,保证营销目标的实现。

(二)企业组织设计应考虑的影响因素

企业的组织结构应与企业所处的环境相适应,因为企业最终是要到环境中去运行的。设计什么样的组织结构要根据企业本身的条件,一方面设计出来的组织结构要靠这些条件来支撑,另一方面组织结构的存在也是为企业的经营管理活动服务的。因此,因地因事制宜是现代组织设计的基本思想。企业的组织设计一般应考虑如下影响因素。

1. 经营业务的性质和内容

为企业经营业务服务是企业组织设计的出发点和归宿。设计组织结构的根本目的是为经营业务创建良好的组织环境。经营业务活动的内容是设置工作岗位的依据,经营业务活动的运行方式决定着部门的划分和组织结构框架。经营生活资料的百货商场可以由售货员在柜台前直接向顾客交货收款,流程简单。但是,经营生产资料的物资企业,常常由于商品要称重或不能当场计量,而要经过开票、检尺、过磅确定实发数、收款、发货等多个环节,流程要复杂得多,组织机构自然也变得复杂。

2. 经营规模

经营规模的大小是影响组织结构中管理跨度和层次结构的重要因素。规模越大,其内部工作的专业化程度就应越高,标准化操作程序就越容易建立。这样管理者用于处理日常事务的时间就越少,因而管理跨度就可以大一些。从这一点来说,规模大的企业由于管理跨度可以大一些,有利于减少管理层次。但是,规模大的企业经营范围宽,业务量大,有些管理职能就可能需要独立出来,这就会增加机构、增加层次。而且规模太大,受管理者能力的限制,分权的程度就会高,有可能需要建立分权式的组织结构。

3. 技术复杂程度

技术复杂程度是影响组织内部协调关系的重要因素。一般来说,技术越复杂,部门或个人之间的交往越多,信息传输量大,传输频次增大,因而相互之间的协调关系变得复杂。为了有效协调,或者增加协调机构,或者调整组织结构。技术复杂程度高的企业,其自动化程度也高,操作人员和工作岗位减少,基层管理的跨度可能变小。但对上层管理人员来说,由于专业化程度和标准化程度高,管理幅度可以增大。总的情况是管理人员的比重增大。

4. 人员素质因素

人是组织中的决定因素。企业的组织结构实际是人的职位结构。组织结构设计出来后,是由人来担任各个职位上的角色。各个职位上的责任和权力以及相互之间的各种关系都要通过人的活动才能体现出来。所以,组织中人的素质对组织结构起着决定性的作用。人员的素质包括身体条件、政治思想、职业道德、知识水平等。高素质的管理者可以承担更多的责任,可以赋予他更大的权力;一专多能的人才可以身兼多职,这样可以减少人员和机构。管理人员的素质也是影响权力来源结构的重要因素。

5. 地理分布

地理分布是指企业经营活动在地理位置上的分布。不难理解,地理分布越分散,内部的信息沟通就越困难,集中控制的难度就越大。因此,地理分布会影响管理的跨度,影响集权分权的程度。企业一般经营网点多,地理位置分散。因此划分部门和决定管理层次时,地理分布是必须考虑的重要因素。

6. 外部环境因素的变化程度

外部环境的经常变化要求企业的组织结构应具有较强的适应性。机械式的组织结构只能适用于稳定的外部环境。变化频繁的环境则要求组织结构应具有灵活的动态性。环境越是复杂和动荡不定,就越要组织内部协调合作,形成统一整体。

(三)企业组织结构的基本类型

企业组织结构是指企业内部的机构设置和权力的分配方式。按照企业内边界考虑的企业管理组织和作业组的组织形式主要有直线制、直线职能制、事业部制、矩阵制。在一些讨论公司制企业组织的文献中,常常把企业集团的组织结构也作为一种管理组织形式。

随着企业的产生和发展及领导体制的演变,企业组织结构形式也经历了一个发展变化的过程。迄今,企业组织结构主要的形式有直线制、职能制、直线职能制、事业部制、矩阵制、多维立体制结构等。

1. 直线制

直线制是一种最早也是最简单的组织形式。它的特点是企业各级行政单位从上到下实行垂直领导，下属部门只接受一个上级的指令，各级主管负责人对所属单位的一切问题负责。厂部不另设职能机构(可设职能人员协助主管人工作)，一切管理职能基本上都由行政主管自己执行。其结构如图1－1所示。直线制组织结构的优点是：结构比较简单，责任分明，命令统一。缺点是：它要求行政负责人通晓多种知识和技能，亲自处理各种业务。这在业务比较复杂、企业规模比较大的情况下，把所有管理职能都集中到最高主管一人身上显然是难以胜任的。因此，直线制只适用于规模较小、生产技术比较简单的企业，对生产技术和经营管理比较复杂的企业并不适宜。

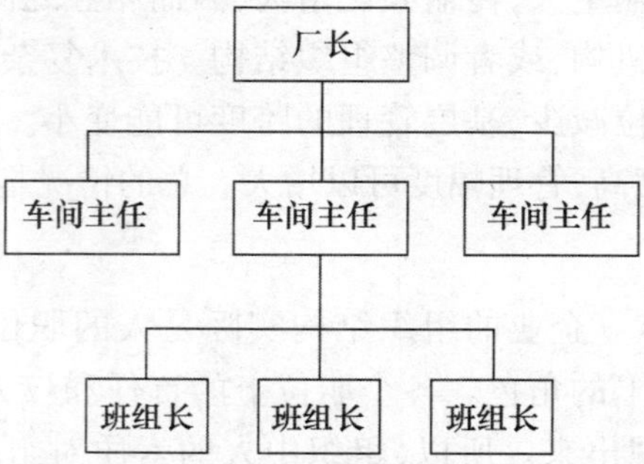

图1－1　直线制组织结构简图

2. 职能制

职能制组织结构是各级行政单位除主管负责人外，还相应地设立一些职能机构。如在厂长下面设立职能机构和人员，协助厂长从事职能管理工作。这种结构要求行政主管把相应的管理职责和权力交给相关的职能机构，各职能机构就有权在自己业务范围内向下级行政单位发号施令。因此，下级行政负责人除了接受上级行政主管人指挥外，还必须接受上级各职能机构的领导。其结构形式如图1－2所示。

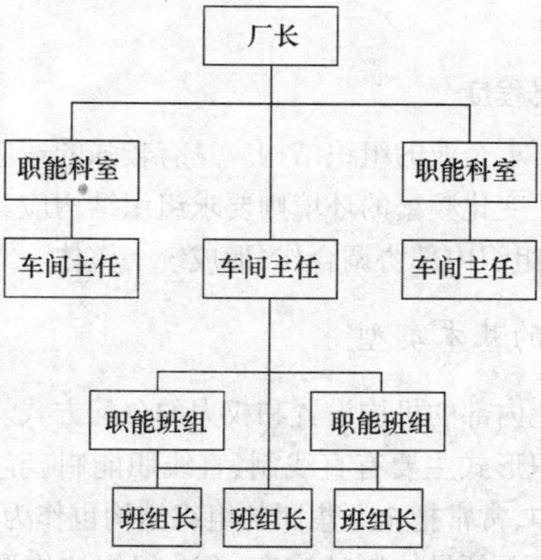

图1－2　职能制组织结构简图

职能制的优点是:能适应现代化工业企业生产技术比较复杂、管理工作比较精细的特点,能充分发挥职能机构的专业管理作用,减轻直线领导人员的工作负担。但缺点也很明显:它妨碍了必要的集中领导和统一指挥,形成了多头领导;不利于建立和健全各级行政负责人和职能科室的责任制,在中间管理层往往会出现有功大家抢、有过大家推的现象;另外,在上级行政领导和职能机构的指导和命令发生矛盾时,下级就无所适从,影响工作的正常进行,容易造成纪律松弛、生产管理秩序混乱的局面。由于这种组织结构形式有明显的缺陷,现代企业一般都不采用。

3. 直线职能制

直线职能制,也叫生产区域制,或直线参谋制。它是在直线制和职能制的基础上取长补短,吸取这两种形式的优点而建立起来的。目前,中国绝大多数企业都采用这种组织结构形式。这种组织结构形式是把企业管理机构和人员分为两类,一类是直线领导机构和人员,按命令统一原则对各级组织行使指挥权;另一类是职能机构和人员,按专业化原则从事组织的各项职能管理工作。直线领导机构和人员在自己的职责范围内有一定的决定权和对所属下级的指挥权,并对自己部门的工作负全部责任。而职能机构和人员则是直线指挥人员的参谋,不能对直接部门发号施令,只能进行业务指导。直线职能制组织结构形式如图1-3所示。

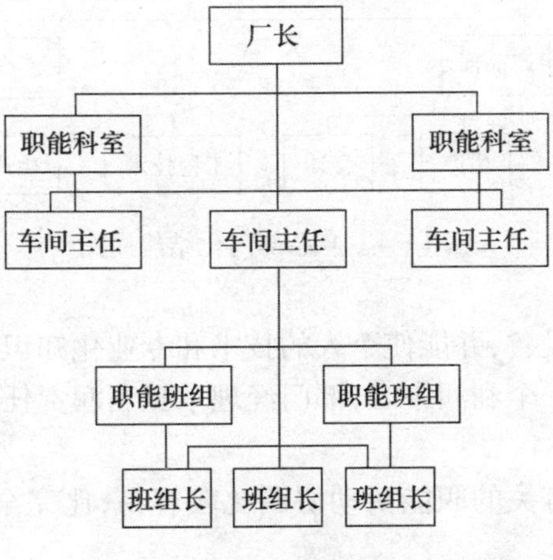

图1-3 直线职能制组织结构简图

直线职能制的优点是:既保证了企业管理体系的集中统一,又可以在各级行政负责人的领导下充分发挥各专业管理机构的作用。其缺点是:职能部门之间的协作和配合性较差,职能部门的许多工作要直接向上层领导报告请示才能处理,这一方面加重了上层领导的工作负担;另一方面也造成办事效率低。为了克服这些缺点,可以设立各种综合委员会,或建立各种会议制度,以协调各方面的工作,起到沟通作用,帮助高层领导出谋划策。

4. 事业部制

事业部制最早是由美国通用汽车公司总裁斯隆于1924年提出的,故有“斯隆模型”之称,也叫“联邦分权化”,是一种高度(层)集权下的分权管理体制。它适用于规模庞大、品种繁多、技术复杂的大型企业,是国外较大的联合公司所采用的一种组织形式。近几年中国一些大型企业集团或公司也引进了这种组织结构形式。

事业部制是分级管理、分级核算、自负盈亏的一种形式,即一个公司按地区或按产品类别分成若干个事业部,从产品的设计、原料采购、成本核算、产品制造,一直到产品销售,均由事业部及所属工厂负责,实行单独核算、独立经营,公司总部只保留人事决策、预算控制和监督大权,并通过利润等指标对事业部进行控制。也有的事业部只负责指挥和组织生产,不负责采购和销售,实行生产和供销分立,但这种事业部正在被产品事业部所取代。还有的事业部则按区域来划分。这里就产品事业部和区域事业部进行简单的介绍。

艾尔弗雷德·P·斯隆
(1875-1966)

(1)产品事业部(又称产品部门化)。按照产品或产品系列组织业务活动在经营多种产品的大型企业中早已显得日益重要。产品部门化主要是以企业所生产的产品为基础,将生产某一产品有关的活动完全置于同一产品部门内,再在产品部门内细分职能部门,进行生产该产品的工作。这种结构形态在设计中往往将一些共用的职能集中,由上级委派以辅导各产品部门,资源共享。其组织结构如图1-4所示。

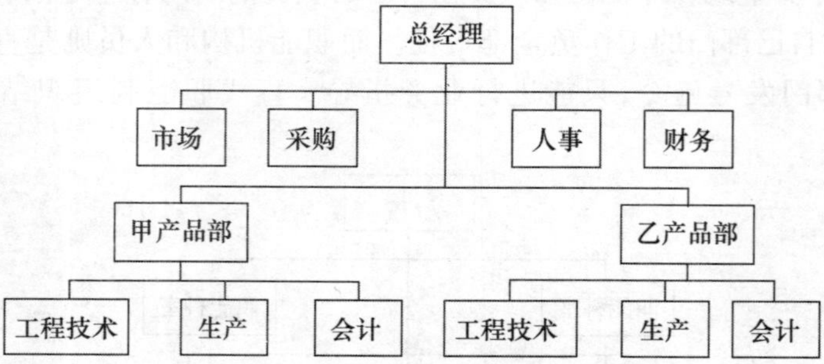

图1-4　产品部门化结构简图

产品部门化的优点是:

①有利于采用专业化设备,并能使个人的技术和专业化知识得到最大限度的发挥;

②每一个产品部都是一个利润中心,部门经理承担利润责任,这有利于总经理评价各部门的政绩;

③在同一产品部门内有关的职能活动协调比较容易,比完全采用职能部门管理来得更有弹性;

④容易适应企业的扩展与业务多元化要求。

产品部门化的缺点是:

①需要更多的具有全面管理才能的人才,而这类人才往往不易得到;

②每一个产品分部都有一定的独立权力,高层管理人员有时会难以控制;

③对总部的各职能部门,例如人事、财务等,产品分部往往不会善加利用,以致总部一些服务不能获得充分的利用。

(2)区域事业部制(又称区域部门化)。对于在地理上分散的企业来说,按地区划分部门是一种比较普遍的方法。其原则是把某个地区或区域内的业务工作集中起来,委派一位经理来主管其事。按地区划分部门特别适用于规模大的公司,尤其是跨国公司。这种组织结构形态,在设计上往往设有中央服务部门,如采购、人事、财务、广告等,向各区域提供专业性的服务,这种组织结构如图1-5所示。

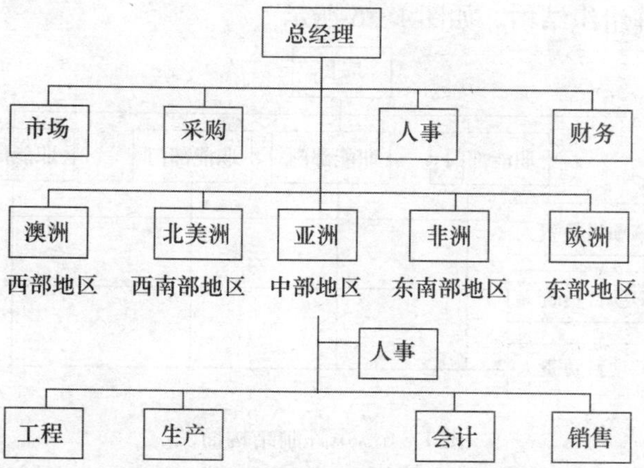

图 1-5 区域部门化(事业部)结构简图

区域部门化的优点是:

①责任到区域,每一个区域都是一个利润中心,每一区域部门的主管都要负责该地区的业务盈亏;

②放权到区域,每一个区域有其特殊的市场需求与问题,总部放手让区域人员处理会比较妥善、实际;

③有利于地区内部协调;

④对区域内顾客比较了解,有利于服务与沟通;

⑤每一个区域主管都要担负一切管理职能的活动,这对培养通才管理人员大有好处。

区域部门化的缺点是:

①随着地区的增加,需要更多具有全面管理能力的人员,而这类人员往往不易得到;

②每一个区域都是一个相对独立的单位,加上时间、空间上的限制,往往是"天高皇帝远",总部难以控制;

③由于总部与各区域是天各一方,难以维持集中的经济服务工作。

总体来说,事业部必须具有三个基本要素:即相对独立的市场;相对独立的利益;相对独立的自主权。

事业部制的好处是:总公司领导可以摆脱日常事务,集中精力考虑全局问题;事业部实行独立核算,更能发挥经营管理的积极性,更利于组织专业化生产和实现企业的内部协作;各事业部之间有比较、有竞争,这种比较和竞争有利于企业的发展;事业部内部的供、产、销之间容易协调,不像在直线职能制下需要高层管理部门过问;事业部经理要从事业部整体来考虑问题,这有利于培养和训练管理人才。

事业部的缺点是:公司与事业部的职能机构重叠,构成管理人员浪费;事业部实行独立核算,各事业部只考虑自身的利益,影响事业部之间的协作,一些业务联系与沟通往往也被经济关系所替代。甚至连总部的职能机构为事业部提供决策咨询服务时也要事业部支付咨询服务费。

5. 矩阵制

在组织结构上,把既有按职能划分的垂直领导系统,又有按产品(项目)划分的横向领导关系的结构,称为矩阵组织结构。如图 1-6 所示。

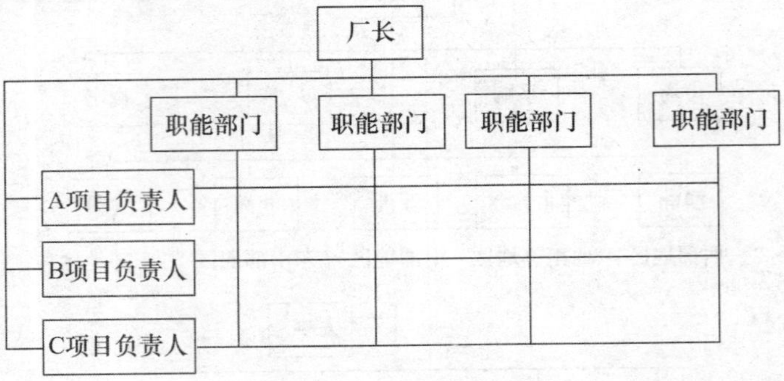

图 1-6　矩阵制结构简图

矩阵制组织是为了改进直线职能制横向联系差、缺乏弹性的缺点而形成的一种组织形式。它的特点表现在围绕某项专门任务成立跨职能部门的专门机构上,例如组成一个专门的产品(项目)小组去从事新产品开发工作,研究、设计、试验、制造各个不同阶段由有关部门派人参加,力图做到条块结合,以协调有关部门的活动,保证任务的完成。这种组织结构形式是固定的,人员却是变动的,需要谁谁就来,任务完成后就可以离开。项目小组和负责人也是临时组织和委任的。任务完成后就解散,有关人员回原单位工作。因此,这种组织结构非常适用于横向协作和攻关项目。

矩阵结构的优点是:机动、灵活,可随项目的开发与结束进行组织或解散;这种结构是根据项目组织的,任务清楚、目的明确,各方面有专长的人都是有备而来,因此在新的工作小组里,能沟通、融合,把自己的工作同整体工作联系在一起,为攻克难关、解决问题而献计献策,同时,由于从各方面抽调来的人员有信任感、荣誉感,这使他们增加了责任感,激发了工作热情,从而促进了项目的实现;有利于不同部门之间的配合和信息交流,克服了直线职能结构中各部门互相脱节的现象。

矩阵结构的缺点是:项目负责人的责任大于权力,因为参加项目的人员都来自不同部门,隶属关系仍在原单位,只是为"会战"而来,所以项目负责人对他们管理困难,没有足够的激励手段与惩治手段,这种人员上的双重管理是矩阵结构的先天缺陷;由于项目组成人员来自各个职能部门,当任务完成以后仍要回原单位,因而容易产生临时观念,对工作有一定影响。

矩阵结构适用于一些重大攻关项目。企业可用来完成涉及面广的、临时性的、复杂的重大工程项目或管理改革任务。特别适用于以开发与实验为主的单位,例如科学研究,尤其是应用性研究单位等。

6. 多维立体制结构

参照矩阵组织结构原理,有些企业开发出另一种组织结构形式——多维立体制结构。这种组织结构是美国的科宁公司于 1967 年首创的。如图 1-7 所示。

多维立体制组织适用于从事大规模生产经营而又需要保持灵活反应的跨国公司或大型的跨地区企业。

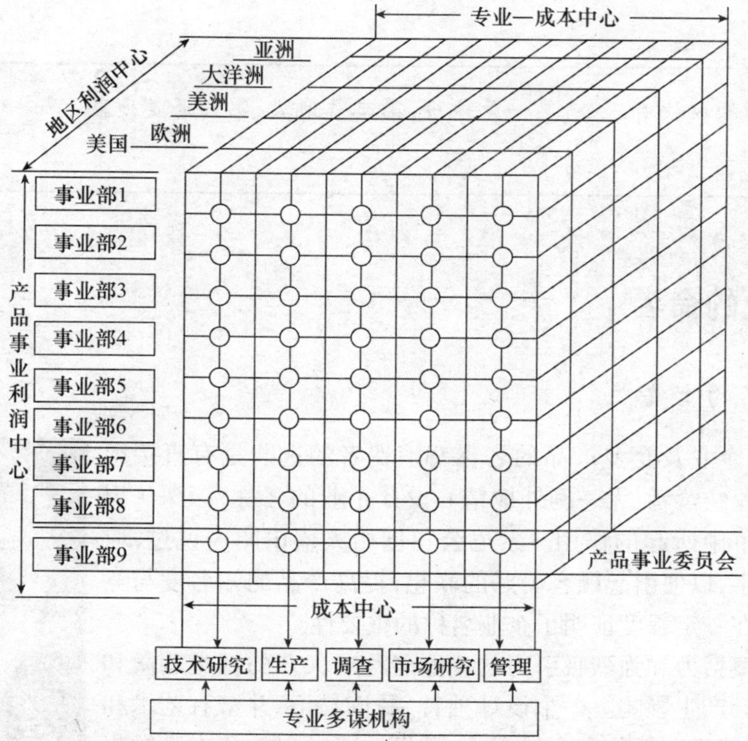

图 1－7　多维立体制结构简图

除以上组织结构以外还有网络型组织结构。网络型组织结构是基于企业间长期业务协作关系而出现，因现代信息技术手段迅速发展而被广泛使用的一种新型组织结构。网络型组织是由多个相互独立的企业组成的，以契约关系为纽带，通过互利互惠、相互协作、相互信任、相互支持的机制进行密切合作的组织结构。

第二节　企业设立

案例引入

太平洋北京盈科店的困境

太平洋北京盈科店 2001 年 11 月 1 日正式营业，面积 4.7 万平方米，是目前太平洋在国内最大的百货店，位于北京东三环 CBD 地区，周围使馆林立，被定位为北京乃至全国的旗舰店。而面对年盈利 6 亿元的目标，盈科店感到压力巨大。盈科店在北京处于“商业孤岛”状态，周围没有其他大型百货店，处于商务区而不是商业区，也不在地铁沿线，几乎不占有任何商业优势，商业客流不如当初设想的多。面对年盈利 6 亿元的目标，盈科店愁眉不展。

讨论：

1. 如何进行企业经营战略选择？

2. 企业经营中会面临哪些风险？

饭店成功的秘诀有三个，第一是地段，第二是地段，第三还是地段。

——希尔顿

一、企业的命名

（一）命名的重要性

众所周知，企业及企业产品的名称对消费者的选购是有直接影响的。所谓企业经营者，无一例外地精心设计企业的名称，深深认识到它在企业竞争中所起的作用。索尼公司创始人盛田昭夫说过，取一个响亮的名字，以便引起顾客美好的联想，提高产品的知名度与竞争力。这句话在一定程度证明了企业名称的重要性。

盛田昭夫

（1921－1999）

具有高度概括力和强烈吸引力的企业名称对大众的视觉刺激和心理等方面都会产生影响。一个设计独特、易读易记，并富有艺术和形象性的名称，能迅速抓住大众的视觉，诱发浓厚的兴趣和丰富的想象，使人们产生深刻的印象。企业名称对树立企业的良好形象有着重大影响。对于新创立的企业，拥有一个响亮恰当的名字是十分重要的。它不仅是企业的标志，也表明了企业的DNA，一个适当的名字可以反映企业的性质和文化，这对于在人们心中建立企业形象及产品的推广是很重要的。

在国外，商号早已成为巨大的无形资产。“万宝路”的商誉已高达440亿美元，相当于其年营业额的2倍。家喻户晓的“可口可乐”，其商誉已值334亿美元。可口可乐公司曾宣称，即使公司一夜之间化为灰烬，照样可以起死回生，因为凭商誉立即就有大银行找上门来贷款，这就是名商号所独有的魅力。而企业命名在国外已成为一个产业，足以显示国外对企业命名之重视。1995年企业命名、品牌命名在美国业务的产值已达2.5亿美元。依托名命业发展，国外已形成众多的著名机构：如英国的Znterbrand（国际品牌团）和Novaman（新标志公司）、Landor（兰多）和Namelab（命名实验室）等。

（二）企业命名的原则

企业命名的原则有：简短清晰，容易让人们识别和记忆；容易拼写和发音，应该在所有国家语言中读音一致；能够提示产品的特点；能给人以有益的、美好的联想；在其他语言中应该没有不良、消极的含义，这对于产品面向国际的企业特别重要；能在法律上得到保证，能够取得注册。

（三）企业命名技巧

1. 企业名称应简短明快

名字字数少，笔画少，易于和消费者进行信息交流，便于消费者记忆，同时还能引起大众的遐想，寓意更加丰富。名称字数的多少对认知程度是有一定影响的。字数越少认识程度越高，亦即名字越短越具有传播力。如南货店的“南货”两字、当铺中的“当”字等都以简短的语言概括了其经营的内容与特性，好记好懂。

2. 企业名称应符合企业理念、服务宗旨

这样有助于企业形象的塑造。如蓝岛大厦的“蓝岛”两字，真有如蓝色海洋中的一座岛屿，宁静、祥和，为人们提供一方憩息之地，向消费者倾出了“蓝岛之情”，从而树立起良好的企业形象。

3. 企业名称应具备自己的独特性

具有个性的企业名称可避免与别企业名称雷同，以防混淆大众记忆，并可加深大众对企业的印象。如北辰集团的“北辰”、天地快件中的“天地”、联想集团的“联想”等名称都具有独特个性，使人印象深刻。

4. 企业名称应具备不同凡响的气魄，具有冲击力

有气魄的名称，给人以震撼。如四通集团的“四通”，取自英文 stone 同音，意为石头，象征着坚石不断向高新技术的尖端冲击。

5. 企业名称要响亮，易于上口

如“麦当劳”三字，响亮而又具有节奏感，因而极具传播力。如果名称比较拗口，节奏感不强，不利发音，也不利于传播，从而很难使大众产生共鸣。

麦当劳标识

6. 企业名称要富于吉祥色彩

如金利来远东有限公司的“金利来”原来叫“金狮”，因考虑到“金狮”用有些地方的方言表达时有“尽输”之音，这是犯忌的不吉利的名称，因而将“金狮”改为“金利来”，意为给人们带来滚滚财源。试想，这样的企业谁不喜欢，谁不乐意与之交往呢？

7. 企业名称的选择要富有时代感

富于时代感的名称具有鲜明性，符合时代潮流，并能迅速为大众所接受。例如美国的文化电影产业 20 世纪福克斯具有时代感，到了本世纪，它又改为了 21 世纪福克斯。

8. 企业名称要考虑世界各地的通用性

如可口可乐公司在 20 世纪 20 年代制订中国市场策略时，决定将该公司的名称“CoCa－CoLa”直译过来，于是译者将该名称发音相似的汉字进行排列组合，运用在饮料的包装上，当印有这些汉字的瓶装饮料出现在市场上时竟少有人问津。究其原因，原来译过来的汉字按

可口可乐标识

字间理解是“蜡制的母马”或“紧咬蜡制品的蝌蚪”的意思。试想这样名称的企业生产的饮料有谁会要呢？后来可口可乐公司将瓶上所注明汉字改为“口中快乐”——“可口可乐”。

总之，判断一个企业名称好坏，标准在于是否易于记忆，其形象是否鲜明、表达能力强否、独特性如何、传播方便与否等。企业名称应当是“音、形、意”的完美结合，以达到好看、好记、好印象的效果。

（四）企业名称申请登记所涉及的法律法规

根据法律规定，企业名称申请登记时应遵循以下原则。

（1）企业名称不得含有下列内容的文字：

①有损于国家、社会公共利益的；

②可能对公众造成欺骗或者误解的；

③外国国家（地区）名称、国际组织名称；

④政党名称、党政军机关名称、群众组织名称、社会团体名称及部队名称；

⑤外国文字、汉语拼音字母、阿拉伯数字；

⑥其他法律、行政法规规定禁止的。

（2）企业名称应当使用符合国家规范的汉字。

（3）企业法人名称中不得含有其他法人的名称，国家工商行政管理总局另有规定的除外。

（4）企业名称中不得含有另一个企业名称。企业分支机构名称应当冠以其从属企业的名称。

（5）企业营业执照上只准标明一个企业名称。

（6）企业名称有下列情形之一的，不予核准：

①与同一工商行政管理机关核准或者登记注册的同行业企业名相同，有投资关系的除外；

②与其他企业变更名称未满 1 年的原名称相同；

③与注销登记或者被吊销营业执照未满 3 年的企业名称相同；

④其他违反法律、行政法规的。

（7）企业名称需译成外文使用的，由企业依据文字翻译原则自定，不需报工商行政管理机关核准登记。

二、企业的选址

选址决策在企业运营管理中具有十分重要的地位。一个产品从原材料制成零件、组装成部件到产品总装，再经过分销、零售到达消费者手中，要经过不同企业的劳动，克服地域和时间的限制才能达到消费的目的。选址的问题就是在这样一个系统的基础上加以优化。现代的企业运作不仅要关注本企业的业务流程，而且要考虑整个供应链系统。一个企业的竞争力将直接受到其地理位置和环境的影响。美国有关调查表明，在各类小企业的失败原因中，位置选择不当占 15% 左右。对于制造企业来说，其地理布局尤是如此。

(一)设施选址的基本问题

设施选址,就是确定在何处构建企业生产设施。它不仅关系到设施建设的投资和建设的速度,而且在很大程度上决定了所提供的产品和服务的成本,从而影响到企业的生产管理活动和经济效益。

随着全球制造的出现,现在企业的选址问题涉及的范围已经超出某一地区、某一国家了,而要在全球范围内考虑厂址选择的问题。没有哪一个地点能够各项指标均居最优,没有哪一个选址是最好的。因此,选址决策的目的就是在以下三个相互联系的因素上找到一个合适的均衡点:运作的空间变量成本,即那些随地理位置的变化而变化的因素;运作能够提供给顾客的服务;运作的潜在收益。

企业选址的目标取决于企业的类型。一般来说,盈利性组织以潜在利益的多少作为其决策的基础,而非盈利性组织则力图使费用和他们提供给顾客的服务水平保持一致。对于制造业来说,选址决策主要是追求成本最小化。

(二)选址决策对经济的影响

选址是企业的建立和发展走好的第一步棋,是以后科学运作管理的基石。任何生产运作系统都是由建筑物、设施、设备等各种物质要素构成的,是生产运作系统的空间实体形态的具体表现。好的开始是成功的一半,选址决策对企业的建立和管理有着事半功倍的效果。

1. 选址是企业生产运作系统设计的重要组成部分

首先,它是永久性的投资,是一个长期责任范畴。一旦工厂建成,如果发现选址决策失误,企业的后期运营将非常被动。其次,选址决策经常会影响投资需要、运作成本、税收及运作。不好的选址将会导致成本过高、劳动力缺乏、原材料供应不足等问题。对制造业而言,选址对于企业的竞争优势都将会产生重要影响。

2. 选址约束企业生产运作能力

选址约束企业生产运作能力、影响生产运作能力的决策。同时,生产运作能力最终必然落实到设施布置、机器布置、劳动力等方面,对生产运作效率产生关键性影响。

选址完成并开展业务后,许多成本沉淀为固定成本,难以削减也难以改变,其合理布局与否将直接影响到企业提供的产品及服务的成本、反应速度、质量等一系列问题。

3. 选址影响企业的竞争能力

选址问题与企业的两项重要竞争密切相关:一是短期交货的竞争贸易合同的制约和运输费用等,这要求产品在距消费者较近的地方生产;二是为利用廉价劳动力和高新技术劳工,工厂需要建立在一个适合的劳动力密集区。选址对企业竞争能力有着长期的、深远的影响,如投资需求、成本、利润、税收、人力资源、原材料、能源、科技支撑的获取等。对某些企业来说,选址甚至是关乎成败的最重要因素。海陆服务公司总部设在新泽西人口密集的东部走廊,但是在 1992 年,这家有着 32 亿美元资产的公司为了寻求更低的租金和更好的绿化环境,迁到 40 千米之外新泽西的利伯蒂角重新安置下来,在低佣金、好环境下再次成为具有竞争性的企业。

4. 选址影响员工的情绪,进而影响生产效率

选址的问题还影响着员工的情绪、相互之间的关系以及公共关系等,这些也是企业健康持续发展不容忽视的因素。

5. 选址决策的正确与否还影响着企业运作的机会成本

机会成本不是账面上反映出来的费用,它是一种隐性的但对企业收益有着重要影响的费用。因此,在企业进行选址时,不仅要考虑直接的、显性的成本,而且要考虑隐性成本及机会成本。

6. 选址决策失误的后果

选址决策的失误会给企业以后的发展和搬迁带来巨大的经济损失和人力、物力的大量浪费,会使企业耗费巨额资金,还有可能失去产品市场和消费者。错误的选址决策对制造企业来说意味着付出高昂的代价。作为一个长期决策,管理层要承担决策后果很多年。因此,错误的时间、错误的选址决策会导致错误的能力规划或者错误的流程选择,必然给企业利润带来很大的负面影响。即使管理层认识到了这个错误决策,决定出售这个设施,那么早期的投资也将大部分无法收回,因为该设施的筹建往往源于企业特定的目的。因此,管理层在作选址决策时必须慎之又慎。

选址决策对于制造企业的经济效益有着举足轻重的作用,是一个企业发展的良好开端,是企业管理和运作的关键。然而,选址又受到各种因素的影响。企业在进行选址决策时,要进行有效分析,选择一个最满意的布局,以便为以后的长足发展奠定坚实的基础。

(三)选址决策中必须考虑的因素

设施选址包括两个层次:一是选位,即选择什么地区;二是定位,即在地区确定后选定具体的一片土地作为厂址的具体位置。在进行选址决策时,应该对这两类问题结合起来进行分析。不同性质的企业,其选址的影响因素的重要性是不同的。对于制造业其重要因素如下。

1. 市场条件

将厂址选择靠近企业产品和服务的目标市场有利于接近客户,便于产品迅速投放市场,降低运输成本,减少分销费用,提供便捷服务。由于交货期的竞争以及运输费用等压力,制造厂通过靠近用户降低成本,还可以将产品尽快送达顾客手中;同时又可以随时听取顾客的反馈意见,根据用户意见改进生产和服务产品。

2. 原材料供应条件

制造业分布在原材料基地附近,以降低运费得到较低的采购价格。虽然随着科技的进步导致单位产品原料消耗的下降,原材料精选导致单位产品原料用量、运费的减少,但对那些对原材料依赖性较强的企业,还应当尽可能靠近原材料基地。如采掘业、原料用量大或者原料可运性较小的制造业。

3. 交通运输条件

根据产品及原材料、零部件的运量大小和运输条件,应该尽量选择靠近铁路、高速公路、海港或其他交通运输条件较好的地区。对于大多数制造业来说,运输成本在总成本中占有很大的比重(运输成本占物流成本的50%以上)。

4. 动力、能源和水的供应条件

对于任何一个工厂来说,选址必须保证水、电、气、冷的供应,同时还包括对三废的处理。对于那些能源消耗较大的生产,动力能源的获得有着举足轻重的影响。选址关系到能否获得价格相对低廉的能源,从而相对降低生产成本。

5. 气候条件

企业在选址的时还要考虑所选位置的地理、气候等自然条件。温度、湿度、气压、风向等因素会对某些产品的质量、库存和员工的工作条件带来不利的影响。企业愿意在气候适宜的地方建厂,不仅可以降低通风、采暖、除湿、降温的费用,还能避免由于气候原因而停工待料、延误交货、无法正常生产造成的损失。

6. 劳动力条件

不同地区的人力资源状况是有很大差别的,其教育水平、文化素质、劳动技能、工资费用等都不同,这也是企业选址的必要考虑因素。目前,生产出现全球化的主要原因之一就是用低成本竞争的策略来占领市场。美国、日本把许多成熟产品转移到发展中国家进行生产制造,就是出于这种考虑。

7. 社会文化以及生活条件

企业所在地区如果有良好的住房条件、学校、医院、体育娱乐设施,能够给员工提供良好的居住、购物、教育、交通、娱乐、保健等服务的生活环境,可以减少企业与社会的负担,也可以提高员工的工作效率。

8. 当地政府政策

有些地区为了促进地方经济发展,往往采取鼓励企业在当地落户的政策,在各地划出特区或各种经济开发区,低价出租或出售土地、厂房、仓库,并在税收、资本等方面提供优惠政策。同时,这些地区的基础设施情况也较好,交通、通信、能源、用水设施都很便利。

9. 供应商条件

由于市场需求的多变,生产系统的柔性日益被企业所重视,越来越多的企业要求供应商及时送货、小批量供货。另外,企业之间的竞争营业逐渐演变为供应链之间的竞争。因此,要求企业与供应商之间要有很好的合作关系。这就要注意选择高素质和竞争力强的供应商。在选址时,要注意与供应商之间的物理距离。

10. 环境保护

生产系统在产出产品的同时也产出废物,由于有些生产系统的排放物有可能对环境造成危害,因此,在选址时应考虑尽可能选在对环境影响最小的地方,并且要便于进行污染处理;否则会受到周围居民的反对和排斥,甚而造成被迫关、停、并、转。

三、如何申办一家企业

(一)申办新公司所需要的资料及流程

1. 公司名称查询

公司名称查询,名称核准时,需要准备以下材料:全体股东(法人+合伙人)的身份证复印件各一份;法人及合伙人出资比例(百分比);拟订公司名称1~5个;拟订公司经营范围的主营项目。

2. 名称核准后

名称核准后,需要提供的材料有:全体股东的身份证原件及复印件各一份;全体股东户口簿复印件(户主首页+本人页)各一份;法人代表照片6张、共同出资人照片6张;全体股东简历各一份。

3. 办证的流程

办证的流程如图1-8所示。

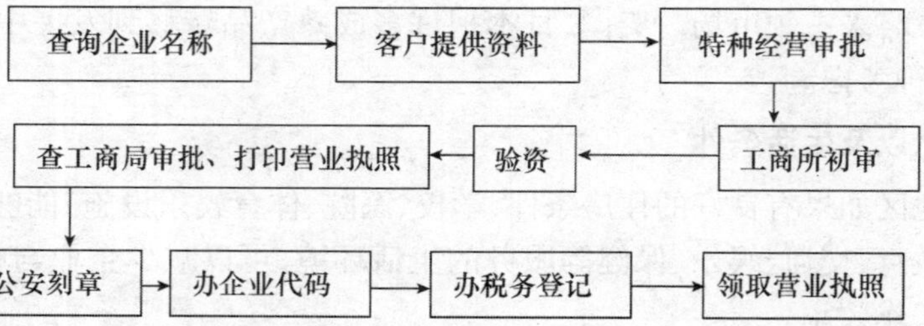

图1-8　办证的流程图

4. 办理完毕的公司所包含的(行政部门签发)证件

包含的证件有:营业执照正、副本(含电子营业执照);验资报告、银行开户注销单;组织机构代码证正、副本;IC卡、发票购用印制簿;公司章(公章、发票章、财务章、法人章);税务登记证正、副本。

(二)如何进行工商登记

工商登记即企业法人登记,指国家授权的登记主管机关(工商行政管理机关)依法对企业法人的筹建、开业、变更、分立、合并、中止进行登记注册,确认企业法人的资格和合法经营权,并对企业法人的生产经营活动进行监督管理等活动的总称。

工商登记分为设立登记、变更登记、注销登记。下面主要介绍开办公司前进行的开业登记。

申请企业法人登记应当具备的条件:有自己的名称、组织机构和章程;有固定的经营场所和必要的设施;符合国家规定并有与其生产经营和服务规模相适应的资金数额和从业人员;能够独立承担民事责任;符合国家法律、法规和政策规定的经营范围。

一般程序和需要提交的文件见表1-1。

表1-1 一般程序和需要提交的文件

登记顺序	登记所填表格	户主提供材料
查名	名称预先核准申请书 委托书	全体投资人身份证复印件 投资人私章
工商登记	母体： 代理书2份 公司设立登记申请书1份 公司章程1份 股东(合伙人)履历表1份 经营场所租房协议书(产权证复印件)1份 承诺书1份 股东会决议1份 注册资金到位证明(验资报告) 分支： 分公司名称预先核准申请书 分公司设立登记申请书 经营场所租房协议书(产权证) 分支场地验资承诺书	法定代表人材料： 户口簿复印件1份 身份证原件及复印件1份 一寸照片6张 合伙人材料： 户口簿复印件1份 身份证原件及复印件1份 一寸照片6张 分支负责人： 身份证复印件1份 一寸照片1张 私章 场所材料： 租房协议书1份 产权证1份
各项说明	经营范围(如卫生、治安、印刷、广告、环保、房产、科委、消防、烟酒、技监等)中如需前置审批的,应先经有关部门审批后再进行工商注册登记	

(三)如何进行税务登记

1. 办理税务登记的对象

(1)领取法人营业执照或者营业执照(以下统称营业执照),有缴纳增值税、消费税义务的国有企业、集体企业、私营企业、股份制企业、联营企业、外商投资企业、外国企业以及上述企业在外地设立的分支机构和从事生产、经营的场所。

(2)领取营业执照,有缴纳增值税、消费税义务的个体工商户。

(3)经有权机关批准从事生产、经营,有缴纳增值税、消费税义务的机关、团体、部队、学校以及其他事业单位。

(4)从事生产经营,按照有关规定不需要领取营业执照,有缴纳增值税、消费税义务的纳税人。

(5)实行承包、承租经营,有缴纳增值税、消费税义务的纳税人。

(6)有缴纳由国家税务机关负责征收管理的企业所得税、外商投资企业和外国企业所得税义务的纳税人。

2. 税务登记的流程和所需的资料

(1)开业登记流程:提供证件、资料→税务登记窗口受理→ 申报征收窗口缴纳工本费→税务登记窗口领取税务登记证。

(2)需提供的证件、资料。

①个体税务登记需要提供的证件、资料:《税务登记表》一式三份;《纳税人税种登记表》一式一份;营业执照或其他核准执业证件及工商登记表或其他核准执业登记表原件及复印件;业主居民身份证、护照或者其他证明身份的合法证件原件及复印件;业主 26mm × 32mm 免冠照片 2 张;住所、经营场所证明(产权证明或租赁合同);税务机关要求提供的其他证件、资料。

②企业、企业分支机构税务登记需要提供的证件、资料:《税务登记表》一式两份;《纳税人税种登记表》一式一份;营业执照或其他核准执业证件及工商登记表或其他核准执业登记表原件及复印件;法定代表人和董事会成员名单;法定代表人(负责人)或业主居民身份证、护照或者其他证明身份的合法证件原件及复印件;有关合同、章程(分支机构须带总公司章程)、协议书;住所、经营场所证明(包括产权证和租赁协议);银行账号证明;总机构税务登记证副本(仅适用分支机构税务登记);税务机关要求提供的其他证件、资料。

(3)注意事项。

①纳税人应自领取营业执照之日起 30 日内申请办理税务登记。

②税务登记证的工本费为 20 元/套。

③纳税人开立银行账户,申请减税、免税、退税,申请办理延期申报、延期缴纳税款,领购发票,申请开具外出经营活动税收管理证明,办理停业、歇业等有关税务事项时,必须持税务登记证件副本。

④纳税人未按规定期限申报办理税务登记的,由税务机关责令限期改正,可以处 2 000 元以下的罚款;情节严重的,处 2 000 元以上 1 万元以下的罚款。

⑤纳税人不办理税务登记的,由税务机关责令限期改正;逾期不改正的,经税务机关提请,由工商行政管理机关吊销其营业执照。

⑥纳税人未按照规定使用税务登记证件,或者转借、涂改、损毁、买卖、伪造税务登记证件的,处 2 000 元以上 1 万元以下的罚款;情节严重的,处 1 万元以上 5 万元以下的罚款。

本章小结

企业是从事生产、流通、服务等经济活动,为满足社会需要和获取盈利,依照法定程序成立的具有法人资格,进行自主经营,独立享受权利和承担义务的经济组织。

企业组织设计的基本原则主要有:效能原则、统一协调原则、精简原则、责权一致性原则、以营销为中心原则。

企业组织结构是指企业内部的机构设置和权力的分配方式。随着企业的产生和发展及领导体制的演变,企业组织结构形式也经历了一个发展变化的过程。迄今,企业组织结构主要的形式有直线制、职能制、直线职能制、事业部制、矩阵制、多维立体制结构等。

选址决策中必须考虑的因素主要有:市场条件、原材料供应条件、交通运输条件、动力、能源和水的供应条件、气候条件、劳动力条件、社会文化以及生活条件、当地政府政策、供应商条件以及环境保护。

阅读材料

一位年轻的炮兵军官上任后到下属部队视察操练情况，发现有几个部队操练时有一个共同的情况：在操练中，总有一个士兵自始至终站在大炮的炮筒下纹丝不动。经过询问，得到的答案是：操练条例就是这样规定的。原来，条例因循的是用马拉大炮时代的规则，当时站在炮筒下的士兵的任务是拉住马的缰绳，防止大炮发射后因后座力产生的距离偏差，减少再次瞄准的时间。现在大炮不再需要拉马人这一角色了，但条例没有及时调整，出现了不拉马的士兵。这位军官的发现使他受到了国防部的表彰。

【分析】

管理的首要工作就是科学分工。只有每个员工都明确自己的岗位职责才不会产生推诿、扯皮等不良现象。如果公司像一个庞大的机器，那么每个员工就是一个个零件，只有他们爱岗敬业，公司的机器才能得以良性运转。公司是发展的，管理者应当根据实际动态情况对人员数量和分工及时作出相应调整。否则，队伍中就会出现"不拉马的士兵"。如果队伍中有人滥竽充数，给企业带来的不仅仅是资金的损失，而且会导致其他人员的心理不平衡，最终导致公司工作效率整体下降。

进一步阅读书目

[1]刘晓欢：《企业管理概论》，高等教育出版社 2009 年版。

[2]尤建新：《企业管理概论》，高等教育出版社 2010 年版。

[3][美]克里斯・阿吉里斯：《个性与组织》，郭旭力，鲜红霞译，中国人民大学出版社 2007 年版。

[4][美]杰西卡・利文斯顿：《创业者：全世界最成功的技术公司初创的故事》，夏吉敏译，机械工业出版社，2010 年版。

[5][美]鲍勃・亚当斯：《小企业起步：开创和经营企业的智慧指南》，云南人民出版社 2002 年版。

复习思考题

1. 什么是企业？企业的基本特征有哪些？
2. 企业的组织结构有哪些类型？
3. 公司制企业的优缺点有哪些？
4. 有限责任公司的设立条件有哪些？
5. 独资企业、合伙企业与公司制企业的联系与区别。
6. 设立股份公司时发起人是否一定要 5 人以上？为什么？
7. 企业命名的原则和技巧有哪些？
8. 企业的选址必须考虑哪些因素？

第二章 企业经营管理

学习目标

☞熟悉企业经营的概念,掌握企业经营的目标;
☞掌握企业战略的制订、企业战略的体系;
☞熟悉企业总体战略的组成、企业战略的的评价;
☞熟悉企业经营决策的各种方法,具备熟练运用各种方法进行决策的能力;
☞掌握企业营销管理,并能领悟它在企业经营中所发挥的作用;
☞掌握企业现金流的含义和作用,了解企业的盈利模式;
☞熟悉企业财务知识,具备熟练编制财务报表及进行财务分析的能力。

第一节 企业经营概述

案例引入

修正药业的胜仗

修正药业针对儿童体弱多病的现状推出了一个新药品,而此时强大的竞争对手是海王牛初乳。为了与海王牛初乳进行竞争,在设计这个产品时修正药业加多了一倍的含量,在输出产品时包装上直接标出了含量,把这个产品的胶囊形象放大,放在货架上,广告宣传较为突出。修正药业正准备上市时,非典疫情出现了,面对突如其来的环境变化,公司陷入困境:是沿着以往的思路继续走下去,还是要改变思路?在这种情况下,修正药业果敢出击,在很多保健品没有做好打非典这张牌时暂停原有的计划,借力非典为该产品确定以传播健康知识为主题的公益广告。在广东省公布中国第一例非典后,公司就推出了系列广告。主题是:聪明的妈妈,请谨慎用药。企业站在教育民众的角度,把科学的观念输送给民众。广告着重于宣传增强免疫能力,用老百姓熟悉的方式教育老百姓,给他们输送观念,并结合一系列的营销活动,这是针对非典不惜重金采取的一个应急措施。事实证明,非典结束后修正药业打了一个大胜仗。

讨论：

1. 企业成功经营的要素有哪些？

2. 如何进行有针对性的营销宣传？

经营企业，是许多环节的共同运作，差一个念头就决定整个失败。

——松下幸之助

一、企业经营的概念

企业经营是指企业的经济系统在利用外部环境提供的机会和条件下，发挥自身的特长和优势，为实现目标而进行的综合性活动。这个概念要从四个方面来理解。

（一）企业是个经济系统

企业系统是由车间（经营部）、科室组成的，车间（经营部）、科室又由若干班组组成。系统具有层次性，在系统中有上位系统、下位系统之分。从企业角度看，企业是上位系统，企业内部各部门、各生产单位相对于企业而言是下位系统或子系统；而企业对国民经济来说又是下位系统，是国民经济的子系统。企业属于开放系统，这是因为工商企业从事社会化生产和流通，它的经营活动和环境是相互作用的，受外界条件的影响和制约。

企业不仅是一个整体系统、开放系统，同时还是一个投入产出系统。企业是把各种环境因素所提供的贡献和资源，经过调整、配合、组织，进行有效的生产经营运转的投入产出系统，其基本模型如图 2－1 所示，由投入、转换、产出和反馈四个环节有机结合并循环运转。

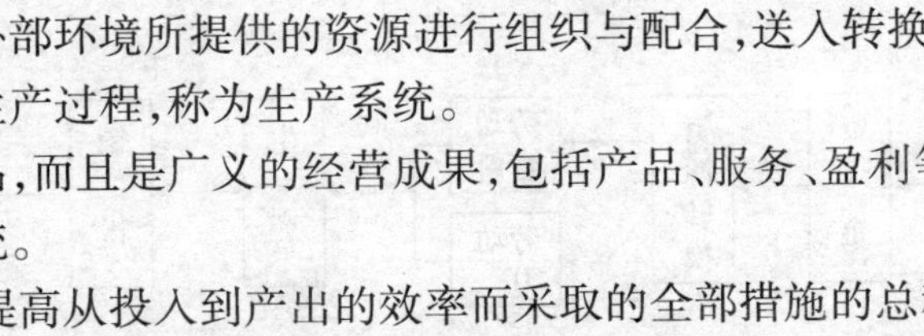

图 2－1　系统基本模型图

投入：是企业把外部环境所提供的资源进行组织与配合，送入转换过程，称为供给系统。

转换：指企业的生产过程，称为生产系统。

产出：不仅是产品，而且是广义的经营成果，包括产品、服务、盈利等的输出，并分配给环境主体，称为分配系统。

反馈（控制）：是提高从投入到产出的效率而采取的全部措施的总和，称为管理系统。反馈是根据计划的要求，控制实际脱离计划的差距，查明原因，制订出改进的措施。

企业具备经济系统的一切基本特征和功能：企业拥有相对完整的经济结构，是包含生产、分配、消费、流通四个环节的统一体；企业的生产、分配、消费、流通四个环节的活动是企业经济系统自我循环的过程；企业具有相对独立和完整的运动机制。上述生产、分配、消费、流通四个环节之间的互相转化，在企业内部构成一个不断循环周转的运动过程；在外部，企业与环境之间进行输入输出转换，构成一个不断循环周转的外部运动过程，而企业内部的循环与外部输入输出的结合形成了企业完整统一的运动机制。

四个环节之间的互相转化，在企业内部构成一个不断循环周转的运动过程。在外部，企业与环境之间进行输入输出转换，构成一个不断循环周转的外部运动过程；而企业内部的循环与外部输入输出的结合，形成了企业完整统一的运动机制。

（二）企业经营要利用外部环境提供的机会和条件

企业系统是一个开放的经济系统，其经营活动与环境是紧密相连的，受外界条件的影响和制约。企业要善于捕捉和利用外部环境提供的机会和条件，才能求得生存和发展。

（三）企业要发挥自身的优势和特长

企业对自身发展的长处要有充分的认识和分析，在生产经营活动中合理地利用人、财、物、技术、信息等内部资源，避己之短，充分发挥自身的优势和特长，以提高企业的竞争能力。

（四）企业要为实现目标而开展综合性活动

企业的经营目标是多元的，但基本目标是向社会提供适销对路的产品，同时必须实现价值的增值，获得经济效益，这样才能使自身经济系统的循环顺畅地进行，为国家作出贡献，并为企业的发展提供有利条件。企业目标的实现有赖于综合性活动的开展。

二、企业经营系统的构成

对企业从整体上进行分析，是为了进一步认识企业经营体系的时间结构、空间结构和整体结构。

（一）生产经营过程的时间结构

企业系统是一个投入—产出的系统，其过程是生产经营过程。按时间分解，生产经营又由许多具体过程组成，每个过程都有一定的职能。现以企业的生产过程为例进行说明（如图2-2所示）。

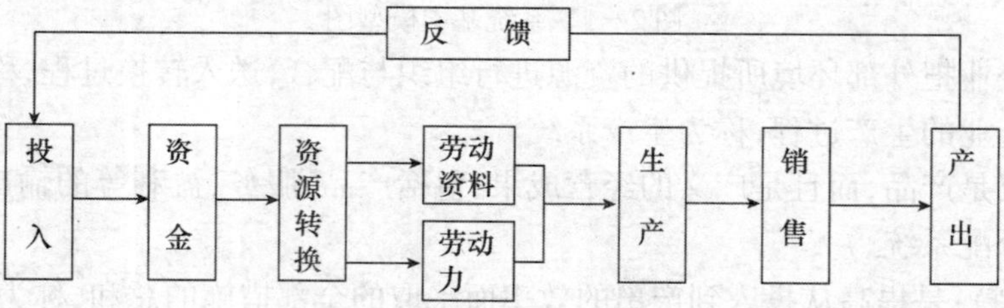

图2-2 企业生产过程示意图

图2-2的生产过程是按时间顺序进行的，而且是周而复始不断循环的。每一阶段的职能是：资金投入阶段表现为财务——资金的筹措、运用和分配等；资源转换为劳动资料的职能表现为采购供应——机器设备、原材料、燃料、动力的采购供应、验收、入库、发放、安装等；

资源转换为劳动力的职能表现为劳动人事——工资管理、人员的录用、选拔和配备等；生产阶段的职能是生产——生产技术准备、加工制造、质量检验等；销售阶段的职能是销售——发货、促销、售前和售后服务等。

上述职能有顺序的要求，因此，过程的编制和运转的基准也应由时间来决定。期量标准是生产过程结构中的重要指标。这个过程的状况应是生产的节奏性和连续性的统一。过程结构的区分不仅推动了职能的细分，而且有助于促进各种辅助职能的管理。例如：搬运、维修、保管等辅助生产部门就是为了提高工效，把分散于基本过程各职能中共同而必要的工作独立出来。

（二）生产经营过程的空间结构

为了实现经营目的，在企业经营管理中有两方面的职能：一是管理职能，为使企业有效地运转，提高劳动效率；二是经营职能，为了适应环境的变化，就要创新。企业生产经营过程的空间结构分为三个层次：经营职能主要在于创新；管理职能主要在于效率；作业职能主要在于执行（如图2－3所示）。

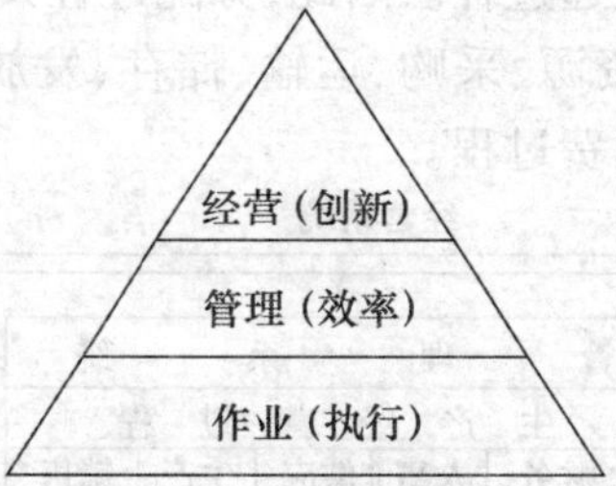

图2－3 企业生产经营过程的空间结构

（三）整体结构

如前所述，企业是投入—产出的循环运动过程，现对这个过程的整体过程进行分析。

在企业生产经营运动中，外部环境提供的各种资源必须在数量、质量、时间上形成一个集合，方可作为企业的贡献系统，其主要来自市场、银行、协作单位、社会以及国家上级机关等。

生产经营过程产生的成果是相互影响、相互制约的。这种影响和制约表现为形成经营成果的各因素之间有的相辅相成，有的此消彼长，共同构成了企业的分配系统。其主要内容有：有形的经济产物，如产品、盈利等；有形的非经济产物，如废品；无形的经济产物，如服务、专利等；无形的非经济产物，如人与人的关系和人的积极性等。产出的分配有两种形式：一是人为分配，是指产品、盈利等经营成果，经济产物是人为分配的核心；二是自然分配，如人与人的关系、企业信誉等。经营者应注意二者的互相影响，随时调整二者的关系，以保证经济效益的最优化。

投入是产出的原因，由于产出的分配决定了提供者的满足程度，从而可以影响下一个循环过程环境主体的贡献内容，这里产出的分配又作为一种贡献的诱因而存在，是互为因果的。因此，经营者应该掌握贡献与诱因的相互关系。

三、企业经营系统的运动

企业经营系统的运动实质上是企业内部生产、消费、分配、流通各环节之间的不断过渡和转化,同时也是企业与环境之间的相互过渡和转化。没有这些过渡和转化,就没有企业经济系统的运动。

生产过程包括产品的设计、研制、准备和制造。企业生产的目的是为社会提供产品、劳务和利益(包括企业自身和职工的利益)。这个目的只有通过销售(流通)才能实现,生产过程必须转化为销售过程。

销售过程包括产品的推销、储运和服务过程。通过销售实现了为社会提供产品和服务的目的,同时也实现了企业的收益。但是,要把收益变为向国家提供利益,为延续和发展企业自身以及为职工提供利益,还需要经过分配。因此,销售过程必须转化为分配过程。

分配过程是收益的分配、解缴、发放、投资等过程。分配的实质是处理国家、企业、职工三方面的利益关系,处理积累与消费的关系,但要实现企业的再生产和发展,实现职工个人消费,就必须经过采购、供应的流通过程。因此,分配过程又要转化为流通过程。

流通过程包括寻找并选择资源、采购、运输、储存、发放等过程。供应的目的是为了消费,因此,供应过程又要转化为消费过程。

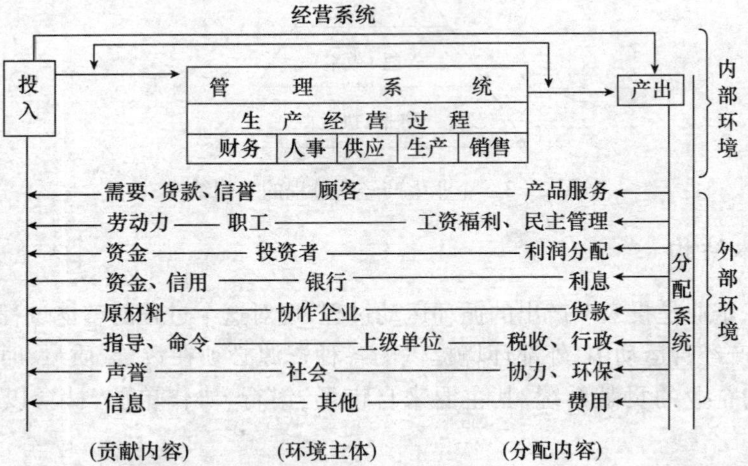

图2-4　企业整体结构图

消费过程包括生产性消费、发展性消费和生活性消费。消费是为了生产和发展。实际上,消费和生产是同一过程的两个方面。马克思说,生产生产着消费,消费生产着生产,即在生产中消费,在消费中生产。于是,消费过程又转化为生产过程(即再生产过程、扩大再生产过程)。

总之,生产、销售、分配、消费、再生产构成企业经营系统往复不断的运动。

四、企业经营环境分析

企业外部经营环境是指影响企业经营活动的各种外部因素的总称。通过环境分析,企业创办者能够明确企业可以经营什么以及应当经营什么。

影响企业经营环境的因素是多方面的。如图 2-5 所示。

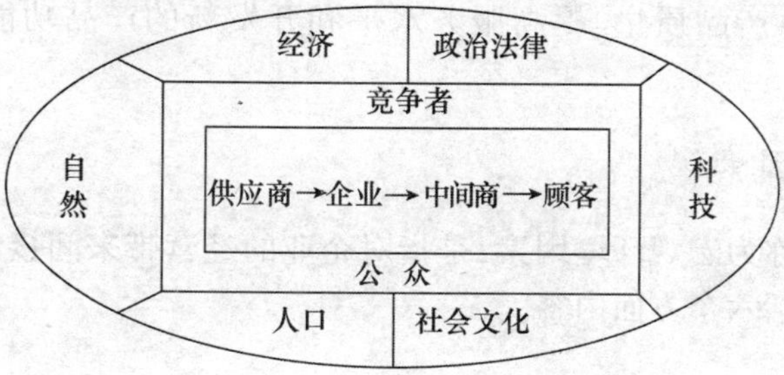

图 2-5 企业外部环境示意图

按影响因素的性质不同，可分为直接环境因素和间接环境因素两类。

（一）直接环境因素

企业的直接环境又称为企业的微观环境，是指企业经营活动参与者的总称。

供应商→企业→中间商→顾客这一链条形成了企业经营的中心环节，也就是说企业经营的主要参与者主要是指供应商、中间商和顾客。除此以外，还有两个不可忽视的参与者，即同行业的竞争者和社会公众。下面就几类参与者进行分析。

1. 供应商

供应商指原材料和商品的供应者。以棉纺厂为例，包括原棉供应商、化纤供应商、纺织设备供应商等。

2. 中间商

中间商是指提供货物等中介服务的机构，主要是指批发商、零售商和实体分销商。对棉纺厂而言，中间商是指纺织品批发站、纺织品零售商和纺织品储运机构。

3. 顾客

顾客是指购买货物的单位或者个人。顾客具有相对性，相对原棉供应商而言，棉纺厂是顾客；相对棉纺厂而言，纺织品批发站是顾客；相对纺织品批发商而言，纺织品零售商是顾客。值得强调的是，真正的顾客是最终消费者。顾客可以是个人，也可以是单位。政府机构和非盈利组织是重要的顾客，通常称为社会集团购买力。

4. 竞争者

竞争者指生产和经营同类产品的企业。对竞争状况的分析可以从以下几个方面入手。

（1）同行业中竞争对手的数量分析。仍然以棉纺厂为例，包括本地区棉纺厂的数量及规模以及全国范围内棉纺厂的数量及规模等。

（2）竞争者的地位分析（领导者、挑战者、追随者和拾遗补缺者，主要以市场占有率为标志）。市场领导者是指在同行业中占据第一位市场占有率的企业，挑战者是指占据第二位、第三位市场占有率的企业，其他的企业则为追随者和拾遗补缺者。

（3）竞争的手段分析。竞争的主要手段有“成本领先”和“别具一格”。成本领先是价格竞争，通过规模生产降低产品的生产价格，取得竞争优势。例如，长虹彩电在进入 1990 年以后进行了数次降价，提高了产品的知名度，扩大了市场占有率。

别具一格是非价格竞争,包括产品、渠道和促销等方面的竞争。例如,海尔产品并不降低价格,往往通过提高产品质量、提高服务水平和开发新的产品功能等来提高产品的竞争力。

(二)间接环境因素

间接环境因素又称为宏观环境因素,是指对企业的经营带来间接影响的环境因素的总称。间接环境因素包括六个方面内容。

1. 人口因素

人口因素主要包括:

(1)人口的数量及增减趋势;

(2)人口的结构,包括年龄结构和城乡居民结构等;

(3)人口的地理分布及区间流动;

2. 宏观经济因素

宏观经济因素主要包括:

(1)经济体制;

(2)经济杠杆,指税率、利率和汇率等;

(3)经济政策,指国家产业政策、价格政策、外商投资政策等。

3. 自然环境

自然环境指企业所处的地理位置及其自然资源状况。企业坐落在山区还是建在平原,是建在北方还是建在南方,是靠近河流还是毗邻矿山,这些都是企业的自然环境。

4. 科技环境

科技环境指当前的科技发展状况。科学技术的发展日新月异,尤其是电子和通讯技术的发展推动了企业生产经营的自动化,“无人车间”和“无纸化贸易”将逐步变成现实。科技的不断进步必将为提高企业的经营管理水平创造条件。

5. 政治法律环境

政治法律环境指同企业有关的政治制度和法律制度的总称,如反不正当竞争法、商标法、专利法、广告法、价格法等,构成了企业的法律环境。企业参与竞争时就必须遵守反不正当竞争法,在制定产品价格时就必须按照价格法的要求行事。

6. 社会文化环境

社会文化环境指人们的文化水平和价值观的总称。如果企业所在地的居民文化水平较高,在需求方面就有不同的要求。价值观包括道德、宗教、风俗、信仰等。价值观不同,对企业的经营也将带来重要的影响。

五、企业的经营目标

(一)企业经营目标的概念与作用

1. 企业经营目标的概念

经营目标是指在一定时期内企业的生产经营活动最终所要达到的目的,也就是企业期望达到的某种理想,一般用时间、数量、数字或项目来表示。

2. 企业经营目标的作用

将企业的目的和任务转化为目标,能够指明企业在一定时期内的经营方向和奋斗目标,使企业全部生产经营活动重点突出,并成为评价经营成果的一个标准。这样能够减少生产经营的盲目性,引导企业不断前进。经营目标对企业而言有着极其重要的作用,具体表现在:

(1)经营目标指导企业资源的合理分配。资源包括物资、人力、资金、设备等。有了明确的目标才能一致努力,降低消耗,合理利用资源。

(2)经营目标可以激发、调动职工的积极性与潜在力量,并组织全体职工为完成共同目标而一致努力。

(3)经营目标可以衡量经营的成效。由于经营目标是具体的,多数是用数字、数量来表示的,因此有利于检查、考核,以衡量职工工作的努力程度和贡献。

(4)经营目标还可以创造企业的良好声誉。企业要创造良好的声誉,除了它的产品物美价廉外,还要得到社会的信任,如产品安全可靠、质量保证。

(二)企业经营目标的类别与内容

1. 企业经营目标的类别

企业的经营目标可分为整体目标与个体目标。在国外多数企业称为组织目标与个体目标。一般地讲,在企业经营中整体目标是为实现企业目的而制定的,而个体目标是由企业的各个部门及工作场所为满足其各种需求而产生的。这两种目标,在内容、水平、基准、方向等方面虽然不相同,但均能对现实的行动给予强烈的影响。不仅如此,对于整体目标来说,个体目标有时会起反作用。因为在各个部门或工作场地,往往把个体目标摆在首位,整体目标反而被忽视。

企业的整体目标包括:

(1)社会经济目标。是指社会和国家的要求,如产品的安全、无毒、卫生、斤两足、资源的综合利用、环境污染的防治等。

(2)业务范围目标。是指国内外市场的开拓,相关新产品的开发,多种经营的创办,特殊质量、效率、服务、利润、工作环境、行为规范等水平的提高,或产品的整顿、淘汰等。

企业的个体目标包括:销售额及销售增长率、利润额、利润率及投资回收率、市场占有率、劳动生产率、资金结构及比率、产品的项目、人力资源的配置与利用、组织结构的变动、工作环境的改善等。

2. 企业经营目标的内容

企业的经营目标应该是多元的,既要考虑企业又要考虑职工,既要考虑国家又要考虑市场,既要考虑当前又要考虑今后,并且这些目标互相结合、相得益彰。具体包括以下目标。

(1)贡献目标。企业对社会的贡献是通过其创造的使用价值和价值表现的。因此,贡献目标可表现为产品品种、质量、产量、上缴的利税等。

(2)发展目标。表示企业经营的良性循环得到社会的广泛承认,具体表现为生产规模扩大,固定资产增加,流动资金、物耗和成本的降低,经济联合的发展,生产能力、科技水平的进一步提高等。

(3)市场目标。市场是企业生存的空间,企业经营活力的大小还要看它的市场范围及市场占有率的大小。市场目标包括新市场的开发、传统市场的纵向渗透、市场占有率的增长以及创造条件走向国际市场等。

(4)利益目标。这是企业经营活动的内在动力,直接表现为利润总额、利润率以及奖励与福利基金的多少等。

3. 经营目标体系

企业的整体目标要通过各部门、各环节的生产经营活动去实现。因此,企业各部门、各环节都要围绕整体目标制订出本部门的目标,形成一个目标体系,由整体目标到中间目标,再由中间目标到具体目标。例如,企业制定了年度利润所要达到的整体目标;财务部门的活动则属中间目标;而成本核算等活动的目标就属于具体目标。在目标体系中,除整体目标、中间目标、具体目标的纵向联系外,在中间目标之间、各具体目标之间还应有横向的有机联系,从而使各部门的经营活动得以衔接与协调。

六、企业经营观念

(一)企业经营观念的含义

经营观念是企业开展市场活动的基本指导思想,是企业的"经营哲学"。它概括了一个企业的经营态度和思维方式,其核心是:以什么为中心来开展企业生产经营活动。

经营观念作为企业经营的一种思维方式、一种导向,它规定和支配着企业的经营实践活动及其结果,其正确与否决定着企业营销的成败、企业的兴衰。所以,企业开展活动首先应解决这个问题,不断更新观念,使之适应社会经济和市场发展的要求,为企业经营的正确性和企业的可持续发展提供首要前提。

(二)企业经营应确立的观念

企业除了应确立市场观念外,为适应市场经济发展的要求还应确立以下观念。

(1)改革、开放观念。改革是社会生产力飞跃的源泉,企业只有通过改革才能有所创造,有所前进。开放是与世界沟通、交流的必由之路。科学技术的发展使得各国间经济技术交往越来越密切。企业经营不断扩大,对外交往不断发展是历史的必然。开放可以互通有无,汲取先进的技术与经验。因此,企业经营必须树立改革、开放的观念。

(2)全球化观念。中国已加入世界贸易组织,中国的企业应努力实现经营国际化,使企业的产品符合国际标准,使产品逐步走向国际市场,并在更大的范围内利用国外的资源、资金、技术、信息、人才来发展自身,同时推动国民经济的发展,这是每个企业的有效经营之路。而且,全球化观念可以使企业对各个不同国家和地区的市场做出灵活反应,形成世界性商情和销售网络,以参与竞争,扩大出口。

(3)效益观念。企业经营管理的中心任务是要保证企业的生产经营活动能够取得良好的经济效益,而提高经济效益并不单纯就是企业盈利。企业树立效益观念要求把企业经济效益和社会效益结合起来,把目前利益和长远利益结合起来。

(4)创新观念。创新观念是企业不断进步的源泉。创新观念深入到企业经营的各个环节,它不仅表现为技术的创新,而且也表现为管理的创新、制度的创新。许多企业优秀的管理,成就了它们持续的技术领先和市场领先。

(5)竞争观念。在市场经济条件下,竞争的积极意义在于它是一种择优发展的经济手段,也是一种发挥企业主动性和创造性的外部压力。竞争能促进技术进步和经济繁荣。竞争既是产品的竞争、服务的竞争,也是人才的竞争、技术的竞争、管理的竞争。企业要在竞争中求得生存和发展,并在竞争中取胜,就必须敢于竞争和善于竞争,发挥自己的专长和优势。

第二节 企业经营战略

案例引入

小企业如何以弱胜强?

因图特公司是个小公司,雇员仅50名,年销售额1 900万美元。因图特公司的产业仅限于财务软件市场,比较单一,并集中性很强。而微软公司在其他软件领域占有很大的市场份额,产业结构比较复杂。从规模和整体产业来讲,微软公司占绝对主导地位。但因图特公司拒绝了微软公司的收购兼并。

因图特公司的发展战略和经营方针如下。

1. 因图特避免直接与微软占据垄断地位的产业发生正面的竞争。当时微软公司关注的是计算机操作系统的开发与推广,其他针对各种专门用户的软件开发公司多如牛毛,根本无法对微软公司构成威胁。因图特公司抓住了微软公司的市场空隙,再加上当时有特殊需求的客户存在,也没有其他强劲的竞争对手,且当时因图特公司的经营实力较弱,不足以追求广泛的目标市场。

2. 因图特发现市场的空隙,抢先进入。产品在细分市场的规模、成长速度、获利能力、竞争强度等方面有较大的差别,因图特公司发现并抢先进入家用财务软件市场,在进入时采用侧翼进攻、比较差异化的策略,以减少垄断者的注意。因为因图特公司注意到自身在产品方面的差异性不会对强势力竞争对手构成直接的威胁,从而采取了低调的发展经营策略。

3. 因图特公司为了在这个小小的市场领域里出人头地,并占一席的位置,开始大量做广告宣传,集中主要的力量推广并发展自己认定的财务软件领域,并把财务软件领域做到了市场的领先位置。因图特集中大量的人力、财力、物力等资源，充分发挥各自的力量，实现了企业的跨跃式发展。

4. 因图特公司在利益获取方面与网络营销公司一致，在营销政策方面给予营销公司大力的支持，并把营销和服务统一地联系起来，给营销公司的足够多的市场空间，提高了营销公司的积极性，业务操作上变得更主动更直接。

因图特的集中经营战略有利于经营目标的集中，管理上简单方便，可以集中使用企业的人、财、物等资源。并有条件地深入钻研直至精通有关的专门技术，熟悉产品市场、用户及同行业竞争方面的情况，提高企业的实力，争得产品及市场优势。有利于产业的高度专业化，可以达到规模经济效益，降低成本，增加收益。

（资料来源：http://www.docin.com/p-242136470.html。）

讨论：

1. 中小企业如何在竞争中求得生存？
2. 中小企业如何选择适合的经营战略？

> 战略是定位、取舍和建立活动之间的一致性，就是企业在竞争中做出取舍，其实质是确定什么可以不做。
>
> ——迈克尔·波特

一、企业经营战略概述

（一）企业经营战略的概念

1. 企业经营战略理论发展简况

“战略”一词起源于军事作战领域。毛泽东同志1936年在《中国革命战争的战略问题》一文中精辟地论述了战略及其与战术的关系，指出“只要有战争，就有战争的全局……凡属带有照顾各方面和各阶段的性质的，都是战争的全局。研究带全局性的战争指导规律，是战略学的任务。研究带局部性战争指导规律，是战役学和战术学的任务……要求战役指挥员和战术指挥员了解某种程度的战略上的规律，何以成为必要的呢？因为懂得了全局性的东西，就更会使用局部性的东西，因为局部性的东西是隶属于全局性的东西的……说‘一着不慎，满盘皆输’，乃是说的带全局性的，即对全局有决定意义的一着，而不是那种带局部性的即对全局无决定意义的一着，下棋如此，战争也是如此。然而全局性的东西，不能脱离局部而独立，全局是由它的一切局部构成的。”①

随着生产社会化和市场经济的发展以及信息技术的推广应用，战略思想逐步进入企业经济领域。作为社会系统学派代表人物的美国经济学家巴纳德最早将战略思想引入企业经

①毛泽东：《毛泽东选集》第一卷，人民出版社1966年版，第159页。

济,他在1938年出版的名著《经理的职能》中,认为企业是由相互进行协作的各个人组成的综合系统,经理在这个综合系统中扮演着相互联系中心的角色,并运用了战略因素构想分析了企业组织的决策机制以及有关目标的诸因素和它们之间的相互影响。美国企业经营史学家钱德勒1962年在《战略与结构:工业企业史的考证》一书中,给企业战略经营下了这样的定义:决定企业的长期基本目标,选择达到目标的途径,以及为实现这些目标与途径而对资源进行分配。美国学者安索夫1965年出版了《企业战略论》,定义战略要素由产品市场范围、成长向量、竞争优势和协力效果等组成,将战略理论研究向前推进。总之,这些学者的研究工作为企业战略理论建立了框架。

切斯特·巴纳德
(1886－1961)

艾尔弗雷德·D.钱德勒
(1918－2007)

伊戈尔·安索夫
(1918－2002)

2. 企业经营战略的定义

企业战略就是企业在市场经济的条件下,为了求得生存与发展,对于实现的总体目标及根本对策所作出的全局性的、长远的谋划。

策略是实现战略任务所采取的措施和手段,如同战略与战术的关系。企业战略与策略之间的关系。是全局与局部、长远利益与短期利益之间的关系。战略具有全局性和长远性,策略具有局部性和短期性,战略指导策略,战略目标要通过各种各样的策略予以保证和实现。策略服从战略,为战略服务。

(二)企业经营战略的特性

1. 全局性

企业战略是在研究与把握企业生存与发展的全局性指导规律的基础上,对企业的总体发展及其相应的目标与对策进行谋划,这属于企业总体战略;或者在照顾各个方面的全局观点的指导下,对企业某个方面的发展及其相应的目标与对策进行谋划,这相应于企业的分战略。现代企业家应该善于审时度势,胸怀全局,深谋远虑,运筹帷幄之中,决胜千里之外。

2. 长远性

企业战略是企业谋取长远发展要求的反映,是关系企业今后一个较长时期的奋斗目标和前进方向的统盘筹划,注重的是企业长远的根本利益,而不是暂时的眼前利益。鼠目寸光,急功近利,短期行为,都是与企业战略的要求相违背的。

3. 抗争性

企业战略是企业适应在市场经济环境下日益激烈的竞争中求得生存与发展而制订的。进入20世纪90年代以来，市场竞争国际化，优胜劣汰，“战略制胜”。企业战略的正确与否是企业胜败兴衰的关键。战略正确就能取得优势地位，战胜对手，企业不断兴旺发达；战略错误会使企业受损，严重的甚至破产。

4. 稳定性

企业战略一经制订，必须保持相对的稳定性，不能朝令夕改。这就要求企业在制订战略时，必须准确把握外部环境和内部条件，正确决策。稳定性要与应变性相结合，当企业的外部环境和内部条件发生变化时，企业战略也要适时进行变化与调整。

二、企业战略环境分析

企业战略环境分析的目的是展望企业的未来，这是制订战略的基础。战略是根据环境制订的，是为了使企业的发展目标与环境变化和企业能力实现动态的平衡。企业环境包括外部环境和内部条件。外部环境分析是为了适时地寻找和发现有利于企业发展的机会和动机，并有针对性地改善内部条件，克服存在的威胁，以适应外部环境的变化。企业内部条件分析是为了扬长避短，发挥优势，有效地利用自己的各种资源。

影响企业环境的外部因素不仅是不可控的，而且是极其错综复杂、扑朔迷离的，很难全部掌握其动态。一个去粗取精、去伪存真的办法就是把环境分析的重点放到行业分析上来。这里所说的行业可能是该公司的同行，也可能是公司未来准备进入的竞争圈。行业分析不仅能为企业预测出利润增长等行业吸引力的大小，而且能为企业测定出竞争优势的大小。

（一）企业外部环境分析

1. 企业外部宏观环境分析

（1）政治环境。政治环境泛指一个国家的社会制度，执政党的性质，政府的方针、政策以及国家制定的有关法律、法规等。不同的国家有着不同的社会性质，不同的社会制度对组织活动有着不同的限制和要求。即使社会制度不变的同一国家，在不同时期，由于执政党的不同，其政府的方针特点、政策倾向对组织活动的态度和影响也是不断变化的。

（2）经济环境。经济环境指构成企业生存和发展的社会经济状况，包括社会经济结构、经济体制、宏观经济发展水平、宏观经济政策等要素。

（3）社会文化环境。社会文化环境包括一个国家或地区的居民受教育程度和文化水平、宗教信仰、风俗习惯、审美观点、价值观念等。

（4）技术环境。技术环境是指与企业生产经营活动相关的科学技术要素的总和。它既包括导致社会巨大发展的、革命性的产业技术进步，也包括与企业生产直接相关的新技术、新工艺、新材料的发明情况、应用程度和发展趋势，还包括国家和社会的科技体制、科技政策和科技水平。

2. 企业外部微观环境分析

（1）顾客。顾客通常就是用户，就是消费者，就是企业所说的目标市场。企业与顾客的关系实质上是一种生产与消费的关系。企业生产的目的是为了满足顾客的需要。因此,顾客及其需求是企业生产经营活动的出发点,是企业生产经营决策的根本依据。顾客是企业服务的对象,企业的一切活动都必须紧紧围绕顾客这一中心展开。

(2)供应者。供应者是为企业及其竞争者提供生产上所需资源的企业和个人。供应者与企业的关系是一种生产协作关系。供应者供应的资源主要包括原料、材料、燃料、机器设备、技术、信息、资金和劳务等。企业与供应者的生产协作关系能否密切配合对于企业的生产经营有着重大影响。如果不能及时供应所需的资源,企业便无法正常生产,交货期便受到影响,而且供应者所提供资源的数量、质量和价格直接影响企业生产产品的产量、质量、成本,进而关系到企业的销量、定价、利润和企业信誉等。所以,企业要搞好市场营销活动,就一定要慎重选择好供应者,不断巩固和加强这种生产协作关系。不仅如此,企业还要不断寻找新的供应者,拓宽自己的供应渠道,以保证企业生产经营的顺利进行。

(3)竞争者。竞争者是指与企业生产相同或类似产品的企业和个人。企业与竞争者的关系是一种竞争关系,竞争的结果通常表现为此消彼长(当然也存在竞争中共同发展的情况)。从消费需求的角度看,企业的竞争者包括愿望竞争者、平行竞争者、产品形式竞争者和品牌竞争者。

愿望竞争者是指提供不同产品以满足不同需求的竞争者。平行竞争者是指提供能够满足同一种需求的不同产品的竞争者。产品形式竞争者是指生产同种产品,但提供不同规格、型号、款式的竞争者。很显然,产品形式竞争者和品牌竞争者都是同行业的竞争者。同行业的竞争者是企业必须特别重视的竞争者。

(4)公众。公众是一个内涵广泛的概念,通常是指所有实际上或潜在地关注、影响着一个企业达到其目标的政府部门、社区组织、群众团体和居民。企业与公众的关系直接或间接地影响到企业市场营销活动。公众一般可分为政府公众、金融公众、媒介公众、群众团体、当地公众、内部公众和一般公众等七大类。政府公众是指政府有关部门;金融公众是指可能影响企业获得资金能力的团体,如银行、信托投资公司等;媒介公众是指报社、杂志社、电视台和广播电台等大众传播媒介;群众团体是指消费者组织、环境保护组织及其他群众组织;当地公众是指企业所在地附近的居民和社区组织;内部公众是指企业内部的公众,包括高级管理人员、一般管理人员和普通职工等;一般公众是指除企业所在地附近的居民和社区组织以及企业内部的公众以外的居民、员工或组织团体。公众对企业的影响有时十分直接,有时却又是间接而深远的。比如,媒介公众对企业有利或不利的宣传报道;金融公众的资金支持;政府公众发展政策与发展方向的确定;消费者组织、环境保护组织等对企业产品的认可及企业产品在普通老百姓中的形象与地位等,均对企业市场营销活动产生重大影响。因此,企业在市场营销活动中必须正确处理好与公众的关系,使之成为企业市场营销活动成功的巨大推动力。

(二)企业内部环境分析

企业内部环境分析的主要内容包括企业资源分析和企业能力分析。

1. 企业资源分析

企业资源是指企业从事生产经营活动所需的人、财、物的总称。它表示一种静态的力量,也表示企业的潜力。企业资源一般包括有形资源、无形资源和人力资源。

(1)有形资源。有形资源包括实物资源和财务资源。这里要搞清楚有形资源与有形资产两者之间的联系与区别。有形资产是比较容易确认和评估的一类资产,一般可以从财务报表上看到。但是财务报表所反映的资产价值往往是比较模糊的,有时甚至是带有误导性的,造成这种情况的原因是过去所反映的成本价值并不能真实地反映某项资产的市场价值。于是,我们把用市场价值表示的有形资产称为有形资源。

(2)无形资源。无形资源是指没有实物形态但却能为企业带来经济效益的资源。主要包括企业的自然科学技术、经营科学技术、企业信誉、企业形象、企业知名度等。有些无形资源可以通过无形资产表现出来,如专利权、著作权、商标权等;而有些无形资源却不能通过无形资产来表示,如信誉、知名度和没有用货币价值表现出来的自然科学技术和经营科学技术等。无形资源对于企业而言是一种非常重要的资源,因为它往往与企业在社会公众心目中的形象联系在一起,信誉好、诚信度高、产品科技含量高的企业必然会受到社会公众的爱戴,受到市场的青睐。

(3)人力资源。广义上讲人力资源是指一个社会具有智力劳动能力和体力劳动能力的人的总和,包括数量和质量两个方面。

狭义上讲人力资源是指组织所拥有的用以制造产品和提供服务的人力。

在人类所拥有的一切资源中,人力资源是第一宝贵的,自然成了现代管理的核心。不断提高人力资源开发与管理的水平,不仅是当前发展经济、提高市场竞争力的需要,也是一个国家、一个民族、一个地区、一个企业长期兴旺发达的重要保证,更是一个现代人充分开发自身潜能、适应社会、改造社会的重要措施。

2. 企业能力分析

(1)企业能力的概念。企业能力是指企业的各种资源经过有机整合而形成的经济力量。虽然企业能力是一个整体概念,但是在具体表现其作用时还是可以分解的。按照不同的标准,企业能力可以分解为各种分项能力。

(2)企业能力的划分。

①按经营职能的标准划分,可以分为决策能力、管理能力、监督能力、改善能力。决策能力是企业适应经营环境制订企业经营方案的能力。管理能力是企业实施经营方案的能力。监督能力是企业监督正确决策和有效管理的能力。改善能力是企业成员发现问题并提出建议、改善方案的能力。

②按经营活动的标准划分,可以分为战略经营能力、生产能力、供应能力、营销能力、人力资源开发能力、财务能力、合作能力、投资能力等。

3. 企业内部环境分析的方法

(1)SWOT 分析法。SWOT 分析法也称态势分析法,20 世纪 80 年代初由美国旧金山大学的管理学教授韦里克提出,经常被用于企业战略制订、竞争对手分析等场合。SWOT 分析代表分析企业优势(Strength)、劣势(Weakness)、机会(Opportunity)和威胁(Threats)(见表 2－1)。因此,SWOT 分析实际上是将对企业内外部条件各方面内容进行综合和概括,进而分析组织的优劣势、面临的机会和威胁的一种方法,并根据企业优势、劣势、机会和威胁选择不同的策略(如图2-6所示)。

表2-1　SWOT分析法

	潜在外部威胁(T)	潜在外部机会(O)
外部环境	市场增长较慢 竞争压力增大 不利的政府政策 新的竞争者进入行业 替代产品销售额逐步上升 用户讨价还价能力增强 用户需要与爱好逐步转变 通货膨胀及其他	市场增长迅速 可以增加互补产品 能争取到新的用户群 有进入新市场或市场面的可能 有能力进入更好的企业集团 在同行业中竞争业绩优良 其他
内部条件	竞争中处于优势地位 产品技术领先 成本优势 特殊能力 产品创新 具有经济规模 良好的财务资源 高素质的管理人员 公认的行业领先者 顾客的良好印象 适应力强的经营战略 其他	竞争中处于劣势地位 设备老化 产品线范围太窄 技术开发滞后 营销水平低于同行业水平 战略方向不明 战略实施的历史记录不佳 利润率下降 资金紧张 相对于竞争对手的高成本 其他

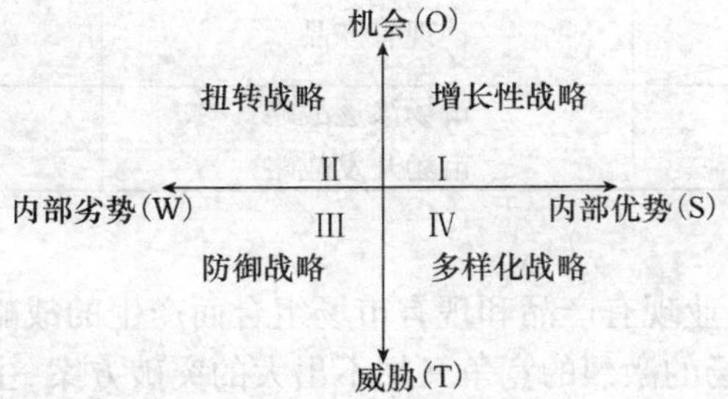

图2-6　SWOT分析及战略选择

(2)价值链分析法。价值链分析法视企业为一系列的输入、转换与输出的活动序列集合,每个活动都有可能相对于最终产品产生增值行为,从而增强企业的竞争地位。企业通过信息技术和关键业务流程的优化是实现企业战略的关键。

价值链分析法是由美国哈佛商学院教授迈克尔·波特提出来的,是一种寻求确定企业竞争优势的工具。企业有许多资源、能力和竞争优势,如果把企业作为一个整体来考虑,又无法识别这些竞争优势,这就必须把企业活动进行分解,通过考虑这些单个的活动本身及其相互之间的关系来确定企业的竞争优势。如图2-7所示。

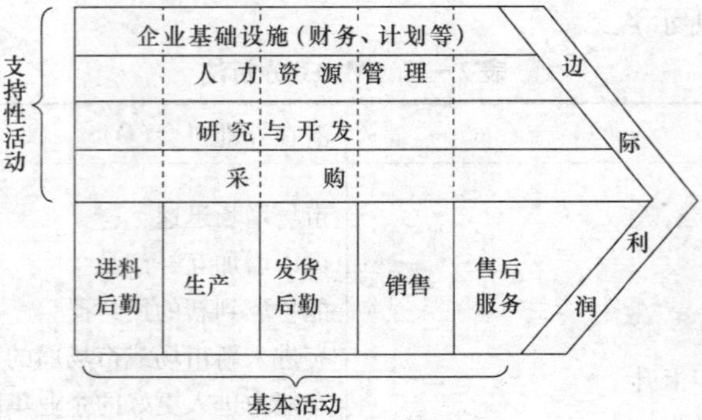

图2－7　波特价值链

三、企业主要的经营战略

（一）企业产品—市场战略

在市场经济中，企业发展和生存主要取决于能否提供被市场所接受的产品（或服务）。这里有以下含义：企业提供的产品的质量和功能是购买者所需要的；产品的价格是购买者能接受的；产品的质量、功能和价格在市场上有竞争力，产品销售后的收入要大于企业生产的成本，以获得一定的利润，能满足企业投资者的投资回报要求。因此，企业要求得生存和发展，首先要研究市场的需求，研究、开发和生产能满足上述要求的产品，制订与此有关的战略成为多数企业经营战略的重要方面。最著名的产品—市场战略首先是由美国管理学家安索夫提出的。早在1957年，他提出了"产品与市场配合"的概念，他认为企业经营战略的四项要素形成了四种产品—市场战略，见表2－2。

表2－2　产品—市场战略组合

产品 / 市场	现有产品	新产品
现有市场	市场渗透战略	产品发展战略
新市场	市场开发战略	多角化经营战略

1. 市场渗透战略

市场渗透战略是由企业现有产品和现有市场组合而产生的战略。这种战略适用于企业经营状况较稳定，面对市场的激烈的竞争又想不出大的突破方案，主要着眼于市场的渗透开拓，增加销售量以求得企业的生存发展，这是一种稳健型的经营战略。扩大现有产品的销售量可以采取以下策略。

（1）扩大产品使用对象。例如，适合于儿童的食品，可以通过略加调整配方，适用于老年人和体弱或病后的成人食用以增加销量。

（2）扩大产品使用数量。例如，油漆公司可以向用户说明，上油漆的次数越多则表面越光亮美观。这样用户对公司的油漆需求就有可能增加。

（3）改进产品的性能。例如，在电扇中增加定时装置，在烧水壶中增加鸣叫装置，改进产品的装饰以吸引顾客，增加产品的销量。

从短期看，市场渗透战略的风险较小，因为采用这种战略投资少，又能增加销量。但从长远看,也可能存在较大的潜在的风险,一旦竞争对手提出一种全新的、功能更全的替代产品,或者采用完全不同的生产工艺大幅度地降低成本,企业就有可能彻底被市场所淘汰。例如,磁盘和磁带正在被光盘所替代,只生产这类产品的企业就有可能被迫退出市场。

2. 市场发展战略

市场发展战略是通过企业已有的产品或正准备投入生产的新产品,通过竞争或通过扩展市场的占有量以增加企业的销售收入。市场的扩展无非有两种可能,一是从竞争者手中获取市场份额,另一种是扩大整个市场的容量。

(1)竞争战略。美国学者迈克尔·波特提出三种基本的竞争战略方案:

①成本领先战略。整个战略的核心是要取得并维持比竞争对手更低的成本,从而能以较低的价格使高成本的竞争对手退出市场。

②创特色战略。企业设法把产品与其他企业的产品区别开来,创造出的产品具有独一无二的特色。因此,有时把这种战略称之为产品差异化战略。这种战略有可能使企业不降价,甚至在高价格下增加市场份额。例如,家电生产企业以其完善的售后服务可争取新的顾客。

③集中战略。该战略通过满足特定消费者群体的特殊需要,或者集中于某一有限的市场来建立企业的竞争优势及其市场地位。例如,为糖尿病病人提供专用的低糖或无糖的食品、专门为大体型人群提供服装和皮鞋、为高收入阶层提供高档消费品等。集中战略在确定差异性目标市场的情况下,可以按地域和顾客群体划分市场份额,然后进行适当的选择。

应该注意,市场份额的扩大是需要代价的,在竞争时降价、作广告和推销都会使企业利润下降。随着销售额的增加,固定资产和流动资金的投资都会有所增加,企业往往不能马上从单位成本的降低中立即得到利益,反而有可能随着市场份额的增加而获利能力下降。当然,对于有规模经济的行业(随着企业生产规模的扩大,单位产品的成本下降),市场占有率的升高最终会增加获利能力。

(2)扩大(市场)战略。这种战略的实质是把现有产品向新的地域或新的顾客群体拓展。例如,目前小屏幕的彩色电视机在城市住户中已经饱和或不再有销路,但可以向农村和学生宿舍中拓展,甚至有可能向其他发展中国家推销。其演进过程与竞争战略类似,只是不是从竞争对手处抢得市场,而是向已有的市场之外拓展市场。但这并不意味着没有竞争,因为同行企业也有可能采取同样的战略。

(3)产品发展战略。产品发展战略是对企业现有市场投放新产品或增加产品的品种,以扩大市场份额、增加销售收入为目标的发展战略。和前两种战略不同,此时企业战略工作的重点不在于市场的渗透和拓展,而在于企业自身产品的开发和改进。从某种意义上说,这一战略是企业发展战略的核心,因为对企业来说,市场毕竟是难以控制的因素,而产品开发是企业可以努力做到的。实施这种战略要求企业对原有市场的顾客进行全面的调查分析,找出产品革新的方向,甚至发明或开发新的产品以保住市场份额并力求扩大。在激烈的市场竞争中,企业不进则退,最终会被挤出市场。企业要站住脚,最根本的是要在产品的革新和开发上下工夫,特别对产品生命周期较短、技术进步较快的行业,如电子、家用电器、汽车和生物医药等尤其如此。这类成功的企业一般都设有实力雄厚的研究与开发部门,并经常保持相当大的投入进行产品的研制和开发工作,即使原有产品还在成长或成熟阶段,新产品的研究和开发工作可能早已开始。

(4)多角化经营战略。多角化经营是一种企业同时在新产品和新市场两方面开拓的战略,这是一种积极的发展型战略。目前,这种经营战略已成为大中型企业适应新形势、开拓新市场的必然选择。之所以如此,是因为市场竞争激化,企业如果着眼于单一产品和单一市场,除非高度垄断,否则其经营风险会越来越大。只有采用多角化经营战略,使企业在任何时候都有处于成长期的产品,这样才能较长期地保持有利地位,分散经营风险。多角化经营的关键是适当地选择产品的组合,这要根据企业外部环境和内部条件认真研究选择。

①技术相关产品组合。企业生产不同用途的产品,但它们在开发研究、原材料、生产技术和生产设备方面有关联或相似性。例如,生产彩色显像管的企业可以同时生产电脑用的显示器;生产照相机的企业可同时生产望远镜、水准仪和经纬仪等。这样安排产品组合,既实现了多角化的目标,同时可以使产品的成本相对较低,具有一定的竞争力。

②市场相关产品组合。这种组合的特点是利用企业已有的销售渠道、销售对象、促销方法、企业形象等市场方面的相关性,生产不同技术特性的产品。例如,大的胶卷生产企业同时生产照相机;生产化肥的企业同时生产农药等。

③市场与技术都相关的产品组合。例如,企业同时生产多种农用机械,这些产品同时具有市场和制造技术方面的相关性。这种多角化经营相对容易实施,成本也相对较低。

④非相关产品战略。企业在这种战略下,同时生产无市场相关和无技术相关的产品。例如,国际上大的企业集团甚至对第一、二、三产业涉足经营。这种战略能在很大程度上分散风险,但很难体现专业化的优势。

(二)企业联合战略

企业联合是指两个或两个以上企业或单位,逐步建立某种正式或非正式的合作,或者兼并、合并成一个整体。这里主要介绍合作战略和兼并与合并战略。

1. 合作战略

对多数大中型企业来说,面对的市场竞争是垄断竞争或寡头竞争,也就是少数的几家同行业内的企业之间的竞争。例如,国际航空器的生产企业主要是美国波音公司和欧洲的空中客车公司。他们之间的激烈竞争对购买者是有利的,但对这几家公司并不有利,至少在短期来看是如此。又如,美国的汽车生产几乎全部集中在通用、福特和克莱斯勒三家公司;日本的汽车也高度地集中在丰田、本田、三菱和五十铃等少数几家公司。少数企业间的竞争有这样的特点:一个企业的战略决策取决于对手的决策,这就形成了博弈关系。比如某个行业市场由A、B两家公司独占,他们都面临合作或竞争两种战略选择,合作表示维持原状,以较高的价格分享市局需求;反之,如果竞争,则各方的主要手段是偷偷降价来扩大市场份额。

2. 企业兼并与合并战略

企业兼并是兼并企业以现金或股票调换等方式取得被兼并企业的资产或控制权,以扩大兼并企业规模和经营范围的企业产权交易形式。企业兼并往往是优势企业吞并和吸收劣势企业,兼并企业具有存续性并保留原有法人资格,而被兼并方丧失法人资格。企业合并是指参与合并的企业通过资产、生产要素和经营要素的合并,形成法人资格的统一经营企业的企业产权交易形式。企业合并一般有两种方式，一种是各自都放弃原有法人资格，通过重组，成立新的经济实体；另一种是合并的一方保留原有法人资格，而另一方丧失法人资格。从资产重组和产权交易的角度看，企业兼并与合并的实质是相同的。

在市场经济中，企业兼并是竞争的自然结果，最终都希望形成垄断，以获取垄断利润，兼并可以获得规模经济的效益，节省市场交易费用，对资源配置有积极意义。特别是从一个国家或地区的利益来看，为了壮大企业对外竞争的实力，在法律（主要是反垄断法）允许的范围内，企业兼并常常受到政府的鼓励。

从企业角度看，企业兼并往往是一种投资少、速度快和风险小的发展战略。企业为了扩大经营规模，可以有两种方式：一是通过新的投资，购买生产设备和扩建厂房；另一种是购买现有的企业。比较起来，一般情况下后者见效快、投资少。此外，兼并企业可以利用被兼并企业的销售渠道和市场份额，同时又可以减少竞争对手，在一定程度上形成垄断势力。值得注意的是，近年来国际上大的跨国公司都是以这种购买兼并的方式迅速进入发展中国家，消灭东道国的民族品牌，最终形成垄断，获取高额利润。对中国国内企业来说，可借鉴这种方式，通过国内企业的兼并重组壮大企业的实力，与跨国公司抗衡。

（1）企业兼并（或合并）战略主要有三种类型，即纵向兼并、横向兼并和复合兼并。

①纵向兼并是指处于相邻生产阶段的不同企业间的兼并。这种兼并又可分为后向兼并和前向兼并。后向兼并是指生产企业兼并其原材料或零部件供应的企业，即兼并其上游的生产企业。其动因是加强企业对原材料或零部件供应的控制；前向兼并是生产企业兼并下游的再次加工的企业，甚至兼并产品流通环节的企业，其动因是更便于接近和控制最终产品的市场。

②横向兼并是指生产同类产品或者工艺相近的企业间的兼并，其动因是迅速扩大规模，减少相互间的竞争，提高兼并后的竞争实力。从国家和社会角度看，如果这种兼并形成国内市场的垄断，则不利于国内资源的配置；如果兼并后能产生明显的规模经济效益，且又能增加对外竞争的能力，则还是应该鼓励。

③复合兼并是指产品与市场都没有紧密联系的企业间的兼并。这种企业兼并的动因主要是实现多角化经营，降低企业的经营风险，经常发生于同一地区或同一隶属关系的企业之间。

（2）企业兼并的常见方式有以下几种：

①出资购买式。兼并企业出资购买被兼并企业的资产以实现兼并。

②承担债务式。兼并方承担被兼并方的全部债务以实现兼并。这种方式要求被兼并企业的债务与资产的价值相当。

③吸收股份式。兼并方给被兼并方以资产价值相当的股份以交换被兼并方的资产。

④承租式。兼并方与被兼并方签订契约，以租赁方式实现资产的有偿转让。兼并方按契约规定定期向被兼并方支付转让费或租赁费。

第三节 企业经营决策

案例引入

领导是用来决策的

1997年,赵亚平大学毕业后加入中国平安保险公司广州分公司(寿险),在基层锻炼了6个月后被安排到人事部。分公司总经理十分欣赏赵亚平的才干,两年后提升他为培训部新产品推广室主任。赵亚平富有成效的工作和创新精神受到分公司上下的一致好评。2001年10月,分公司销售处经理职务空缺,赵亚平成为分公司同类位置上最年轻的经理。2002年1月,中山支公司销售经理跳槽,赵亚平被任命为中山支公司的销售经理。3月,中山支公司总经理辞职,赵亚平又被任命为中山支公司总经理兼任销售经理。部分骨干员工跳槽使中山支公司销售队伍发生信心危机,人心浮动,公司已走到崩溃的边缘!赵亚平应该怎么办?

讨论:

企业如何进行经营决策?

管理就是决策。

——赫伯特·西蒙

决策是管理的核心,管理过程几乎左右的活动都是围绕决策的制订和实施展开的。

一、企业经营决策的基本概念

(一)企业经营决策的概念

决策是指组织或个人为了实现某种目标而对未来一定时期内有关活动的方向、内容及方式的选择进行选择或调整的过程。决策是为了达到组织的某一既定目标,没有目标就无从决策;其次,决策是在一定的条件下寻求实现目标的较为满意的方案;最后,决策必须进行多方案的优选。

(二)企业经营决策的内容

决策贯穿企业生产经营活动的全过程,在这一过程的每一个环节上都离不开决策。对于企业来讲,涉及到的决策问题主要有:经营战略与目标决策、市场营销决策、新产品开发与老产品淘汰决策、技术开发与投资决策、成本决策、生产计划决策、价格决策、经营方式选择及人事决策等。

（三）企业经营决策的类型

企业生产经营活动涉及的决策问题范围十分广泛，内容较多，且各有特点，可将决策问题做如下分类。

（1）按决策层次划分可将决策分为战略决策、管理决策和业务决策。

（2）按决策重复出现的程度划分可将决策划分为程序化决策和非程序化决策。

（3）按决策问题所处的环境条件不同划分，可将决策划分为确定型决策、风险型决策和非确定型决策。

（4）其他类型。可按决策期限划分为长期决策与短期决策；按决策方法类别可划分为计量决策与非计量决策（主观决策）；按决策目标的多少可划分为单目标决策与多目标决策；按决策实施的层次可划分为单级决策与多级决策等。

中层管理者应侧重于管理决策，基层执行者应侧重于业务决策。如图2-8所示。

管理层次	决策类型
高层领导者	经营（战略）决策
中层管理者	管理（战术）决策
基层执行者	业务（战术）决策

图2-8 决策在企业中所处的地位和管理层次的关系

二、企业经营决策的基本方法

（一）定性决策技术

1. 头脑风暴法

头脑风暴法源自“头脑风暴”一词。所谓头脑风暴，最早是精神病理学上的用语，指精神病患者的精神错乱状态而言的，现在指无限制的自由联想和讨论，其目的在于产生新观念或激发创新设想。

在群体决策中，由于群体成员心理相互作用影响，易屈于权威或大多数人意见，形成所谓的“群体思维”。群体思维削弱了群体的批判精神和创造力，损害了决策的质量。为了保证群体决策的创造性，提高决策质量，管理上发展了一系列改善群体决策的方法，头脑风暴法是较为典型的一个方法。

头脑风暴法又可分为直接头脑风暴法（通常简称为头脑风暴法）和质疑头脑风暴法（也称反头脑风暴法）。前者是在群体决策时尽可能激发创造性，产生尽可能多的设想的方法，后者则是对前者提出的设想、方案逐一质疑，分析其现实可行性的方法。

采用头脑风暴法组织群体决策时，要集中有关专家召开专题会议，主持者以明确的方式向所有参与者阐明问题，说明会议的规则，尽力创造融洽轻松的会议气氛，一般不发表意见，以免影响会议的自由气氛。由专家们自由提出尽可能多的方案。

2. 哥顿法

这种方法的基本思想是把所研究的问题适当抽象，以利于开拓思路，提出较多的富有成效的方案。与会者不马上直接讨论决策问题本身,只讨论与决策问题有类似之处的另一问题,最后再回到决策问题本身,使与会者免受约束,激发新思路,以便从更大范围提出解决问题的方案。

(二)定量决策技术

经营决策的硬技术即定量决策技术是建立在数学理论基础上的决策方法。它的核心是把决策的变量与变量、变量与目标之间的关系用数学模型表达出来。然后通过计算求出答案,供决策参考使用。由于方案是在未来实施的,因此在决策时必须考虑未来环境下的经济效果。根据决策信息的完备程度和环境因素的可控程度,可以把有关活动方案的决策分为确定性决策、风险性决策和不确定性决策。

1. 确定性决策的定量方法

在比较和选择方法时,如果未来只有一种情况且管理者也知道这一事实,则须采用确定性决策的定量方法。

(1)线性规划。线性规划主要用于解决有限资源的最佳配置,即如何对有限的资源做出最佳方式的调配和最有利的使用,以便最充分地发挥资源的效能去获取最佳经济效益。通常是在一些线性等式或不等式的约束条件下,寻求线性目标函数的最优值。对于一般的线性规划问题,常用单纯形法求解;但对于只有两个或三个决策变量的线性规划,可以使用图解法求解。

运用线性规划建模的步骤:第一,确定影响目标函数大小的决策变量,列出目标函数方程。第二,找出目标函数的约束条件。第三,确定目标函数解的情况,有解还是无解;如果有解时,有多少解。第四,判断目标函数的最优值的情况,如果存在最优值,确定其大小。

(2)盈亏平衡分析法。又称量本利分析法或保本分析法,是通过分析生产量或销售量、成本与利润三者的关系及盈亏变化规律为决策提供依据的定量方法。在企业经营管理中具有广泛用途。

该方法的基本原理:企业在生产经营过程中,基于利润最大化的目标往往面临着盈利与亏损两种结局,在两者之间临界点的利润为零,其所对应的生产量或销售量就是保本产量或保本销售量。而保本产量或保本销售量是企业面对外界市场环境变化可以控制的决策变量,因此,保本产量或保本销售量成为盈亏平衡分析法的核心。

具体而言,企业的利润来源于总收入与总成本两者之间的对比,而总收入可以通过单位产品的价格与销售量得到体现,总成本表现为固定成本与变动成本之和,变动成本可以通过单位产品的变动成本与生产量得到体现。在假设市场供不应求的前提下,市场营销的风险降低为零,企业不必担心产品的销售问题,因而销售风险就转化为企业内部生产商品的产量风险。

2. 风险性决策的定量方法

常用的风险性决策的定量方法是决策树法。决策树法是把决策的有关问题列成树状图表,用来描述各种方案在不同情况下的损益值,然后对图表中的各种状态和方案进行期望值的计算,再比较期望值的大小,最后选出较好方案的决策方法。

决策树由决策点、方案枝、自然状态点、概率枝等组成(如图 2-9 所示),从左向右形成一个树形网状图。

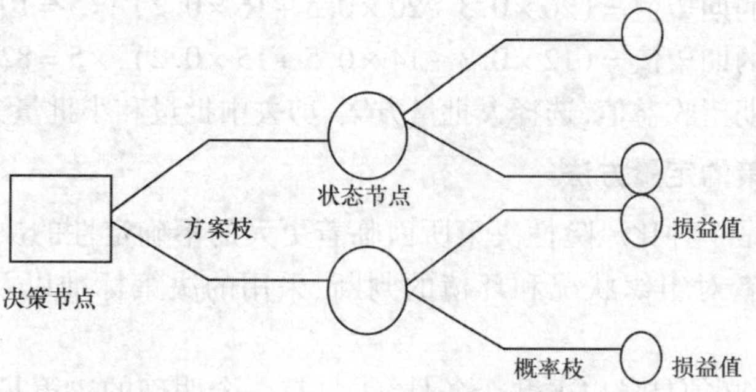

图 2-9　决策树结构图

应用决策树法进行决策的程序是：首先根据决策问题绘制出决策树图，然后根据决策树最右端损益值和概率枝上的概率，从右至左逐步计算出同一方案在不同状态下的期望损益值，最后根据不同方案的期望损益值的大小进行选择，从而得到最优方案。

某方案的期望损益值 = $\sum$（方案的某种自然状态的概率 × 该自然状态下的损益值）

例：某企业准备今后五年生产某种产品，需要确定产品的批量。根据市场预测估计，这种产品的市场状况的概率为：畅销(0.3)，一般(0.5)以及滞销(0.2)。各种状态下的收益值见表 2-3。目前，提出产品生产方案有大、中、小三种，试问怎样决策才能获得最大的经济效益？

表 2-3　各种状态下的收益值

单位：万元

自然状态 / 方案	畅销(0.3)	一般(0.5)	滞销(0.2)
大批量	30	26	12
中批量	24	20	14
小批量	18	16	15

解：首先画出决策树图如图 2-10 所示。

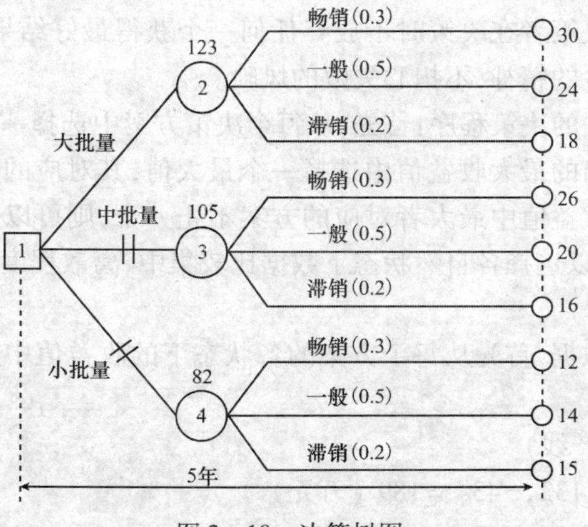

图 2-10　决策树图

大批量生产②的期望值 = (30 ×0.3 +24 ×0.5 +18 ×0.2) ×5 =123(万元)

中批量生产③的期望值 = (26 ×0.3 +20 ×0.5 +16 ×0.2) ×5 =105 (万元)

小批量生产④的期望值 = (12 ×0.3 +14 ×0.5 +15 ×0.2) ×5 =82 (万元)

比较各方案的期望收益值,选择大批量方案,剪去中批量和小批量方案枝。

3. 不确定性决策的定量方法

不确定性决策是一种比风险性决策所面临着更大的不确定性的决策。这类决策,很大程度上取决于决策者对组织状况和环境的判断、采用的决策标准以及决策者自身的性格特征。

不确定性决策,必须具备以下几个条件:①具有一个明确的决策目标。例如,要求利润最大化或遭受的损失最小化等。②可拟订出两个或两个以上的可行方案,提供给有关的部门或人员进行比较、选择。③存在一种以上的自然状态。例如,销售的较好、中等、较差等。④可以预测或估计出不同的可行方案在不同的自然状态下的收益值或损失值。

对收益型数据,常用的方法有极大极大损益值法、极大极小损益值法、极小极大后悔值法、折中主义决策法。

例:某企业准备生产某种产品,根据对市场的分析,产品的销路面临着三种状态:畅销、一般与滞销。生产该产品有三种方案:改进生产线、新建生产线、与其他企业合作。根据估计,各方案在不同情况下的收益见表2-4。试问哪个方案更合适?

表2-4 各方案在不同情况下的收益

单位:万元

自然状态 / 方案	畅 销	销路一般	滞销
1. 改进生产线	189	132	-43
2. 新建生产线	245	109	-87
3. 与其他企业合作	113	89	18

(1)极大极大损益值法。极大极大损益值法也可称为乐观法,主要特点是采用实现方案选择中的乐观原则。决策者在决策时不放弃任何一个获得最好结果的机会,争取收益值大中之大,充满乐观、冒险的精神,不担心失败的风险。

极大极大损益值法的决策程序:首先,从每个决策方案中选择一个最大的收益值;然后,再从这些方案中选择出的最大收益值中选择一个最大值,其对应的方案就是被选中的决策方案;最后,如果最大收益值中最大者对应的方案不止一个,则可以把所有对应的方案都作为被选中的方案,也可以选择各自然状态下数据比较集中、离散程度较小的方案作为被选中的方案。

根据上例提供的数据,首先从每个方案的各状态下的收益值中选择一个最大的收益值(见表2-5)。

方案1 (改进生产线)

$\max\{189, 132, -43\} = 189$ (万元)

方案2 (新建生产线)

max{245,109,-87} =245（万元）

方案3 （与其他企业合作）

max{113,89,18} =113（万元）

其次，从三个方案的最大收益值中选择一个最大的收益值

max{189,245,113} =245（万元）

最后，245万元对应的方案是方案2，就是被选中的决策方案，因此，选择新建生产线比较合适。

表2-5 极大极大损益值法

单位：万元

方案 \ 自然状态	畅 销	销路一般	滞销	每个方案最大收益值
1. 改进生产线	189	132	-43	189
2. 新建生产线	245	109	-87	245
3. 与其他企业合作	113	89	18	113
三个方案最大收益值中，再取最大值				245

（2）极大极小损益值法。极大极小损益值法也可称为保守法，决策者采用这种标准时比较小心谨慎，持悲观的态度，总是从未来的情况比较差的状态出发考虑问题，然后再选择最优的可行方案。

极大极小损益值法的决策程序：首先，从每个决策方案中选择一个最小的收益值；然后，再从这些方案中选择出的最小收益值中选择一个最大值，其对应的方案就是被选中的决策方案；最后，如果最小收益值中最大者对应的方案不止一个，则可以把所有对应的方案都作为被选中的方案，也可以选择各自然状态下数据比较集中、离散程度较小的方案作为被选中的方案。

根据上例提供的数据，首先从每个方案的各自然状态下的收益值中选择一个最小的收益值（见表2-6）。

方案1 （改进生产线）

min{189,132,-43} =-43（万元）

方案2 （新建生产线）

min{245,109,-87} =-87（万元）

方案3 （与其他企业合作）

min{113,89,18} =18（万元）

其次，从三个方案的最小收益值中选择一个最大的收益值

max{-43,-87,18} =18（万元）

最后，18万元对应的方案是方案3，就是被选中的决策方案；因此，选择与其他企业合作比较合适。

表 2－6　极大极小损益值法

单位：万元

方案＼自然状态	畅 销	销路一般	滞销	每个方案最小收益值
1. 改进生产线	189	132	－43	－43
2. 新建生产线	245	109	－87	－87
3. 与其他企业合作	113	89	18	18
三个方案最小收益值中，再取最大值				18

（3）极小极大后悔值法。在决策过程中，当某一种自然状态可能出现时，决策者应该选择该自然状态对应下的收益最大的方案，但是如果决策者由于决策失误没有选择收益最大的方案，而选择了其他的方案，必然会看到收益最大的方案出现而后悔。把某一自然状态下最大收益值与该状态下其他收益值的差值称为后悔值或遗憾值。

基于在决策时避免将来的后悔为原则，极小极大后悔值法的程序是：将每种状态下的最大收益值减去该状态下的其他方案的收益值，找出每个方案的最大后悔值，然后从中选择一个最小的后悔值，其对应的方案作为选中的方案。

根据上例提供的数据，首先找出每个方案的各自然状态下的最大收益值（见表 2－7）。

表 2－7　各方案在不同自然状态下的最大收益值

单位：万元

方案＼自然状态	畅 销	销路一般	滞 销
1. 改进生产线	189	132 *	－43
2. 新建生产线	245 *	109	－87
3. 与其他企业合作	113	89	18 *

用每列标注“ * ”符号的最大收益值减去各方案在这个状态下的收益值，列出后悔值表，见表 2－8。

表 2－8　各方案在不同情况下的后悔值

单位：万元

方案＼自然状态	畅 销	销路一般	滞 销
1. 改进生产线	56	0	61
2. 新建生产线	0	23	105
3. 与其他企业合作	132	0	0

从表 2－8 中找出每个方案的最大后悔值，列在表的最右列；然后从各方案的最大后悔值中选出其中最小者，其对应的方案作为选中的方案，见表 2－9。

表2-9　各方案的最大后悔值及选中方案表

单位:万元

自然状态 方案	畅 销	销路一般	滞销	每个方案最大后悔值
1. 改进生产线	56	0	61	61
2. 新建生产线	0	23	105	105
3. 与其他企业合作	132	0	0	132
三个方案最大后悔值中,选取最小后悔值				61

最后,找出最小的后悔值为61,对应的方案为方案1(改进生产线)作为选中的方案。

第四节　企业营销管理

案例引入

海尔集团向全球拓展销售渠道

海尔集团实施3个1/3的经营战略(即1/3的产品在国内销售,1/3的产品销售到国外,1/3的产品在国外生产),没有销售渠道的保证显然是不行的。为此,海尔集团尽力拓展销售渠道,1997年初海尔集团在国内已拥有8 000余个营销点,覆盖了所有一、二、三级市场。在国外120个国家和地区注册了自己的品牌商标,在40多个国家和地区都有专营商,专营商的总数已达5 879个。

在1997年2月18日召开的德国科隆国际博览会上,海尔集团的冰箱、冷柜、空调器、洗衣机、微波炉、热水器等几十个品种的家电吸引了世界各地3 000多位客商,其中320多位当场签订了经销"海尔牌"各种家电产品的合同和意向书,多数是第一次与海尔集团合作。

在科隆博览会开幕的当天下午,海尔集团总裁张瑞敏向来自欧洲的12位海尔产品专营商颁发了"海尔产品专营证书"。这些经销商获得了海尔空调、冰箱等系列家电产品在德国、荷兰、意大利等欧洲国家的代理权。中国企业向外国经销商颁发产品专营证书,这在家电企业中还是第一家。这是海尔集团走向世界的扎扎实实的第一步。"海尔"产品终将成为西方人追求的"洋货"。

(资料来源:季先如,《市场营销策略》,经济管理出版社1998年版。)

讨论:

1. 海尔的营销策略是什么?

2. 如何结合自身企业特色确定营销策略?

没有降价两分钱抵消不了的品牌忠诚。

——营销大师科特勒

市场营销是个人和集体通过创造并同别人交换产品和价值以获得其所需所欲之物的一种社会过程。很多公司能提供数量惊人的产品和服务,却因为没有完善的销售机制而在市场竞争中失败了。完善的销售渠道是一笔巨额资产。如果一个生产单一产品的公司在未能按时供货,或未能正确地计划其产品周期时,公司最宝贵的资产可能就是其未全部加以利用的销售机制了。安妮·布罗金认为好的促销未必能弥补产品的不足,但不好的促销会毁掉优秀产品的大好前程。贝斯·罗杰斯认为在现代市场经济条件下,企业为了实现战略计划规定的各项任务、目标,必须十分重视市场营销管理,根据市场需求的现状与趋势制订计划,配置资源。通过有效地满足市场需求来赢得竞争,求得生存与发展。

一、市场营销及其核心概念

菲利普·科特勒
(1931－)

菲利普·科特勒指出,市场营销是致力于交换过程以满足人们需要的活动。人是受需要和欲望支配的,需要和欲望造成了人的不舒服状态,这种不舒服要通过获取可以满足这些需要和欲望的产品和服务来加以解决,而产品和服务可以通过多种方式来获取:自行生产、暴力、乞讨和交换。人类社会大多是按交换原则运转的,这意味着人将成为生产某种特定产品的专家,并用这些产品来换取他们所需要的其他东西。一个市场是由一组有相同需要的人所组成的。营销包括那些与市场有关的活动,也就是那些力图使潜在交换成为现实的活动。营销管理是指为了实现各种组织目标,创造、建立和保持与目标市场之间的有益交换和联系而设计的方案的分析、计划、执行和控制。

(一)需要、欲望和需求

1. 需要

需要(Need)是没有得到某些基本满足的感受状态。需要包括基本的生理需要(如食物、衣服、保暖)、社会需要(如归属感、情感)以及个人需要(如追求知识与表现自我)。当需要得不到满足时,消费者可能采取下列两种行动之一:寻找能够满足其需要的目标(激励);尝试削弱这种需要(抑制或削弱)。市场营销的根本目的就是试图找到或开发出所需的物品或服务来满足人们的需要。

2. 欲望

欲望(Want)是对具体满足物的愿望。如在美国饥饿的人想吃汉堡包、炸薯条;在中国饥饿的人通常想吃米饭和菜。随着社会的进步、物质产品的极大丰富,人们的欲望也会逐渐增加。需要和欲望的意义不同。厂商不能只着眼于现存的欲望,而忽视顾客的根本需要,因为实体产品仅是解决顾客问题的一种手段。

3. 需求

需求(Demand)是对有能力购买并且愿意购买的某个具体产品的欲望。人的欲望无穷无尽,但拥有的资源却非常有限,因此需求有限。在既定的欲望和资源条件下,人们会选择利益加总后能提供最大满足的产品。

需要和欲望是市场营销活动的出发点。需要、欲望和需求是不同的、分层次的、动态的。传统企业满足需要,现代企业创造需要。

(二)价值和满意

价值是指消费者对产品满足需要能力的评价。满意是指消费者通过对一个产品可感知的效果与其期望值相比较后的感觉状态。

(三)关系和网络

在现代市场活动中,交换和交易是复杂的,往往涉及到制造商、供应商、中间商、顾客以及社区、广告商、政府、大众传媒等。市场营销活动实际上就是在这样的关系网络中进行的,能否建立一个和谐、长期、稳定的关系网络对企业是至关重要的。

(四)市场

市场(Market)是有关某种产品的实际和潜在顾客的集合。市场可以围绕着产品、服务或任何有价值的事物发展。

市场包含三个主要因素:有某种需要的人、为满足这种需要的购买能力和购买欲望。即:

市场 = 人口 + 购买力 + 购买欲望

这三个因素是相互制约、缺一不可的,只有三者结合起来才能构成现实的市场,才能决定市场的规模和容量。如:一个国家或地区人口众多,但收入很低,购买力有限,则不能构成容量很大的市场;购买力虽然很大,但人口很少,也不能成为很大的市场;即使人口多,购买力大,也只表明是一个有潜力的大市场,如果产品不适合需要,引不起人们的购买欲望,仍不能成为现实的大市场。

二、市场营销观念

市场营销观念是企业在开展市场营销活动的过程中,在处理企业、顾客和社会三者利益方面所持的态度、思想和观念。企业的市场营销活动是在特定的营销观念指导下进行的,企业营销观念的演变过程既反映了社会生产力及市场趋势的结果,也反映了企业领导者对市场营销发展客观规律认识的深化结果。

现代企业的市场营销管理观念发展是建立在市场的变化和企业经营观念相应变化基础上的。它经历了生产观念、产品观念、推销观念、营销观念、社会营销观念等具有代表性的观念，见表2－10。

表2－10 各阶段企业经营观念与经营方式对照表

经营观念	经营背景	经营出发点、着眼点	基本策略	基本方法	目标
生产观念	产品供不应求	现有产品和以产定销，“我能生产什么”	提高劳动生产率	等客上门	通过增加产量、降低成本来取得利润
产品观念	产品供不应求	以产定销	提高产品质量、增加产品功能	等客上门	通过高价来获得利润
推销观念	供不应求状况得到缓解	现有产品如何销出去	运用各种推销术，改进推销队伍	重视销售渠道选择，运用广告宣传	通过促销扩大销量，达到获利
营销观念	产品供过于求	以需定产，“能为市场生产什么”	满足需要、吸引顾客	加强市场调研，综合运用营销策略	通过满足市场需求达到长期获利
社会营销观念	环境污染 资源短缺	消费者需求和社会公众利益，“企业必须承担社会责任”	参与社会生活方式设计，注重创造市场需求	发展一整套大营销方案	通过满足市场需求、增进社会利益，达到长期获利

生产观念认为，消费者喜欢那些买得起和买得到的产品，企业致力于提高生产效率和分销效率，扩大生产，降低成本以扩大市场。产品观念认为，消费者最喜欢高质量、多功能和具有某种特色的产品，企业应致力于生产高价值产品，并不断加以改进。推销观念认为，消费者不会购买足量的公司产品，除非通过大量推销和促销努力来刺激他们购买。营销观念认为企业的主要任务是确定一组经过选择的顾客需要、欲望和偏好，并且使公司能适当地传送预期的满足。社会营销观念认为企业的主要任务是创造顾客的满意以及消费者和社会长期福利，并以此作为满足组织目标和履行职责的关键。

值得注意的是推销和营销是有区别的，是两个不同的概念。推销是将企业已经生产出来的产品销售出去，而不能对企业的全部经营活动发挥主导作用。推销以产品为中心，它会对顾客说：“我只是在今天可以把这些商品低价卖给你。”

三、市场营销组合策略

市场营销策略实质上是运用市场营销组合的策略。市场营销组合是企业为了满足目标市场需要而对可控制变数加以组合的。影响市场营销活动的因素有很多，传统的市场营销组合(4P)包括产品策略、价格策略、分销策略和促销策略。随着社会经济活动的复杂化，在市场营销组合方面，经历了从4P到6P的演变，就是在4P的基础上增加权力和公共关系(6P)。

(一)产品策略

1.产品的整体概念

产品是指向市场提供的能满足人们某种需要的物质产品和服务。消费者购买产品,通常想要的是整体产品,包括物质的产品和与之相应的包装、配件供应、使用指导、维修服务、分期付款、保证等。因此,整体的产品是物质和非物质形态的统一。

一般来说,整体产品可分为核心、形式和附加三个层次。

核心产品是产品最基本的层次,它提供满足顾客需要的最根本的使用价值。形式产品是产品的第二层次,是核心产品的载体,企业的设计和生产人员将用户的核心利益转变为有形的产品才能出售给顾客,即形式产品是满足顾客需要的各种具体的产品形式。附加产品是产品的第三个层次,指顾客在购买产品时所得到的附加服务或利益。例如,电冰箱的核心产品主要由制冷功能和电路控制系统构成;电冰箱的形式产品主要由箱体和造型设计及外壳材料等组成;电冰箱的附加产品则是指送货上门、安装、保修及售后服务等内容。

2.产品生命周期策略

企业不能期望他的产品永远地畅销下去,因为一种产品在市场上的销售情况和获利能力并不是一成不变的,而是随着时间的推移发生变化,这种变化经历了产品的诞生、成长、成熟和衰退的全过程,这个全过程成为产品的生命周期。产品的生命周期是产品从进入市场到退出市场所经历的市场生命循环过程,进入和退出市场标志着周期的开始和结束。

典型的产品生命周期一般分为:引入期、成长期、成熟期和衰退期。

(1)引入期策略。目标市场的绝大部分消费者不熟悉该产品,或者对企业的产品缺乏信任,因此购买者很少,销售量增长非常缓慢。企业主要有如下四种营销策略。

①快速掠取策略,指以高价格和高促销水平推出新产品的策略,采用此策略必须具备的条件是:产品鲜为人知;了解产品的人急于购买,并愿意以卖主的定价支付;企业面临潜在的竞争,必须尽快培养对本产品"品牌偏好"的忠实顾客。

②缓慢掠取策略,指以高价格和低促销水平推出新产品的策略。采用此策略必须具备的条件是:市场规模有限;顾客已经了解该产品;顾客愿意支付高价;没有剧烈的潜在竞争。

③快速渗透策略,指用低价格和高水平促销费用推出新产品的策略。采用此策略必须具备的条件是:市场规模大;顾客并不了解该新产品;市场对价格比较敏感;有强大的潜在竞争对手存在。

④缓慢渗透策略,指以低价和低促销水平推出新产品的策略。采用此策略必须具备的条件是:市场规模大;产品有较高的知名度;市场对价格敏感;存在潜在的竞争对手。

(2)成长期策略,指企业在成长期尽可能维持高速的市场增长率。为此,可以采取以下推广策略。

①改进产品质量、增加花色品种、改进款式、包装以适应市场需要。

②进行新的市场细分,从而更好适应增长趋势。

③开辟新的销售渠道,扩大商业网点。

④改变广告宣传目标,由以建立和提高知名度为中心变成以说服消费者接受和购买产

品为中心。

⑤适当降价以提高竞争能力和吸引新的顾客。

(3)成熟期策略。成熟产品是企业理想的产品,是企业利润的主要来源。因此,延长产品的成熟期是该阶段的主要任务。延长产品成熟期的策略可以从以下三个方面考虑。

①发展产品的新用途,使产品转入新的成长期。

②开辟新的市场,提高产品的销售量和利润率。

③改良产品的特性、质量和形态、以满足日新月异的消费需求。

(4)衰退期策略。在成熟期,产品的销售量从缓慢增加到缓慢下降,若销售量的下降速度加剧,利润水平很低,就可以认为本产品以进入衰退期。此时通常可以采用以下四种策略。

①继续策略。继续沿用过去的策略,仍按照原来的细分市场、相同的销售渠道、定价及促销方式,知道此产品完全退出市场。

②集中策略。把企业能力和资源集中在最有利的细分市场和销售渠道上,有利于此产品缩短退出市场的时间,同时又能为企业创造更多的利润。

③收缩策略。大幅度降低促销水平,尽量减少销售和推销费用,这可能导致产品加速衰退,但可以从忠实于本产品的顾客中获得利润。

④放弃策略。对于衰落比较迅速的产品,应该当机立断,放弃经营。

(二)价格策略

价格是市场营销组合因素中十分敏感而又难以控制的因素,它直接关系着市场对产品的接受程度,影响着市场需求和企业利润的多少,涉及到生产者、经营者、消费者等各方面的利益。因此定价是企业市场营销组合中一个极其重要的组成部分。

1.影响定价的因素

影响定价的因素是多方面的,包括定价目标、成本、其他市场营销组合因素等。

(1)定价目标。任何企业都不能孤立地制订价格,而必须按照企业的目标市场战略和市场定位战略的要求来进行。企业定价目标主要有以下几种。

①维持生存。如果企业产量过剩,或面临激烈竞争,或试图改变消费者需求,则需要把维持生存作为主要目标。为了确保工厂继续开工和使存货出手,企业必须制订较低的价格。只要其价格能弥补可变成本和一些固定成本,企业的生存便可以维持。

②当期利润最大化。有些企业希望制订一个能使当期利润最大化的价格。假定企业对其产品的需求函数和成本函数有充分的了解,则借助需求函数和成本函数便可制订确保当期利润最大化的价格。

③市场占有率最大化。有些企业想通过定价来取得控制市场的地位,即使市场占有率最大化。因为,企业确信赢得最高的市场占有率之后将享有最低的成本和最高的长期利润,所以,企业制定尽可能低的价格来追求市场占有率领先地位。企业也可能追求某一特定的市场占有率。

④产品质量最优化。企业还可以考虑产品质量领先的目标,并在生产和市场营销过程中始终贯彻产品质量最优化的指导思想。这就要求用高价格来弥补高质量和研究开发的高

成本。产品优质优价的同时,还应辅之以相应的优质服务。

(2)产品成本。任何企业都不能随心所欲地制订价格。某种产品的最高价格取决于市场需求,最低价格取决于这种产品的成本费用。或者说,产品的价格是根据成本、利润和税金三部分来制订的。其中产品成本不是指企业生产该产品的个别实际成本,而是该产品的平均成本或社会成本,企业在实际的定价中首先要考虑的是产品成本,它是产品定价的基础因素。产品成本是企业经济核算的盈亏临界点,产品定价必须至少能够补偿产品成本,这是企业再生产的最基本条件。从长远看,任何产品的销售价格都必须高于成本费用,只有这样才能使销售收入抵偿生产成本和经营费用,否则就无法经营,连简单再生产也无法维持。因此,产品成本是定价的基本因素和依据。

(3)市场需求。市场营销理论认为,产品的最高价格取决于产品的市场需求,最低价格取决于该产品的成本费用。在最高价格和最低价格的幅度内,企业能把产品价格定得多高则取决于竞争者同种产品的价格水平。可见,市场需求、成本费用、竞争产品的价格对企业的定价有着重要影响。而需求又受价格和收入变动的影响。因价格与收入等因素而引起的需求的相应变动率,就叫做需求弹性。

市场上的产品供求关系平衡总是暂时的、相对的。一般情况是:当产品供过于求时,价格下降;当产品供不应求时,价格上升。但对于不同产品,由于其需求弹性大小不一,其供求关系对价格的影响也是不相同的。需求弹性小的产品,其供求关系对价格的影响较小,需求弹性大的产品,其供求关系对价格的影响较大。因此,企业必须预先测定产品的供求状况,作为产品定价的依据。

(4)竞争者的产品和价格。企业必须采取适当方式,了解竞争者所提供的产品质量和价格。企业获得这方面的消息后就可以与竞争产品比质比价,更准确地制订本企业产品价格。如果二者质量大体一致,则二者价格也应大体一样,否则本企业产品可能卖不出去;如果本企业产品质量较高,则产品价格也可以定得较高;如果本企业产品质量较低,那么产品价格就应定得低一些。还应看到,竞争者也可能随机应变,针对本企业的产品价格而调整其价格;也可能不调整价格,而调整市场营销组合的其他变量,与企业争夺顾客。这就需要企业及时掌握有关信息,并作出明智的反应。

2. 定价策略

前述定价方法是依据成本、需求和竞争等因素决定产品基础价格的方法。在市场营销实践中,企业还需考虑或利用灵活多变的定价策略,修正或调整产品的基础价格。

(1)新产品定价策略。一般来说,新产品定价有两种策略可供选择。

①撇脂定价。撇脂定价是指在新产品投入市场后,把产品的价格定得很高,以攫取最大利润,犹如从鲜奶中撇取奶油。企业所以能这样做,是因为有些购买者主观认为某些商品具有很高的价值。

②渗透定价。渗透定价是指企业将新产品的价格定得相对较低,以吸引大量顾客,提高市场占有率。因为,一般情况下低价会刺激市场需求迅速增长。

(2)老产品的价格调整策略。企业处在一个不断变化的环境之中,为了生存和发展,有时候需主动降价或提价,有时候又需对竞争者的变价作出适当的反应。

①降价。在现代市场经济条件下,企业降价的主要原因有:企业的生产能力过剩,因而

需要扩大销售,但是企业又不能通过产品改进和加强销售工作等来扩大销售;在强大的竞争者的压力之下,企业的市场占有率下降;企业的成本费用比竞争者低,企图通过降价来掌握市场或提高市场占有率,从而扩大生产和销售量,降低成本费用。

②提价。虽然提价会引起消费者、经销商和企业推销人员的不满,但是一个成功的提价可以使企业的利润大大增加。引起企业提价的主要原因有:通货膨胀,物价上涨,企业的成本费用提高;企业的产品供不应求,不能满足其所有顾客的需要。

(3)折扣定价策略。企业为了鼓励顾客及早付清货款、大量购买、淡季购买,还可以酌情降低其基本价格。这种价格调整叫做价格折扣。价格折扣有五种主要类型。

①现金折扣。这是企业对当场付清货款的顾客的一种减价。

②数量折扣。这是企业给那些大量购买某种产品的顾客的一种减价,以鼓励顾客购买更多的物品。因为大量购买能使企业降低生产、销售、储运、记账等环节的成本费用。

③功能折扣(贸易折扣)。功能折扣是制造商给某些批发商或零售商的一种额外折扣,促使他们执行某种市场营销功能(如推销、储存、服务)。

④季节折扣。这是企业给那些购买过季商品或服务的顾客的一种减价,使企业的生产和销售在一年四季保持相对稳定。

(4)心理定价策略。此策略是针对顾客心理而采用的一种定价策略。

①声望定价。声望定价是指企业利用消费者仰慕名牌商品或名店的声望所产生的某种心理来制订商品的价格,故意把价格定成整数或高价。因为消费者有崇尚名牌的心理,往往以价格判断质量,认为高价代表高质量。但价格也不能高得离谱,使消费者不能接受。有报道称,在美国市场上,手工做的布鞋很受欢迎,但质量好、价格低的中国货却竞争不过质量相对差、价格却高的韩国货。其原因是由于在美国人眼里,低价就意味着低档次。

②尾数定价。尾数定价是指利用消费者数字认知的某种心理,尽可能在价格数字上不进位,而保留零头,使消费者产生价格低廉和卖主经过认真的成本核算才定价的感觉,从而使消费者对企业产品及其定价产生信任感。

③招徕定价。所谓招徕定价是指零售商利用部分顾客求廉的心理,特意将某几种商品的价格定得较低以吸引顾客。某些商店随机推出降价商品,每天、每时都有一两种商品降价出售,吸引顾客经常来采购廉价商品,同时也选购了其他正常价格的商品。

(三)分销策略

在现代市场经济条件下,生产者与消费者之间在时间、地点、数量、品种、信息、产品估价和所有权等多方面存在着差异和矛盾。企业生产出来的产品只有通过一定的市场销售渠道才能在适当的时间、地点,以适当的价格供应给广大的消费者或用户,从而克服生产者与消费者之间的差异和矛盾,满足市场需要,实现企业的市场营销目标。

1. 分销渠道

(1)分销渠道的概念和特点。所谓分销渠道是指某种产品和服务在从生产者向消费者转移过程中,取得这种产品和服务的所有权或帮助所有权转移的所有企业和个人。因此,分销渠道包括商人中间商(因为他们取得所有权)和代理中间商(因为他们帮助转移所有权)。此外,还包括处于渠道起点和终点的生产者和最终消费者或用户,但是不包括供应商、辅助商。

分销渠道具有以下特点。

①分销渠道反映某一特定商品价值实现的过程和商品实体的转移过程。分销渠道一端连接生产，另一端连接消费，是从生产领域到消费领域的完整的商品流通过程。在这个过程中，主要包含两种运动：一是商品价值形式的运动（商品所有权的转移，即商流）；二是商品实体的运动（即物流）。

②分销渠道的主体是参与商品流通过程的商人中间商和代理中间商。

③商品从生产者流向消费者的过程中，商品所有权至少转移一次。大多数情况下，生产者必须经过一系列中介机构转卖或代理转卖产品。所有权转移的次数越多，商品的分销渠道就越长；反之，亦是。

④在分销渠道中，与商品所有权转移直接或间接相关的，还有一系列流通辅助形式，如物流、信息流、资金流等，它们发挥着相当重要的协调和辅助作用。

（2）分销渠道的选择。一般来讲，要选择一个有效的渠道系统，必须经过确定渠道模式、确定中间商数量、规定渠道成员的交易条件及责任、评估各种可能的渠道交替方案。

①确定渠道模式。企业首先要根据影响渠道设计的各种因素决定采取什么类型的销售渠道：是直接销售还是中间商销售？选择什么样的中间商类型？生产者在选择中间商时，常常会面临若干个可行的交替方案。

②确定中间商数目。在每一渠道类型中的不同层次、所有中间商数目的多少受企业追求的市场展露程度的影响。市场展露程度可分为三种：密集分销、选择分销和独家分销。

所谓密集分销是指制造商尽可能地通过许多负责任的、适当的批发商、零售商推销其产品。消费品中的便利品（如食品、日用品）和产业用品中的供应品（如办公用品），通常采取密集分销。

所谓选择分销是指制造商在某一地区仅仅通过少数几个精心挑选的、最合适的中间商推销其产品。选择分销适用于所有产品。但相对而言，消费品中的选购品和特殊品最适于采取选择分销。

所谓独家分销是指制造商在某一地区仅选择一家中间商推销其产品，通常双方协商签订独家经销合同，规定经销商不得经营竞争者的产品，以便控制经销商的业务经营，调动其经营积极性，占领市场。

③分销渠道成员的交易条件和责任。在交易关系的组合中，分销渠道成员的交易条件和责任主要包括：价格政策、销售条件、经销区域权、各方应承担的责任等方面。

④评估各种可能的渠道交替方案。渠道交替方案的评估标准有三个：经济性、控制性和适应性。

经济性标准。经济性标准是最重要的标准。在分销渠道的评估中，首先应将分销决策所引起的销售收入的增加与所需成本作比较，以评价决策的合理性。这种比较可以从静态效益、动态效益和综合因素分析来比较。

控制性标准。对分销渠道的设计和选择不仅要考虑经济效益，还要考虑企业能否对其实行有效地控制。但这种控制是有效控制，并不是绝对控制。

适应性标准。在评估渠道方案时，还要考虑分销渠道是否具有地区、时间、中间商等适应性。

（四）促销策略

1. 促销策略的概念

促销策略是指企业如何通过人员推销、广告、公共关系和营业推广等各种促销方式，向消费者或用户传递产品信息，引起他们的注意和兴趣，激发他们的购买欲望和购买行为，以达到扩大销售的目的。企业将合适的产品，在适当地点、以适当的价格出售的信息传递到目标市场，一般是通过两种方式：一是人员推销，即推销员和顾客面对面地进行推销；另一种是非人员推销，即通过大众传播媒介在同一时间向大量顾客传递信息，主要包括广告、公共关系和营业推广等多种方式。这两种推销方式各有利弊，起着相互补充的作用。此外，目录、通告、赠品、店标、陈列、示范、展销等也都属于促销策略范围。一个好的促销策略，往往能起到多方面作用，如提供信息情况，及时引导采购；激发购买欲望，扩大产品需求；突出产品特点，建立产品形象；维持市场份额，巩固市场地位等等。

2. 促销策略的分类

根据促销手段的出发点与作用的不同，可分为两种促销策略。

（1）推式策略，即以直接方式，运用人员推销手段，把产品推向销售渠道，其作用过程为，企业的推销员把产品或劳务推荐给批发商，再由批发商推荐给零售商，最后由零售商推荐给最终消费者，该策略适用于以下几种情况：

①企业经营规模小，或无足够资金用以执行完善的广告计划。

②市场较集中，分销渠道短，销售队伍大。

③产品具有很高的单位价值，如特殊品，选购品等。

④产品的使用、维修、保养方法需要进行示范。

（2）拉式策略，即采取间接方式，通过广告和公共宣传等措施吸引最终消费者，使消费者对企业的产品或劳务产生兴趣，从而引起需求，主动去购买商品。其作用路线为，企业将消费者引向零售商，将零售商引向批发商，将批发商引向生产企业，这种策略适用于：

①市场广大，产品多属便利品。

②商品信息必须以最快速度告知广大消费者。

③对产品的初始需求已呈现出有利的趋势，市场需求日渐上升。

④产品具有独特性能，与其他产品的区别显而易见。

⑤能引起消费者某种特殊情感的产品。

⑥有充分资金用于广告。

第五节　现金流控制

案例引入

马克书店失控的现金流

马克了解到斯普里菲尔德将要开设一个小商业区，正好还剩下一个店位没有租出去，其租金是每月4 000美元。马克想开设一家书店，店位出租的形式是承租人先预交2个月的押金，另外再提前1个月支付下月份的租金。这就意味着如果马克与这个小商业区签下租房合约，他就必须先交12 000美元的租金及押金。租约期限一般为3年，如果承租人愿意在3年后继续承租，那么他就得在3年的租期结束前6个月提出申请。

马克了解到开办一个书店大约需要25 000美元购置必备的书架、装置、一块招牌以及其他必备的装修物。周转资金需要大约20 000美元，存书压货至少需要100 000美元。这样，店位租金、保险费及其他项目的费用就还得增加22 000美元，因此总投资就为167 000美元。马克岳父母提供125 000美元，马克的父母则提供了69 000美元的资助，比预期高出19 000美元。

书店所获得的毛利应当在30%到35%之间。贷款账期30天，书店第一周的销售额高达15 000美元，之后每周营业额不足5 000美元；有时却又高达10 000美元，甚至15 000美元。书店经营到8个月的时候，问题出现了。当时，马克手里的周转资金只有15 00美元，而一些书商开始强烈地叫他支付所欠的书款，他们说这些书款已经拖延很久了。当马克把每个月所进图书的书款加到一起的时候，他很吃惊地发现他欠书商的书款高达80 000多美元，为了还清债务，他不得不去请求银行贷款80 000美元，银行要了解他书店的财务情况，于是马克便用银行的财务账目表自己填写了一份。事实上，由于马克对财务的忽视，他根本就不了解他到底拥有多少资产，也就是说他不知道现在他书店具体的财务情况，但是为了能获得银行的贷款，他凭想象以下列数据对自己书店的财务情况进行了总结：

库存现金　1 500美元；

能够收回资金　10 000美元；

库存图书价值　150 000美元；

书店装置价值　30 000美元；

书店资产合计　191 500美元；

需要支出费用　20 000美元；

其他债务　0美元；

M. 塞勒克资金　171 500美元；

应付款合计　191 500美元。

实际上，马克对书店库存图书的具体价值不太清楚，但他相信应接近75 000美元。因此，无论在任何情况下，他都应该有能力用销售这些库存图书所获得的资金偿付他所欠出版社的书款。在他用贷款付清所欠书款后，他又进了一批新书。现在，随着书店库存图书的丰富,书店的营业额又开始上升,每天他都能够收回大量的现金。这时,马克检查了一下自己的银行账目,他发现他的现金已下降到大约3 000美元,这不足以支付已经拖久了好多天的房租,或者他所雇工人员工作的薪水。对此,他非常苦恼,却又一筹莫展。这时他能到哪儿去筹集必须支付的费用呢?幸运的是,就在此时,书店的营业额又进入上升期,这使他能够支付房租及雇员们的薪水并给梅兰带了700美元回家。但是好景不长,州税务局又找上门来了。因为马克从来未曾为自己的零售业务上交过税款,税务局没收了他在银行的所有账目。税务部门不会进行预算,他们通知马克,企业的财务应由企业主核算,而不是由消费者说了算。他们要求马克就自己书店的财务情况上交一份详细报表,以确定他应交的税款。

最后,马克不得不将会计请回书店,并让他给自己整理一份财务账目。这位会计师为他准备了一份看起来合格的账目,但却未能获得银行的证明。这份账目所涉及的数据如下:

库存现金800美元;

银行存款3000美元;

库存图书价值50 000美元;

其他物品价值15 000美元;

固定资产20 000美元;

书店资产总计88 800美元;

应付账务126 675美元;

应付支票80 000美元;

应付税费35 000美元;

其他费用25 000美元;

应付费用总计266 675美元

赤字(177 875)美元

总计应支付费用及资金88 800美元

对这份统计表,会计师强调他是根据马克所提供的信息制作的,他不负任何责任。至于马克的书店破产的数据,马克将会对此作出很多解释。

一直以来,马克认为书店的经营情况很好。可是现在,实际情形却令人沮丧。他欠他父母及岳父母借给他的所有债款,他自己也还欠有银行的抵押贷款。另外,在书店的业务方面他的债务已高达266 675美元。

每个人在创业时应客观分析事业的盈利情况,不可孤注一掷,盲目乐观,应根据具体事实调整方向,并且经营状况并不依赖于个人印象,应根据数据作出判断。在一些情况下,专业的会计师所起的作用非常大,因为你可能会弄不清具体的账务处理程序,所以花一笔费用请一个会计师非常必要。

(资料来源:北大MBA案例精选,MBA智库)

讨论:

1. 如何控制现金流?

2. 影响现金流的因素包括哪些?

大多数人没有意识到在生活中，不在于你挣了多少钱而在于你留下了多少钱。

——罗伯特·T.清崎

任何一个远大的理想都要有一个现实的基础，对企业来说，这个现实基础就是“现金流”。现金流是企业健康成长的“血液”，良好的现金流决定了企业的生存和今后的发展，在创业之初尤为如此。因此，如何把握现金流的平衡，为企业赢得更多的利润，是每个创业者必须要考虑的头等大事。

一、现金流的含义

企业在经营中必然会出现现金流，现金流的真实含义是通过投资行为达成企业资金的良性运转，从而实现利润的最大化。比如一个企业原材料成本是100万元，员工工资成本是10万元，销售利润是20万元，如果应收款能在10天内到账，而应付款60天后才需要支付，那么这家公司等于白白获得了130万元在银行中放50天的利息，如果这130万元不放在银行而继续投入运转，60天付款周期内这个企业如果完成5笔这样的业务，就足以获得100万元以上的利润，在单位时间内付出的成本却与做一笔这样的业务是一样的。

可以这么说，当付款周期和收款日期是恒定的，那么以上的经营方式就永远会存在，事实上它就是一本万利的经营模式。一个企业如果假定它的业务开展是正常的，那么员工的工资是一个月以后才支付的，而付款周期又比收款周期长得多，那么理论上企业使用员工数量越多，就等于吸收了更多的无息贷款，而业务越多，从供货商那里获得的无息贷款也越多，因此企业发展的速度就会越快。

追踪企业内现金的流动情况时，会发现有些现金在一年内即能回收，而另外一些现金则要经历一年以上的时间。前者称为企业现金的短期循环，后者称为长期循环。短期循环把现金物化为流动资产，完成现金→流动资产/流动负债→现金这一过程的循环，而权益与长期负债→现金→固定资产→现金完成长期循环。

现金的短期循环状况可用图2－11形象地表述，这里以某制造业企业为例。图2－11中，“现金”库相当于蓄水池的作用。箭头向外表明现金的流出，箭头指向现金库表明现金的流入。短期循环的过程始于现金，周转的第一步是取得原材料，然后加工成制成品，再将制成品出售后直接转为现金或应收款。在应收款的情况下，企业经过收款使其转为现金。企业取得原材料时可用现购或赊购两种方式，赊购原材料使现金在本次循环的初始阶段未流出，但是这笔款项迟早还是要付出的。企业在原材料转换为产成品的过程中，会发生营业费用包括人力、利息、管理等现金费用，这是一笔现金的流出。此后，企业若能将产成品售出，那么存货数将减少，而应收账款和现金将增加，同时取得一定利润。但是在实现制成品售出的过程中，公司需要支出销售费用，这也是一笔现金流出。由于企业现金收支在数目上和时间上的不平衡，企业需要从别的渠道筹措资金以恢复现金收支的平衡，这些渠道主要有长期、短期借贷及股东资金的注入。

除了流动资产外,企业拥有的大多数固定资产也包含在转变成现金的过程中,这些资产的价值由于用于生产而被耗减,被耗减的价值定期冲减当期收益,企业希望能通过产品销售来补偿这笔费用,这笔费用就是折旧费。因为固定资产不是被立即消费掉的,其折旧费是分摊在多年的产品销售上的,所以固定资产转变为现金的过程需要多年才能完成。注意折旧费虽然不是现金支出,但是却从利润中扣除了,所以它构成现金的来源。

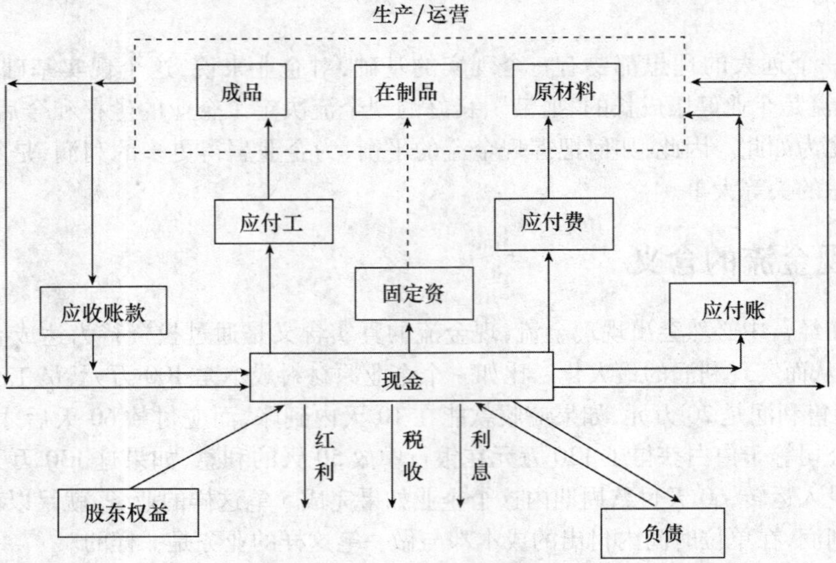

图 2-11　短期循环状况

. 企业刚开始运营时是靠发行股票或借债筹集现金,其中短期负债一般支持短期循环,长期负债和股东权益支持长期循环。除定期支付利息以外,最后还要支出现金偿还负债本金、定期支付股东红利等。

二、影响现金周转的因素

如果企业的现金流入量与流出量无论在数量上还是在时间上都能恰好匹配,企业财务主管的工作会大大简化。如某企业,它的原料供应商给它提供了数额为 1 万元的 30 天信用,该企业生产过程需耗用 20 天时间,销售和货款回收耗用了 10 天时间,在月底时该企业收进了 12000 元。它这样恰好可以用收进的款项支付那 10 000 元的应付货款,并实现盈利 2 000 元。上面描述的情况通常不过是一种假想而已,实际中有很多因素会影响企业的现金周转,如供应商提供信用的时间跨度、应收账款回收情况、生产过程耗用时间等。下面对一些常见影响因素进行讨论。

(一)企业盈利状况

利润是企业的一项重要资金来源,也是企业借款得以按时偿还的根本保证。盈利企业若不是在积极扩充时,会有现金不断积累的趋势,这时财务主管的责任是为这些多余的现金寻找出路。企业可能会决定增加股利的支付,偿还借款,投资购买有价证券或兼并企业,这些现象在一些成熟行业是屡见不鲜的。但是企业若是处于亏损状态,财务主管的日子就不会好过了。如果企业所处行业是资本密集度高的行业,如航空业、铁路业等,企业虽然亏损,但是短期内其现金余额不会衰减,因为这些企业有着特别多的折旧和摊销费用,这构成现金来源。然而若企业长期不能扭亏为盈,终有一天会面临固定资产得重置却无足够资金的困境,这种情况的不断延续最终将只会使企业破产。对于那些不能以高于补偿现金支付的费用的价格出售其商品的亏损企业,其命运将更为悲惨。财务主管会发现他们无法筹集到足够的资金来维持企业生存,因为可能的贷款人看不出企业如何能从经营中取得现金来偿还它们的贷款,而企业主也不愿冒风险投入更多资金。

(二)企业的流动资产、流动负债变化情况

企业有时盈利很多,但是仍能出现现金困难。原因可能是将盈利变成了流动资产,如增加存货、增加应收款等,也可能是由于把盈利用来减少流动负债等。要注意,流动资产的增加和流动负债的减少都占用现金,而流动资产的减少和流动负债的增加都会使现金增多。

(三)企业扩充速度

即使对于盈利较好的企业,如果企业扩充速度过快,也会出现企业现金周转困难的情况。随着企业经营规模的迅速扩大,不仅企业的存货、应收账款、营业费用在增加,而且还伴随着固定资产的扩大,这往往是大宗现金开支。这些都激化了企业扩充阶段的现金需要,并加重了财务主管所面临的任务。他不仅要继续维持企业目前经营收支的平衡,而且还需要筹集资金满足项目扩充需要,并努力使这种需要控制在他曾预计的生产销售水平下可获得的现金水平内。

对于迅速扩充企业,财务主管可能会要求股东增资,建议减少股利支付,增加长期贷款,力图削减存货水平,加速应收账款回收等。

(四)企业经营的季节性波动

这种波动可能是销售的季节性波动或是原材料采购的季节性波动。企业销售呈季节性波动时,销售淡季由于销货少,相应存货和应收款也减少,企业的现金周转水平下降;在销售旺季,由于存货和应收款的快速增长,企业可能出现现金不足的情况,但随着货款的回收,在旺季过后又会积累过剩现金。

有些行业的企业采购属于季节性模式,例如,卷烟公司需要在几个月内购进足够全年使用的烟叶,这使得企业原材料存货大幅上升,现金余额减少。随着销售的进行,现金余额会不断增长。

三、现金管理策略

(一)力求现金流入与现金流出同步化

从理论上讲,如果企业现金流入与现金流出在时间和数量上完全同步,企业的现金余额可以降为零。当然,现实中企业不可能完全做到这一点,但是企业在制订现金计划时如果能

有意识地朝该方向努力,则企业的现金持有量可以显著降低。为此,企业进行现金盈亏平衡分析(Cash Breakeven Analysis)是非常有帮助的。现金盈亏平衡分析的主要内容是确定现金盈亏平衡点,所谓现金盈亏平衡点是指现金流入量与现金流出量相等时的产销量。常规意义下的盈亏平衡点是指收益为零时的产销量,其计算公式为:

盈亏平衡点=固定成本/(单价-单位变动成本)

由于该公式中的固定成本中含有非现金支出项目,主要包括折旧费,所以上式计算出的产销量并不是企业现金收入与现金支出相等的产销水平。如果企业的现金流入量与现金流出量保持平衡,需要将折旧额从固定成本中扣除,于是可以得到如下的现金盈亏平衡点计算公式:

现金盈亏平衡销售额=(固定成本-折旧)/[1-(单位变动成本/单价)]

当企业的实际销售量达到现金盈亏平衡点时,企业恰好处于现金收入与现金支出平衡状态。如果预计销量低于现金盈亏平衡点,则企业将会发生现金短缺,这时财务人员应事先制订好短期筹资计划。如果预计销量高于现金盈亏平衡点,则表明企业将产生现金剩余,在这种情况下,财务人员应该预先安排剩余资金的处置计划。

有时,企业需要知道当销售额达到多少元时企业达到现金盈亏平衡。在这种情况下,可以利用现金盈亏平衡销售额的计算公式。

例:某企业所生产的产品单价为100元,单位变动成本为40元。每月的固定成本为248 000元,其中折旧额为200 000元。求该企业的现金盈亏平衡点的销量及销售额。

解:利用前述公式,现金平衡点销售=(248 000-200 000)/(100-40)=800(件)

盈亏平衡点销售额=800×100=80 000(元)

计算结果表明,该企业每月销量达800件或销售额达8万元时,现金流入量与现金流出量相等;销量低于该水平时,现金流入量将会低于现金流出量,企业将发生现金短缺;销量高于该水平时,现金流入量将高于现金流出量,企业将会出现现金闲置。

(二)应用电子数据交换

电子数据交换系统使公司之间、公司内部的采购、销售、结算等信息均实现了无纸化,实现了商业数据信息快速、方便地传输和交换。

电子数据交换系统(EDI)应用到日常现金收付之中便出现了金融自动清算系统(金融EDI)、电子收账系统、电子付款系统等现金收支结算工具。下面分别进行介绍。

1. 金融自动清算系统

金融自动清算系统是金融机构和企业之间的信息交换和价值转移的信息联网系统,通过这一系统不但可以实现资金的无纸化转移和结算,而且还可以提供付款指令、余额报告、存款信息、兑现支票信息、中止付款服务、账户分析等服务。这些工作都是在计算机系统的协助下自动完成的,从而减少了人工处理造成的错误和时间延迟,提高了现金管理人员的预测能力和主动控制能力,使企业的财务决策更加及时和准确。

2. 电子付款系统

电子付款系统是付款人直接将款项通过金融信息联网系统付给收款人的系统,主要用于支付员工工资、上缴税金和社会保险费用及购销关系比较稳定的企业之间。电子付款系统大大方便了收款人,同时也给企业带来了以下好处:减少了工作量,免去了签发支票、发放现金、定时定点领取等麻烦;减少了出错率,即现金清点、工资计算、出差人员工资等方面的出错概率;使企业的现金流出量更加容易确定,付款日期通常是事先确定的,这有利于企业进行现金收支管理。其缺点是缩短了企业可使用的支出延迟时间。

3. 电子收账系统

电子收账系统通常有销售点收账、自动付款收账、电子公司付款收账等形式。主要用于销售点比较分散、收款中心相对集中的大型企业,销售点收账主要是信用卡收账和签账卡收账。信用卡是银行发给存款人的、代替现款支付的凭证,信用卡持有者可用信用卡支付其消费的款项。信用卡便利了付款人,增加了收款人的额外工作(验证、银行承兑等)和风险(不能支取的风险)。签账卡和信用卡在形式上一样,但是使用签账卡的优点是一旦交易发生就可以立即实现账款转移。使用签账卡要求付款人和收款人在同一银行开户或者在已经自动联网联机的银行开户,收款人将签账卡插入有关设备,并输入付款人的账户和金额,付款人通过密码确认,便完成了收付款事宜。

四、现金持有

(一)企业持有现金的原因

企业持有现金的原因主要是为满足交易性需求、预防性需求、投机性需求和补偿性需求。

1. 交易性需求

交易性需求是指满足日常业务中现金支付的需要。企业每天都有一定的现金收入和现金支出,但是收入和支出很少同时发生,收支额也难以相等。收入多于支出,形成现金置存;反之,发生现金短缺。企业必须维持适当的现金余额,才能使业务活动迅速开展。这些为满足企业日常收支所需的现金数量,又称为交易性余额。

2. 预防性需求

预防性需求是指用于应付意外事件的置存现金,如自然灾害、生产事故、主要顾客未能及时付款等,都会打破企业的现金收支计划,使现金收支不平衡。置存现金便可使企业更好地应付这些意外事件的发生。这些以防不测的现金置存量,可作为预防性余额,其数额的确定主要取决于两方面因素。一方面是现金收支预测的可靠程度,即现金收支预测的可靠程度越小,预防性现金余额也就应越大;反之,预防性现金余额也就越小。另一方面是企业临时借款能力,如果企业能够很容易借到短期资金,也可减少预防性现金的余额;若非如此,则应扩大预防性现金余额。

3. 投机性需求

投机性需求是指置存现金用于不寻常的购买机会,例如,可以在适当时机购入收益率较高的股票和其他证券;可以在原材料降价时大批量地采购或寻求其他资产购买的机会等。这样,企业可以及时把握稍纵即逝的获利机会。为达到这一目的而持有的现金余额,可称为投机性余额。

4. 补偿性需求

补偿性需求是指企业按照银行规定而在其存款账户中保留的最低存款数额。银行常常通过将客户的存款贷放出去获得利润，因此，有时基于贷款存款的规定，有时也出于给客户提供额外服务的需要，银行通常会要求客户在其存款账户中维持一个最低的存款余额，这种类型的余额，又称为补偿性余额。

（二）现金最佳持有量的测定

在现代财务管理理论中有多种确定最佳现金余额的理论模型，下面介绍两种常用模型——存货模型和现金周转模型。

1. 存货模型

存货模型又称鲍曼模型，是由美国经济学家威廉·鲍曼（Wilham. J. Baumol）首先提出来的。他注意到现金余额同存货库存量有许多相似之处，因此，可用存货经济订货批量模型来确定最佳现金余额。该模型假定一定时期内企业的现金总需求可以预测出来，并且企业每天的现金需求量（即现金收入减去现金支出）稳定不变，当现金余额降至零时，通过出售有价证券获取现金，使现金余额重新达到应有水平。在此假定条件下，现金余额随时间推移所呈现的规律如图 2－12 所示，在期初现金余额为 M 元，此后现金余额逐渐减少，当现金余额降至零时，通过出售有价证券使得现金余额重新回升至 M 元，并不断重复上述过程。

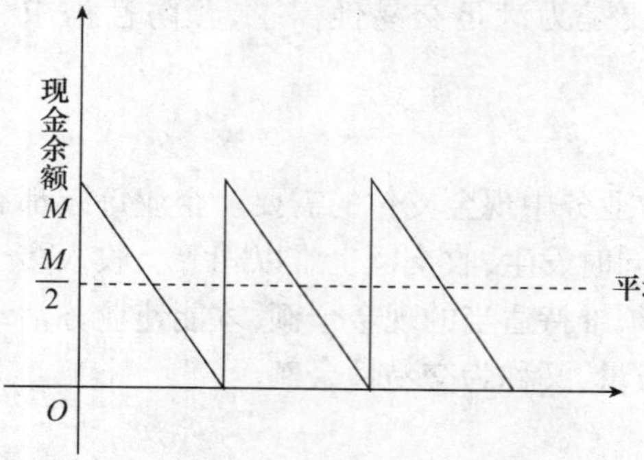

图 2－12　现金余额所呈现的规律

下面要考虑的问题是期初现金余额 M 为多大时最佳。如果 M 较大，虽然可以减少出售有价证券的次数，但是由于平均现金余额较大，从而持有现金的机会成本较高；相反，如果 M 较小，虽然可以减少平均现金余额，但是又需要频繁出售有价证券来补充现金余额，而每次出售有价证券时，需要负担一笔固定的交易成本。最佳现金余额就是使得上述两类成本之和最低的余额。

显然，总成本 TC 与现金余额 M 之间的关系可表示为：

$$TC = K \cdot \frac{M}{2} + F \cdot \frac{T}{M}$$

式中，TC 表示总成本；M 表示某一时期（例如一个月）企业现金总需要量；F 表示每次出售证券的固定交易成本；K 表示持有现金的机会成本（等于有价证券的收益率或借款利率）。

对上式 M 求导,并令导数等于零即得 $M^{*}=\sqrt{\frac{2FT}{K}}$

此即最佳现金余额,它是使得上述总成本最低的现金余额,如图 2－13 所示。该方法也适用于当现金余额降至零时通过借款或发行债券来补充现金余额的情形。

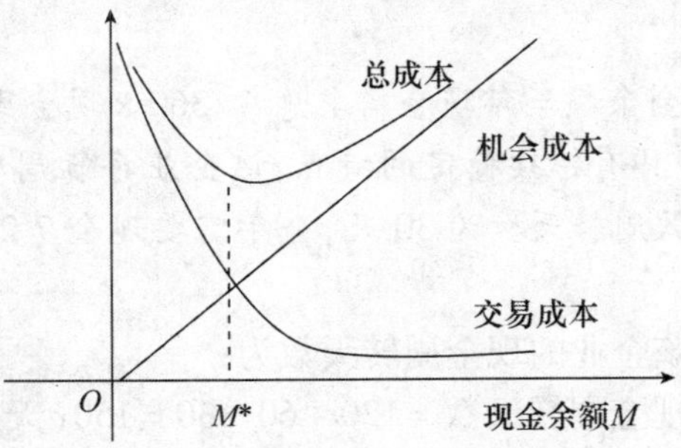

图 2－13　总成本与现金余额关系曲线

例:企业每月现金需要量为 100 000 元,有价证券的月利率为 2%,每次出售有价证券的固定交易成本为 25 元,则最佳现金余额为:

$$M^{*}=\sqrt{\frac{2\times 25\times 100\ 000}{0.002}}=50\ 000(\text{元})$$

2. 现金周转模型

现金周转模型是通过现金周转天数确定最佳现金持有量的模型。所谓现金周转天数是指从现金投入生产经营开始,到产成品出售再转化为现金的整个过程所经历的天数。现金周转天数的长短取决于存货周转天数、应收账款周转天数及应付账款周转天数,它们之间的关系如图 2－14 所示。

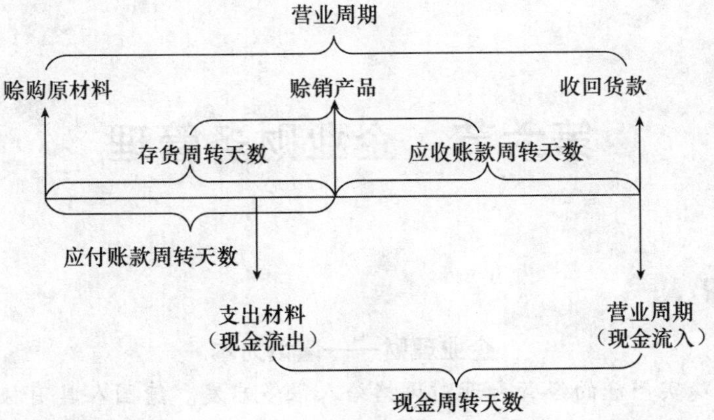

图 2－14　存货周转天数、应收账款天数及应付账款天数的关系

由图 2－14 可以看出,在企业的一个营业周期中,营业周期的长度(天数)等于存货周转天数加上应收账款周转天数;而一个营业周期所经历的天数减去应付账款周转天数才是现金周转天数,由此可以得到如下的现金周转天数的计算公式:

现金周转天数 = 存货周转天数 + 应收账款周转天数－应付账款周转天数

其中:

应收账款周转天数 = 应收收账款平均余额/(年销售收入/360)

应付账款周转天数 = 应付账款平均金额/(年销售成本/360)

如果假定企业一定时期(例如一年)内的现金需求已知,并且还假定企业的经营是持续均衡的,即存货、应收账款与应付账款的周转速度保持稳定,则该企业的现金最佳持有量可以通过下述公式求得:

最佳现金余额 = 年现金需求总额/360 × 现金周转天数

例:已知某企业的经营具有持续稳定的特点,该企业存货周转天数为 120 天,应收账款周转天数为 60 天,应付账款周转天数为 30 天,全年需要现金 7 200 万元。求该企业的最佳现金余额。

解:利用前述公式知,该企业的现金周转天数为:

$$现金周转天数 = 120 + 60 - 30 = 150(天)$$

于是,该企业的最佳现金余额为:

$$最佳现金余额 = 7\ 200/360 \times 150 = 3\ 000(万元)$$

(三)库存现金的限额

库存现金限额是指为保证各单位日常零星支出按规定允许留存的现金的最高数额。库存现金的限额,由开户银行根据开户单位的实际需要和距离银行远近等情况核定,一般按照单位 3 ~5 天日常零星开支所需现金确定。远离银行或交通不便的企业,银行最多可以根据企业 15 天的正常开支需要量来核定库存现金的限额。正常开支需要量不包括企业每月发放工资和不定期差旅费等大额现金支出。库存限额一经核定,要求企业必须严格遵守,不能任意超过,超过限额的现金应及时存入银行;库存现金低于限额时,可以签发现金支票从银行提取现金,补足限额。

第六节　企业财务管理

案例引入

企业理财——谨慎为本

德国经营者踏实严谨的经营和理财风格给人很多启发。德国人具有极强的自我保护意识,做事不张扬,极其谨慎。财务总监多纳贝格先生常问的一句话是:"What is the worst?"(最坏的结果是什么?)事实上,当你做事寻求最好的结果时才会设想最坏的可能性,并制订相应的对策。比如,在购买保险方面。这家德国企业的保险意识非常强,尽可能地通过买保险的方式来防范各种风险,以较小的保险费支出规避可能的巨额赔偿。如为防止员工在工作和上下班途中发生的意外事故,公司给所有员工买了团体意外伤害保险;为了防止财产损失,给房产、机器设备、材料、产成品、工具器具买了财产保险;给销售出去的产品买了 World-wide(世界范围内)的产品责任保险;为了防止机器停工给生产带来的损失,公司在德国给中国公司的机器买了机器停工损失保险(因中国的该险种尚不完善);为了防止公司发生意外而殃及到邻居公司的利益,公司买了第三者责任保险等。即便如此,该公司认为中国的保险品种不够用。

事实上,在美国发生过一件意外事故,销售到美国的一台机器在使用过程中锯掉了操作工的手指,此次事件引起的索赔额高达500万美元。如果没有保险公司的理赔,当时的公司即使破产也抵偿不了这次索赔。

(资料来源:刘亚莉,《企业理财——谨慎为本》,特区财会2003年版。)

讨论:

如何进行企业的财务管理?

过程越是按社会的规模进行,越是失去纯粹个人的性质,作为对过程的控制和观念总结的簿记就越是必要。

——卡尔·马克思

古人云:"凡事预则立,不预则废。"运营企业的过程中,如果不注重财务管理,其结果必然是浪费股东的资本。

一、企业财务概述

"财务"一词,在英文中的对应单词是"Finance"。在西方国家,Finance有三个主要分支,即国家财政(Public Finance)、公司财务(Corporate Finance)和金融(Banking)。一般而言,财务是公司的专项业务,小企业几乎没有什么财务事项。在中国,人们通常会将财务、"理财"和会计三个概念不加区分地使用。实际上,这些概念是有区别的。"理财"一词是一种泛称,指的是货币资金的收支管理活动。财务是一种特殊的理财活动,其特殊性体现在以下方面。

(1)企业所掌握的资金,不是普通的资金,而是资本,要追求价值增值,首先关注经济效益。企业家不是政治家,更不是慈善家。企业必须为股东创造财富,否则会被"下课"。当然,企业也会按照法律要求进行运作,兼顾社会效益。

(2)企业的资金不是用于一次性、纯消费性支出,而是必须不断循环周转,具有再生性。企业的资金"支出"实际上是一种"投资",是一种有意识的"垫支"行为。比如,购入的存货应该能够再销售出去,购买的固定资产、办公用品等"支出"应该能够从企业的"收入"中得到补偿。因为企业财务是"先支后收",而普通理财是"先收后支",因此未来能否获得预期收入、能否获得超过"支出"的收入、能否获得肯定的收入存在很多不确定性因素。可以看出,企业财务活动是有风险的。虽然企业都是以盈利为目的而设立的,但运行结果亏损("收小于支")的企业也不在少数。为了避免亏损,科学化、民主化、程序化、及时性的财务决策十分重要。

(3)在资金收支关系上,企业的收入是由资本的支出带来的,资本的"支出"与"收入"之间存在密切的因果关系。企业没有无缘无故的收入发生,所有的收入都是由资本的“支出”带来的。比如,企业的主营业务收入是由主营业务支出(即主营业务成本)带来的,附营业务的支出产生附营业务收入,对外投资产生投资收益。虽然企业的营业外支出和营业外收入之间没有明显的因果关系,但营业外收入从总体上看也来自于企业的资本“支出”。而在一般的理财活动中,资金的收与支之间不存在什么因果关系问题。不仅如此,企业的收入其特性往往是柔性的,而支出往往具有刚性特征。因为竞争、技术进步、消费者偏好等原因,企业所销售的商品价格往往难以由自己控制,销售收入萎缩对很多企业而言是一种常见现象。而企业的办公费用、员工工资、差旅费用等往往随着企业的发展而不断攀升。如果企业没有良好的市场拓展能力,没有有效的费用控制、成本降低能力,那么利润下降甚至亏损将是不可避免的。

鉴于资本收支管理较普通的理财活动更具复杂性,人们便赋予资本收支管理一个独特的称呼——财务管理。为了反映企业资本收支(实为投入产出)管理的效率,人们设置了如下财务指标。

(1)资产报酬率(Return On Assets,ROA),它反映企业全部资本投入的产出效率。企业的资本投放后形成的是各种资产。这一指标的计算方法是:

$$资产报酬率=\frac{税后利润+所得税+利息净支出}{资产平均余额}$$

分子反映企业所有资本创造的效益总和,包括属于股东的税后利润、付给债权人的利息以及缴纳的所得税。在美国,将分子统称为息税前利润(Earnings Before Interest & Taxes,EBIT)。应该说,企业的总经理十分关注这一指标。对总经理而言,分母是其掌握的所有财务资源(或者说是“法人财产权”),分子为全部财务产出。如果资产报酬率高于行业平均水平则表明总经理具有较强的财务运作能力。

(2)净资产收益率(Return On Equity,ROE),它反映企业股东将其资本投入到企业后的产出效率。它是一把“双刃剑”,用得好会增加股东财富(即提高净资产收益率),用得不好会减少股东财富(即降低净资产收益率)。这一指标的计算方法是:

$$净资产收益率=\frac{税后利润}{净资产平均余额}$$

这里假设企业只有一种股东,即普通股股东。如果企业的股东有两种,普通股股东和优先股股东,则要考虑税后利润在这两种股东之间的分配,当然,分母中也要分开。在两种股东情况下,对普通股股东而言,优先股也是一种可以利用的“财务杠杆”。

应该说,企业的股东十分关注这一指标。对股东来说,分母是其对企业的资本投入,分子是企业为股东创造的资本产出。如果净资产收益率高于股东期望的报酬率水平,则股东就会满意;反之,股东可能会罢免总经理。

(3)项目内含报酬率(Internal Rate of Return,IRR),它反映企业进行新项目建设时项目资本投入产出的真实报酬率。应该说,项目经理十分关注这一指标。对项目经理而言,如果内含报酬率高于企业要求达到的期望报酬率则表明这一项目是可行的,它有利于增加企业价值和股东财富。

综上所述,财务管理是对资本投入(支)产出(收)的管理。通俗地讲,财务管理研究如何赚钱,即以最少的资本投入获取最多的产出(包括资本投入的收回及“利润”)。在这里,资本投入是获取产出的前提,没有资本投入就不可能形成生产经营各要素,就不可能取得生产经营成果,利润就无从谈起;另一方面,获取利润是资本投入的目的,这就要求企业在运作过程中降低成本费用(包括利息费用、债息费用、租金、股息支出等资本提供者要求的“资本成本”),正确进行财务决策,尽力规避风险,获取期望的报酬。从哲学上讲,投入资本与获取利润之间只存在可能性而无必然性。要将这种可能性转化为必然性,提高投资回报率,取决于财务管理是否遵循了财务活动的规律,是否处理好了与各方的财务关系,是否重视了财务人员的合理化建议,是否认真研究了企业所处的财务环境等。

二、财务与会计:分工与合作

在中国,很多人不加区分地使用财务与会计。实际上,二者是有较大差别的工作。在西方发达国家,小型企业由于筹资及对外投资等“纯”财务事务很少,往往将财务与会计工作合二为一;在大型企业,其财务副总经理下设置财务主管(Treasurer)和总会计师(Controller),分别负责财务工作和会计工作。

财务主管的工作主要包括:

(1)筹集资本。预测好资本需要量并保证企业生产经营对资本的需要。

(2)投资及与投资者的关系。负责企业的各项投资,并与股东、银行家、供应商等保持良好的合作关系。

(3)股利分配。协助董事会做好股利分配工作。

(4)银行与保管。承担“银行”职能,对企业的货币收支、有价证券买卖等事项进行管理。

(5)信用和收款。负责处理与客户的关系,制订信用政策,催收过期客户欠款。

(6)保险。处理与保险公司的关系,选择适合企业的险种,缴纳险费,办理理赔等事项。

从西方财务工作的内容看,其主要涉及现实的货币资金的收支管理,体现了“外向性”和“货币性”的双重特征,即抓“公共关系”和“现金流”。

会计工作主要涉及外部报告和内部报告的编制,进行计划和控制,提供经济评价,设计制度保护资产的安全完整,办理纳税申报事项等。可见,会计是一个“内当家”,主要负责账务工作。

三、企业的财务目标

在理论界和实际的财务管理中,对财务目标有多种说法,如利润最大化、企业价值最大化、股东财富最大化等。实际上,这些说法并没有本质上的差异。关键的问题是,企业真的赚到了“真金实银”吗?这就要具体分析企业账面利润的质量了。一般来说,盈利质量的考查主要从以下几个方面进行。

(一)从利润的结构来看

企业的利润主要由两部分构成,主营业务利润和其他利润(因分别处于利润表的上方和下方,也被形象地称为“线上项目”与“线下项目”)。主营业务利润是企业核心能力的体现,通过市场竞争产生,具有经常性、稳定性、可持续性和可预测性等特征。而其他利润不是企业的经营强项所产生的,具有偶发性、不稳定、难持续和无法预测等特性,不是企业所依赖的力量。其他利润包括附营业务利润、投资收益、营业外收支净额、政府补贴等收入。如果企业的利润绝大多数来自于主营业务利润,则盈利质量高;反之,则盈利质量差。

(二)从利润的形成过程看

企业的收入应该来自于市场竞争,来自于消费者的真实消费,而不是来自于股东的“关联交易”。企业的产品在市场中形成的价格是客观的、公开的和公允的,相应确认的销售收入是真实的、可靠的、可验证的。

(三)从利润的现金保障程度看

企业确认的利润如果产生了相应的经营活动现金净流量,这种利润经受了市场考验,是值得信赖的,可以全部用来分派给股东(如果不进行扩大再生产)。为了反映利润的现金保障程度,人们设置了如下指标。

$$利润的现金保障程度=\frac{经营活动现金净流量}{净利润}$$

由于利润的确认会计上采取“权责发生制”(指根据权利与责任是否发生来记账,确认收入、费用、利润、资产、负债及股东权益的增加与减少,而不是根据是否收到现金来记账),因而利润与现金收支期间存在一定偏差是正常的。但在企业进入成熟期后这种偏差应该不大,利润的现金保障程度应该在0.7以上。如果利润的现金保障程度在0.3以下,甚至为负数,那么企业的盈利质量就非常差,财务上要特别予以关注,防止有可能出现的“蓝字危机”(Black Crisis,指账面虽有利润但可能存在潜在的支付危机)的发生。

(四)从企业的资产敦实与否看

企业实现了利润,在分派前体现为净资产的增加,而净资产等于资产减去负债。负债是债权人对企业资产的要求权,一般而言能够得到较真实的反映(因为债权债务方经常要对账),而资产其价值就可能存在较大的调节空间。有的企业该提的资产减值准备不提,已明确收不回的“死账”还挂在账上不转为费用,应作为当期费用处理偏偏作为资产成本处理虚增资产价值等。因此,如果企业的资产存在很多的水分,其账面价值远大于市场价值或可收回净值,则利润的水分就很大,盈利质量就很差;反之,如果企业严格把握资产与费用的界限,遵循稳健原则,盈利质量就很高。

四、企业的财务预测

企业的财务预测从内容上讲包括收入费用预测、资产负债预测、利润预测、经营活动现金流入量流出量预测等。这里只介绍资金需要量预测,其他预测一般采用线性方法。

企业创立时股东投入企业的资本加上适当利用的商业信用和银行信用,基本可以确保企业在创立初期的资金需要。然而,如果企业的销售收入不断增长,可能会出现资金不足的局面。资金需要量预测是企业财务的一项常规工作。企业的资金需要量预测方法从大的方面可以分为定性分析方法和定量分析方法两大类。前者适合于缺乏统计数据和原始资料，或者需要相关因素作出综合判断，或者经营活动中有关人员的主观因素起主要作用的场合。一般由熟悉业务并有一定理论基础和综合判断能力的专家和专业人员根据自己的经验和掌握的情况，通过会议或广泛征求意见的方式获得未来期间资金需要量预测数据。后者有趋势外推法（有简单平均法、移动平均法等常见方法）和因果关系法。这里介绍比较适用于企业资金需要量预测的方法——销售百分比法。

众所周知，企业的销售增长时企业的各项资产、负债等各财务指标不一定同步增长。比如，目前企业生产规模的设计容量为年产甲产品1 000万吨，只要下年度的销售量不超过这一极限，企业不需要增加固定资产（机器设备、厂房）的投资，因此可以根据企业资产负债与销售额之间的因果关系建立数学模型来预测计划期的资金需要量。程序如下。

（1）分析资产负债表各项目与销售收入总额之间的关系。一般来说，流动资产、流动负债中的应付账款、应付票据及预提费用与销售收入总额之间是直接相关的，固定资产只有在预测期的生产规模超出当前生产规模时才相关，同时固定资产以折旧方式从销售收入中回收的资金可以视为企业预测期的一种资金来源。

（2）考虑企业的预测期盈利数据和股利分配政策，确定有多少资金可留下来用于企业发展。

（3）估计需要从企业外部筹措多少资金。

计算公式如下。

预测期需从外部追加的资金量＝预测期净增加的销售额×（与销售额同步变动的流动资产占销售额的比例－与销售额同步变动的流动负债占销售额的比例）－预测期计划提取的折旧－预测期增加的留存利润

例：某新创公司2003年年初创立，年末资产总计为140万元，其中流动资产60万元，长期投资15万元，固定资产净额60万元（每年计提折旧6万元），无形资产5万元，应付账款等与销售额有关的流动负债20万元，长期负债30万元，股东投入股本90万元，当年盈亏平衡。2003年销售额为1 000万元，2004年的预测销售额为1 200万元（不突破公司的最大生产能力），公司实现的税后利润50%用于分配股利，公司的销售利润率为2%，所得税率为30%。请预测2004年公司需从外部筹措多少资金？

解：预测增加的销售额＝1 200－1 000＝200（万元），

与销售额同步变动的流动资产占销售额的比例＝60÷1 000＝6%，

与销售额同步变动的流动负债占销售额的比例＝20÷1 000＝2%，

预测期计划提取的折旧＝6万元，预测期增加的留存利润＝[1 200×2%×（1－30%）]×（1－50%）＝8.4（万元）。

根据上述公式2004年公司需从外部筹措的资金＝200×（6%－2%）－6－8.4＝－6.4（万元）。即2004年不仅不需要从外部筹措资金，还会有剩余资金6.4万元，可以用作短期投资。

五、新创企业运营中常见财务问题

(一)陷入困境时的财务管理

一项针对小企业的调查发现,中国中小企业的平均寿命只有5.7年。中小企业短命现象绝非中国的特有现象,在美国、日本等发达国家也有类似现象。据《人民日报》2001年6月21日报道,在美国68%的中小企业寿命小于5年,6~8年的占19%,只有13%的企业存活超过10年。在日本,68.2%的中小企业在几年内自生自灭,18.3%能活10年,8.5%能活20年,仅5%能活30年。有的学者把企业的成长划分成生存危机(在公司成立前两年,面临的主要管理问题是提供什么样的产品或服务、如何寻找客户等,在财务方面面临的主要问题是现金流不通畅,如现金流入少而且可能未上到公司账上、现金流出量大而且有可能不应由公司来承担;公司缺乏基础的财务制度,个人说了算、财务对人不对事还十分严重)、领导危机(公司成立后的第3、4年,此时公司面临的主要管理问题是缺乏科学的决策方法、组织结构垂直化等,所面临的主要财务问题是财务评价与财务激励不当、决策用的会计信息不全、财务决策的主观性和随意性较强等)、竞争危机(公司成立后的第5、6年,此时由于盈利的示范效应,竞争对手会蜂拥而入,企业面临的主要管理问题是研制新产品、开发新技术、寻找新业务,而财务上则面临财务风险的控制、准确的财务预测和合理的财务预算控制)、文化危机(对于已经存活7年以上的公司,已经经受了外部市场残酷竞争的考验,此时管理上面临的主要问题是提高管理效率,关注市场反应,注意可持续发展,所应关注的财务问题包括财务战略的制订及其与企业发展战略的协调、注意无形资产的培育与提升等)。

1. 多角化盲动

从企业的发展史来看,任何企业都是从专业化生产开始的。当企业进入成熟期以后,主业产生了大量现金和利润,但主业已经不可能增长,在寻找新的利润增长点时才会适当进入其他领域,出现多角化经营状况(即便如此,"角"不能太多,2~3个较适度,否则会分散财务资源,陷入与多个不同领域竞争对手全面作战"四面楚歌"、遭遇"十面埋伏"的境地)。然而,在现实生活中,有的企业刚刚成立,受了几次小挫折后便对自己最初的创业目的、前景产生怀疑,在没有经过充分论证的情况下,企图多头并进,东方不亮西方亮,贸然进入不熟悉的领域,造成大把花钱、全面亏损的局面。

2. 高新技术冲动

不同行业的盈利模式存在差别。对股东而言,来自于任何行业的利润没有本质的差异。然而,在现实生活中,有的创业者感觉上认为搞IT是时尚事业,钱赚得容易,如果搞农业之类的产业好像低人一等。为避免被人看不起,轻率放弃最初的信念,奋不顾身进入高科技领域,搞"脸上贴金"运动,而对高科技行业的高投入、高风险、高失败率估计不足,很快陷入财务困境。

3. 低壁垒冒进

创业者受到他人直观的赚钱示范效应的影响进入了一个低壁垒行业,比如餐饮、理发、服装等。企业从一开始便陷入过度竞争境地,后入者由于没有心理和资金方面的准备,受同行竞相压价的打击，很容易陷入“后有追兵，前有虎狼”的尴尬困境中。

4.“追星族”跟风

有的创业者性格多变，喜欢赶时髦，好跟风。其创业时没有明确的产业目标和市场定位，而是边走边看，采取尾随“热门”战术。其结果是缺乏核心技术或品牌效应，并不能像其他厂商一样实现赚钱目的，最终结果是“套牢”或亏损，陷入财务困境。

5.“傍大款”依附

有的产业者过于迷信与大企业做生意，不根据自身财力状况进行财务决策，经常委曲求全，无条件让步，大量货款被大企业占用，当这些大企业发生财务困难时就拖欠货款，造成资金周转困难，资金链断裂。

6. 内部蛀虫侵蚀

很多新创企业忽视内部控制制度建设或有制度但执行差（如个别人凌驾于组织之上），信息传递不畅通或下级报喜不报忧（常见不少企业问题集中爆发——一次需处理大量的废品损失、大量的资产报废等），造成问题不能及时发现、“小病不医治，大病难治疗”的严重局面，财务上一时难以招架。

（二）财务问题的解决办法

在创业的过程中，陷入财务困境并不可怕，关键是要不断总结教训，抛弃一切不合时宜的观念，注重练“内功”，根据自身财力进行外部财务交易。一旦陷入财务困境，应根据“病因”寻求解决办法。

1. 债务重组的可能

陷入财务困境的企业往往现金短缺，不能偿还到期债务。此时，经营者要及时与债权人联系，争取债权人的支持，如请求债权人给予宽限期、用实物资产抵债、减息缩本、债转股方式来渡过难关。

2. 股东追加投资

如果债权人不能让步，应立即召开股东会议，寻求解决财务困境的办法，比如争取大股东或全体股东的追加投入。

3. 降低成本控制费用

在企业陷入连年亏损、资金紧张之际，苦练内功，节约成本、控制费用显得异常重要。与国际先进水平相比，中国企业每元销售收入所消耗的电、水及其他资源超量严重，浪费惊人。据《成都商报》2004 年 10 月 8 日报道，2000 年四川省每万元工业附加值取水量为 340 立方米，是日本的 18.5 倍，美国的 22.7 倍。经营粗放、管理无章、浪费严重、奖惩不严是中国企业成本管理存在的主要问题。管理者可以通过事前成本目标控制、有力的奖惩措施（这有助于开发职工的创造智慧、优化工艺流程、改进生产组织、使用替代材料等，以节约成本）和事后考核来确保成本目标的实现。在费用控制方面，有些费用是难以降低的，如房屋、机器等固定资产的折旧费用，这些费用属于约束性费用，只能通过改变折旧方法来“降低”其绝对数；而办公费、差旅费、业务招待费等费用属于酌量性费用，可以通过零基预算、弹性预算降低其绝对数，或者使其发生数与业绩相适应，杜绝不合理开支。当然，要从根本上降低企业成本费用，必须使全体员工树立成本意识，明确各部门、各车间、各班组、各位员工的成本费用责任，进行全过程控制，重奖重惩，从源头上节约成本费用。

4. 收缩战线强化主业

当企业陷入财务困境时，往往表现为财力紧张。如果这是因为企业跨越了多个行业、多个地区甚至多个国家，或者是扩张速度太快而造成的，可以通过收缩战线、“削枝保干”来腾出财务资源，如卖出股权、出售子公司等，把有限的财务资源用到主业上来，强化主业的竞争能力。

5. 裁减冗员、降低薪金

在企业陷入财务困境时，销售收入大幅下降，生产规模也相应降低，企业的生产人员、销售人员和管理人员就会出现冗余，这时裁员也是一种选择，以节约工资费用、管理费用和销售费用。当然，作为一种备选方法，不裁员而普降薪金也可以考虑，它有助于激发全体员工同舟共济共渡难关的决心和勇气，增强公司的凝聚力。

(三)企业可持续发展中的财务问题

企业在成长的过程中，有时会出现增长过快或增长过慢的情况。国外的企业成长历史表明，因增长过快而破产的公司与因增长过慢而破产的公司数量几乎一样多。近年来，美国的一些学者开始关注企业的可持续增长问题。罗伯特·希金斯(Robert Higgins)则从财务的角度提出了企业的可持续增长公式，即：

可持续增长率(g) = 销售净利润率(P) × 总资产周转率(A) × 资产净资产比(T) × 留存收益比率(R) = 净资产收益率(ROE) × 留存收益比率(R)

这一公式说明一个企业销售的可持续增长率取决于4个因素。销售净利润率和资产周转率反映了企业生产经营业绩及经营风险的强弱，资产净资产比和留存收益比率则表明公司的财务政策(前者体现财务杠杆的运用政策，后者体现股利政策)。如果企业不发行新股或增加举债比重，实际销售增长率等于可持续增长率，则企业处于财务平衡状态。

若企业的实际增长率大于可持续增长率，企业会出现现金不足，可以通过降低成本、加速资产周转，或者改变财务政策来缓解；也可将资产周转慢、利润率低的产品或分公司淘汰，降低销售增长率。若企业的实际销售增长率小于可持续增长率，企业会出现现金溢余，则企业应利用溢余现金寻找新的利润增长点，或者通过股票回购、发放现金股利返回给股东。

对一个快速发展的企业，关键是控制增长过快。一些小企业将销售增长当成企业必须实现的目标，没有明确的财务计划，也不考虑财务后果。即使产品有利可图，但增长过快，需要的现金越多，虽然可以通过增加负债来提高财务杠杆，但如果贷款人拒绝提供信贷，企业又发现没有现金支付到期债务，往往导致严重的后果。因此，企业在均衡增长分析的基础上，必须事先分析超过可持续增长率可能导致的财务问题，并做好应对准备。

管理者要从企业当时所处的生命周期阶段去分析实际增长率与可持续增长率发生偏离时财务政策和策略的运用。

六、企业账务处理的一般流程

作为企业做账财务人员应该对手工账操作流程有所了解,才能更好地利用相关的财务软件进行处理操作。从目前中小型私营企业情况来看,企业财务会计核算多数还是采用手工账务处理方式完成工作,规模较大或管理水平高一点的企业均采用财务软件来完成账务处理工作,但是两者的账务处理程序以及需要达到的目的是一样的,利用计算机软件操作要比手工账减少了工作量、节省了时间,随着社会的发展、进步,财务软件操作是必须的,应该知道如何使用软件及如何操作,只要凭证制作正确,其余一切由计算机完成:凭证-汇总-明细账-总账-各种报表等,相对来说使用财务软件做账更规范、快捷。但是,不管使用财务软件还是手工账来处理,首先必须了解、掌握生产企业财务核算结账流程。

(一)账务处理一般流程

1. 编制凭证

一般小型企业都在月底结算时才编制凭证,因为企业业务很少,企业自己心中有数,不用及时反映各财务状况,月底处理好在于反映企业状况;企业规模较大的,企业的账务处理要及时一些,以防拖延会给企业造成不必要的损失。企业日常业务内容比较固定,所以凭证编制内容变化不大,会计只要按照固定模式逐一编制凭证即可。企业业务凭证类别通常有以下几类:

(1)完税凭证。每月月初企业成功申报后,可去银行打印完税凭证,不能在银行打印完税凭证的应去税务机关打印。取得凭证后及时入账,冲减上月计提税金或直接记入当月费用(如印花税等不需要预先计提的税金,在取得时直接记入费用)。

(2)业务发票处理。将当月填开和取得发票分类入账,按照发票的性质分别通过存货、现金、银行存款、往来账户、应交税费以及费用科目进行核算。将全部专用发票入账后,查看进项税额和销项税额明细账的金额合计,是否与当月防伪税控开票系统统计的金额以及网上认证返回的认证金额一致,然后计算当月缴纳税金金额。

(3)费用类发票处理。做好内部单据报销制度,规定报销时间,及时收集公司员工手中的费用单据,将其归类入账。认真查看费用单据是否合法,未取得合法凭据的费用是无法得到税务机关的认可的。平时还应做好费用入账金额控制,对类似招待费、广告费等存在抵扣限额规定的费用科目应及时核对发生金额,对超过抵扣标准的费用应减少其入账金额。

(4)成本计算及入账处理。对生产性企业应做好内部单据传递规定,将公司发生的所有与生产有关的内部单据及时有效的传递到财务手中,进行成本核算,确保成本计算的准确。及时编制制造费用归集、分配凭证;生产成本归集、分配凭证;产品入库凭证以及销售成本结转凭证。

(5)做好费用计提及摊销。做好每月固定发生的计提业务,如固定资产计提折旧、无形资产摊销、水电费计提、工资计提以及以工资为基数计提的福利费、教育经费、工会经费等,做到不漏提也不多提;对存在需要摊销的费用如开办费、材料成本差异等每月摊销的费用,及时做好摊销分配凭证。

(6)归集损益类科目,结转本年利润。将所有单据入账后应认真归集当月损益类科目发生金额,将其分类转入“本年利润”科目,查看当月利润实现情况。

2. 根据有关数字进行各类数据核算,确保有关科目核算

根据企业购进的原材料(增值税发票)作记账凭证处理并登记有关增值税明细账簿,并及时反映增值税进项情况。对于进项税增值税发票使用情况,要严格按照《增值税管理暂行条理》进行使用与操作,确定进项税认证情况。进项税认定时间按税务部门的要求自发票之日起 90 天内必须认证,否则作为放弃认定,月底(30 日)前一定要确认发票认证情况,并确定好本月实际需要缴纳的增值税,月底前处理不够完整,次月初无法修改数据。目前,认证发票有两种方式,一种是网上认证,一种是到当地税务机关认证。但是,都必须保证需要认证的抵扣联发票版面整洁、属于认定期内,否则认证无法通过,造成不必要的损失。

3. 凭销售增值税发票进行销售

企业根据订货合同开具销售增值税发票进行销售,(具体开具操作严格按照防伪税控开票系统进行操作)仅跟发货出库单(与发票业务一致),开具后计算销售收入以及销项情况,(防伪开票系统自动生产数据)及时作记账凭证,登记销售收入明细账以及往来账款明细账,为企业提供及时、准确的销售数据以及往来账款回收情况。

4. 核对发票

月底(30 日)结账前进入防伪税控开票系统核对本月实际开票数量、发票销售、发票使用情况,其次一定要核对已开发票作废份数,核对作废发票相应的发票,是否出现漏作废或者作废错,并预算准该月增值税实现的情况,做好汇报工作,以免跨月造成不必要的麻烦。

5. 核准账簿数据

月末总结账时一定要核准账簿以及报表各科目余额数据,预防造成业务处理错误以便及时修改或数据调整。

6. 汇总科目

该月业务凭证全部处理完毕后汇总科目,根据汇总科目表填制总账和明细分类账编制资产负债表和利润表、现金流量表等需要的各类申报表。一般规模大的企业,可以根据实际情况与企业的需要一周或一季度随时编制有关财务报表,为企业反映当时的财务状况,汇报的报表除了(资产负债表、损益表、现金流量表、增值税申报表)以外,可根据企业平常需要的数字,财务人员根据需要自行设计有关财务报表。规模小的企业,月底结账一次性汇总,作有关企业需要申报的财务报表。

7. 纳税申报

目前随着高科技的发展,纳税申报方式采用电子申报,由于各地申报软件不一样,在这里不再一一说明,前面的工作做好了,申报就很简单了。

前面所做的工作基本是为纳税申报准备的,因为企业只有进行了纳税申报,税务机关才能对企业进行税款征收,而传统意义上的会计报表只是记录企业经营状况的报表,不是税务机关征收税款的依据,企业应根据申报的不同税种填制和申报对应的纳税申报表。

企业应根据自身的经营性质确定纳税税种,并根据当地税务机关要求的申报方式按时进行申报。纳税申报成功后应及时打印完税凭证,取得完税凭证后一个月的会计工作才算结束。

(二)月末结账的几点注意事项

1. 现金、银行存款明细核对

货币资金是企业流动性最大的资产也是最容易出现问题的资产,因此企业每月都应认真核对每笔款项的支出、收入记录。月底拿齐或打出银行对账单同企业银行明细账认真核对往来,对存在错误的地方及时处理,确保企业货币资金的准确,避免不必要的情况。

在平常账务工作处理中,银行存款基本上能核对准确,多数企业(尤其是私营独资企业)的现金日记账的金额与库存现金不一致,不能与实际业务相吻合,在这种情况下,我们做账人员要与企业法人汇报好工作,有时因为处理不当导致月底现金账面余额出现负数,所以每月结账前的货币资金核对是很必要的,发现问题及时处理。归集当月所有单据和费用项目,提前预算准确,确保账面有足够现金能够支付,防止账面现金余额出现负数。

2. 业务往来核对

业务往来做账之前必须核对无误,一季度或半年与实际发生客户进行核对,并且银行进账回单拿回要及时,否则挂的往来科目不准确,造成往来科目结算方式混乱,所以往来账款明细账要做到跟踪登记、及时登记、及时核对的原则,以防企业随时让你汇报客户的余额情况。

3. 统计工作

月末必须做好各科目统计工作,确保本月实际开具发票销售、实现税金、实际销售产品名称、数量等数字,做到大体事先预算本月总体情况。

4. 存货成本核算

每月做账前最好将上月存货明细账登记、核对完毕,确保账面库存商品的名称、单价、金额数字准确无误,并计算入账后账面存货成本变动对利润的影响,导致账面库存出现负数或成本变动浮动太大,影响当期利润。根据当月实际销售情况,及时收集存货出入库单据,计算产品成本或销售成本,估算当月利润。

5. 月末的账务凭证处理

(1)每月平常业务处理完毕。

(2)月末总结账时要根据有关账薄余额结合企业实际情况进行调整或结转,比如需要提取折旧、待摊费用、预提费用、制造费用等相关科目,具体需要调整或结转的科目是根据企业实际情况与结账需要进行的,大体处理情况参照以下模拟处理:若是新成立的企业开办费在第一个月全部转入费用;具体计提折旧的会计分录、提取税金及附加实际是地税这一块,其中提取税金及附加有城建税、教育费附加等。

(3)根据企业实际情况,会计首先结合账面数字做好所有凭证,登记完毕后并核对准确无误,汇总,最后根据实际业务发生日期编排顺序填写凭证编号,以防账务确定后凭证丢失或抽回。

七、企业财务报表的编制

（一）会计报表、财务报表和财务报告关系

会计报表、财务报表和财务报告都是会计系统的产品，但它们既有联系，又有区别。

会计报表既包括会计主体对外提供的财务报表，又包括为企业内部管理服务、不对外提供的报表——成本报表。

财务报表是依据日常账簿资料，按照事先设计的指标体系，运用表格形式对会计主体某一时点的财务状况及其变动情况和一定时期的经营业绩进行综合反映的书面文件。基本财务报表主要包括资产负债表、利润表、现金流量表。

财务报告是从西方国家引进的概念。中国的财务报告包括财务报表（中国在实务中仍习惯称其为会计报表）、补充资料（会计报表附注和有关附表）及财务情况说明书。会计报表、财务报表、财务包括之间的关系如图 2－15 所示。

- 会计报表
  - 对内报表——成本报表
  - 对外报表——财务报表
    - 基本财务报表
      - 资产负债表
      - 利润表
      - 现金流量表
    - 报表附注
    - 附表
- 财务报告：基本财务报表（资产负债表、利润表、现金流量表）、其他财务报告（如财务情况说明书）

图 2－15　会计报表组成

财务情况说明书是为了解和评价企业财务状况、经营成果所提供的书面资料，主要说明企业的生产经营状况、利润实现和分配情况、资金增减和周转情况、税金交纳情况、各项财产物资变动情况等。

为了便于财务报表的汇总、比较，会计报表的种类、格式和内容要求统一、稳定，报表指标之间关系要求严谨。因此对外报送的财务报告的种类、格式、内容乃至编制说明应由国家统一规定。但根据企业内部管理需要而编制的内部报表则根据内部管理的需要由企业自行规定。

（二）会计报表的分类

1. 按编制日期分类

会计报表分为日报、周报、旬报、月报、季报和年报。其中前三种是企业内部管理使用的报表，对外报送的报表一般只采用后三种。

（1）年报即年终决算报表，它包括规定对外报送的全部财务报表，用于反映企业财务状况、经营成果和现金流动情况的全部报表。

（2）季报也就是季度报表，所包括的报表比年度报表少一些。

（3）月报即月份财务报表，要求简明扼要，及时反映。只包括少数几种最主要的报表，如资产负债表、利润表。

2. 按编制单位分类

会计报表分为单位报表和汇总报表。

(1)单位报表是指独立核算单位编制的财务报表。

(2)汇总报表是指上级公司和主管部门根据单位财务报表和汇总单位本身的报表汇总编制而成的财务报表。

3. 对外报送的报表按其反映的经济内容分类

(1)资产负债表,反映某一特定日期的资产、负债、所有者权益情况。

(2)损益表(利润表),反映一定时期收支情况和经营成果的报表。

(3)现金流量表,反映一定时期现金流动情况的报表。

(三)财务报表的编制要求

为了确保财务报表的质量,充分发挥财务报表的作用,在编制财务报表时应符合以下要求。

(1)数字真实。财务报表中各项目的数字来源于账簿资料,因此账簿记录必须真实完整。在编制报表前必须做好以下工作:按期结账、认真对账和财产清查、期末账项调整、编制总分类账户本期发生额及余额试算平衡表。

(2)内容完整。财务报表必须按照规定的报表种类、格式和内容来编制,不应有漏编、漏报。

(3)计算准确。

(4)编报及时。

(5)指标可比。

各种财务报表的经济指标应尽可能内容相同,计算方法一致,以利于会计信息使用者比较不同时期的财务状况和经营成果,也利于比较不同企业的财务状况和经营成果。

(四)利润表

利润表,也称作收益表、损益表,它是提供企业的盈利信息的财务报表。利润表所报告的财务信息对信息使用者具有举足轻重的作用,已逐渐成为人们关注的重点报表之一。通过利润表信息使用者可以了解企业一定时期实现利润和发生亏损的情况;评价企业该时期经营业绩的好坏;通过了解企业的盈利能力和经济效益,不同企业、不同时期的资料对比分析并进行预测企业未来的盈利能力;了解企业一定时期利润的分配和亏损的弥补情况。

1. 利润表的内容

利润表既然是反映一个企业特定期间经营成果的财务报表,它的内容包括影响企业该会计期间的所有损益的内容。中国的利润表内容具体包括主营业务收入、主营业务成本、主营业税金及附加、营业费用、管理费用、财务费用、投资净收益、营业外收入、营业外支出、以前年度损益调整、所得税等。

2. 利润表的格式

利润表通常包括表首和表体两部分。

(1)表首应当列示编表单位的名称、报表名称、报表提供信息的期间、所用货币的名称和货币单位等。

(2)表体根据企业收益表的构成要素,按利润表计算过程排列表中项目。利润表有两种排列方式,一种是单步式排列,另一种是多步式排列。

单步式利润表的优点是简单明了、易懂,但所提供的信息较少,不便于分析利润的构成等情况。

多步式利润表将不同的收入与费用项目加以归类,按企业损益构成的内容列示,分步反映净收益的计算过程。

多步式利润表将经营活动和非经营活动分开列示,不同的收入与相应的成本和费用进行配比,得出一些中间利润指标。这既有利于计算有关比率,又有利于信息使用者对企业经营业绩进行分析、评价和预测。中国实务中也要求按多步式结构编制利润表。

(3)利润表的编制。利润表是一张动态报表,它要反映会计主体在某一期间的盈利情况,因而其数据来源于损益类账户的本期发生额,见表2-11。利润表按以下四个项目分步计算企业的经营成果。

主营业务利润=主营业务收入-主营业务成本-主营业务税金及附加

营业利润=主营业务利润+其他业务利润-营业费用-管理费用-财务费用

利润总额=营业利润+投资净收益+营业外收入-营业外支出

净利润=利润总额-所得税

表2-11　利润表样表

编制单位:明州市灯具厂　　　　20××年××月　　　　单位:元

项目	行次	本月数	本年累计数
一、主营业务收入	1	1 140 000	1 140 000
减:主营业务成本	2	523 464	523 464
主营业务税金及附加	3	17 689.35	17 689.35
二、主营业务利润(亏损以"-"号填列)	4	598 846.65	598 846.65
加:其他业务利润(亏损以"-"号填列)	5	2 000	2 000
减:存货跌价损失	6		
营业费用	7	7 410	7 410
管理费用	8	35 270	35 270
财务费用	9	4 000	4 000
三、营业利润(亏损以"-"号填列)	10	554 166.65	554 166.65
加:投资收益(亏损以"-"号填列)	11		
补贴收入	12		
营业外收入	13	1 500	1 500
减:营业外支出	14	1 100	1 100
四、利润总额(亏损以"-"号填列)	15	554 566.65	554 566.65
减:所得税	16	183 006.99	183 006.99
五、净利润(亏损以"-"号填列)	17	371 559.66	371 559.66

（五）资产负债表

资产负债表是用于反映企业某一特定时点上财务状况的财务报表。资产负债表是主要财务报表之一，它提供的会计信息是国家宏观管理和企业内部管理所必需的资料。

通过资产负债表可以了解企业拥有或控制的资产情况、企业偿债能力和投资能力、企业资本的保值和增值情况、企业财务结构的优劣和负债经营的合理程度，预测企业未来的财务状况和财务安全程度等。

1. 资产负债表的结构

（1）资产。在资产负债表中，资产按流动性可以分为流动资产和非流动资产。流动资产主要包括库存现金、各种存款、短期投资（有价证券）、应收账款、应收票据、预付账款、其他应收款、存货、待摊费用等项目。非流动资产是流动资产以外的所有资产，主要指长期资产，包括长期投资、固定资产、在建工程、无形资产和其他资产。

（2）负债。在资产负债表中，负债项目按到期日的长短可分为流动负债和长期负债。流动负债包括短期借款、应付票据、应付账款、预收账款、应付工资、应交税金、应付利润、其他应付款、预提费用等。长期负债包括长期借款、应付债券、长期应付款等。

（3）所有者权益。在资产负债表中所有者权益按其形成来源的不同化分为实收资本（股本）、资本公积、盈余公积和未分配利润。

2. 资产负债表的格式

根据资产负债表主体部分排列形式的不同，资产负债表的格式主要有账户式、报告式和财务状况式。

（1）账户式资产负债表直接根据“资产 = 负债 + 所有者权益”的等式，采用左右对称排列的结构列示财务信息。基本格式参见表 2 - 12。

这种格式较好地将资产负债的形式和内容统一起来，揭示了各项目之间的内在勾稽关系，能够让使用者一目了然地了解企业所控制的经济资源的来源，也便于对资产负债表进行结构分析。所以，为世界各国所普遍采用，中国企业资产负债表也基本采用的格式。

（2）报告式。报告式资产负债表将资产、负债和所有者权益项目按纵向顺序排列，其排列方式有两种。一种按“资产 = 负债 + 所有者权益”等式纵向顺序排列；一种按“资产-负债 = 所有者权益” 的等式纵向顺序排列。

（3）财务状况式。近几年发展起来的财务状况式资产负债表特别强调“营运资金”项目，由于营运资金是衡量企业短期偿债能力的尺度，所以这种格式能使报表使用者一目了然地大致了解企业的支付能力情况。财务状况式资产负债表依据“流动资产-流动负债 = 营运资本”、“营运资金 + 非流动资产-非流动负债 = 所有者权益”两个等式编制。

3. 资产负债表各项目的填列

资产负债表的编制是以日常会计核算记录的数据为基础进行归类、整理和汇总，加工成报表项目的过程。

中国的资产负债表主体部分的各项目都列有“年初数”和“期末数”两个栏目，是一种比较资产负债表。

“年初数”应根据上年末资产负债表“期末数”栏内所列数字填列。

“期末数” 的填列方法。(月末、季末、半年末、年末)

(1)直接根据总账科目的余额填列:应收票据、应收股利、应收利息、应收补贴款、固定资产原价、累计折旧、固定资产减值准备、固定资产清理、工程物资、递延税款借项、短期借款、应付票据、应付工资、应付福利费、应交税金、应付股利、其他应交款、其他应付款、递延税款贷项、实收资本、资本公积、盈余公积等。

(2)根据几个总账科目的余额计算填列:货币资金、存货、未分配利润等。

(3)根据有关明细科目的余额计算填列:应收账款、应付账款、预付账款、预收账款等。

(4)根据总账科目和明细科目的余额分析计算填列:长期借款、长期债权投资、应付债券、长期应付款等。

(5)根据有关资产科目与其备抵科目抵销后的净额填列:应收账款、短期投资、存货、长期股权投资、长期债权投资、在建工程、无形资产等。

表 2-12　资产负债表样表

编制单位:明州市灯具厂　　20××年××月××日　　单位:元

资产	行次	年初数	期末数	负债和所有者权益	行次	年初数	期末数
流动资产:				流动负债:			
货币资金	1	411 735	1 811 280	短期借款	68		800 000
短期投资	2	63 700	63 700	应付票据	69	209 000	209 000
应收票	3	29 300	29 300	应付账款	70	313 590	153 590
应收股利	4			预收账款	71	52 000	74 000
应收账款	6	346 000	346 000	应付福利费	73	33 310	55 766
其他应收款	7	1 500	3 118	应付股利	74		
预付账款	8	7 500		应交税金	75	31 490	363 269.89
应收补贴款	9			其他应交款	80	245	5 896.45
存 货	10	1 132 400	922 184	其他应付款	81	5 500	5 500
待摊费用	11	8 900	6 500	预提费用	82		4 000
一年内到期的长期债权投资	21			预计负债:	83		
其他流动资产	24			一年内到期的长期负债	86		
流动资产合计	31	1 999 300	3 182 082	其他流动负债	90		
长期投资:							
长期股权投资	32			流动负债合计	100	645 100	1 671 022.34
长期债权投资	34			长期负债:			
长期投资合计	38			长期借款	101		

续表

资产	行次	年初数	期末数	负债和所有者权益	行次	年初数	期末数
固定资产：				应付债券	102		
固定资产原价	39	5 430 000	5 665 800	长期应付款	103		
减：累计折旧	40	1 728 000	1 749 100	专项应付款	106		
固定资产净值	41	3 702 000	3 916 700	其他长期负债	108		
减：固定资产减值准备	42			长期负债合计	110		
固定资产净额	43	3 702 000	3 916 700	递延税项：			
工程物资	44			递延税款贷项	111		
在建工程	45	654 000	654 000	负债合计	114	645 100	1 671 022.34
固定资产清理	46						
固定资产合计	50	4 546 000	4 570 700	所有者（股东）权益：			
无形资产及其他资产：				实收资本（或股本）	115	4 500 000	4 500 000
无形资产	51			减：已归还投资			
长期待摊费用	52			实收资本（或股本）净额	117	4 500 000	4 500 000
其他长期资产	53			资本公积	118	31 000	31 000
无形资产及其他资产合计	60			盈余公积	119	546 400	546 400
				其中：法定公益金	120		
递延税项：				未分配利润	121	632 800	1 004 359.66
递延税款借项	61			所有者(股东)权益合计	122	5 710 200	601 759.66
资产总计	67	6 355 335	7 752 782	负债和所有者权益总计	135	6 355 335	7 752 782

本章小结

企业经营是指企业的经济系统在利用外部环境提供的机会和条件下，发挥自身的特长和优势，为实现目标而进行的综合性活动。

企业外部经营环境是指影响企业经营活动的各种外部因素的总称。通过环境分析，企业创办者能够明确企业可以经营什么以及应当经营什么。

企业经营目标能够指明企业在一定时期内的经营方向和奋斗目标，使企业全部生产经营活动重点突出，并成为评价经营成果的一个标准。这样能够减少生产经营的盲目性，引导企业不断前进。

经营观念作为企业经营的一种思维方式、一种导向，它规定和支配着企业的经营实践活动及其结果，其正确与否决定着企业营销的成败、企业的兴衰。所以，企业开展活动首先应解决这个问题,不断更新观念,使之适应社会经济和市场发展的要求,为企业经营的正确性和企业的可持续发展提供首要前提。

企业经营观念是在一定的经济基础上产生和形成的,并随着社会经济的发展和市场形势的变化而发展变化。在世界一些经济发达国家里,企业经营观念经历了一个由低级向高级的发展过程,依次经历了生产观念、产品观念、推销观念、市场营销观念、社会市场营销观念,最终提出并贯彻了“以满足消费需求为中心”的经营思想。

企业战略就是企业在市场经济的条件下,为了求得生存与发展,对于实现的总体目标及根本对策所作出的全局性的、长远的谋划,具有全局性、长远性、抗争性、稳定性等特点。

战略环境分析的目的是展望企业的未来,这是制订战略的基础。战略是根据环境制订的,是为了使企业的发展目标与环境变化和企业能力实现动态的平衡。企业环境包括外部环境和内部条件。企业内部环境分析的主要方法是SWOT分析法。

企业的产品—市场战略主要有市场渗透战略、市场发展战略、产品发展战略、多角化经营战略等战略。

决策贯穿企业生产经营活动的全过程,在这一过程的每一个环节上都离不开决策。对于企业来讲,涉及到的决策问题主要有:经营战略与目标决策、市场营销决策、新产品开发与老产品淘汰决策、技术开发与投资决策、成本决策、生产计划决策、价格决策、经营方式选择及人事决策等。主要的定性决策方法主要有哥顿法、头脑风暴法、定量决策方法有确定性决策、风险性决策、不确定性决策等。

市场营销是致力于交换过程以满足人们需要的活动。人是受需要和欲望支配的,需要和欲望造成了人的不舒服状态,这种不舒服要通过获取可以满足这些需要和欲望的产品和服务来加以解决,而产品和服务可以通过多种方式来获取:自行生产、暴力、乞讨和交换。

市场营销组合是企业为了满足目标市场需要而加以组合的可控制变数。影响市场营销活动的因素有很多,传统的市场营销组合(4P)包括产品策略、价格策略、分销策略和促销策略。

影响现金周转的因素主要有企业盈利状况、企业的流动资产、流动负债变化情况、企业扩充速度、企业经营的季节性波动。

新创企业运营中常见财务问题主要有陷入困境时的财务管理和企业可持续发展中的财务问题。

阅读材料

一个乞丐来到一个庭院向女主人乞讨,这个乞丐很可怜,他的右手连同整条手臂断掉了,空空的袖子晃荡着,让人看了很难过,碰到谁都会慷慨施舍的,可是女主人毫不客气地指着门前一堆砖对乞丐说:“你帮我把这砖搬到屋后去吧!”

乞丐生气地说:“我只有一只手,你还忍心叫我搬砖?不愿给就不给,何必捉弄人呢?”

女主人并不生气,俯身搬起砖来,她故意只用一只手搬了一趟,说:“你看,并不是非要两只手才可以干活,我能干,你为什么不能呢?”乞丐震住了,他用异样的目光看着妇人,尖突的喉结像一枚橄榄上下滑动了两下,终于他开始搬砖了。他整整搬了两个小时才把砖搬完,累得气喘如牛，脸上有很多灰尘，几绺乱发被汗水粘在了一起，歪贴在额头上。妇人递过来一条白毛巾，乞丐接了过来，很感激地说："谢谢您！"妇人说："你不用谢我，这是你自己凭力气挣的工钱。"乞丐说："我不会忘记您的，这条毛巾给我做个纪念吧！"说完他深深地鞠一躬就走了。过了很多天，又来了一个乞丐，那妇人把乞丐领到砖前说："把砖搬到我指定的地点，我给你20元钱。"这位双手健全的乞丐却鄙夷地走开了，妇人的孩子不解地问母亲："为什么叫他们把砖搬来搬去呢？"母亲说："砖放在哪里都一样，可搬不搬对乞丐可就不一样了。"此后还来过几个乞丐，那堆砖也就来回被搬了几趟。

若干年后，一个很体面的人来到了这个庭院。他西装革履，气度不凡，跟那些自信、自重的成功人士一模一样，美中不足的是这人只有一只手，后边是一条空空的衣袖，一荡一荡的。来人俯下身拉住有些老态的女主人说："如果没有你，我还是一个乞丐，可是现在我是一个公司的董事长。"独臂的董事长要把妇人连同她的家人迁到城里去住，过好日子。妇人说："我们不能接受你的照顾。""为什么？""因为我们一家人各个都有两只手。"董事长伤心地坚持着："夫人，你让我知道了什么叫人，什么叫人格，那房子是你教育我应得的报酬。"妇人终于笑了，说道："那你把房子送给连一只手都没有的人吧！"

【分析】

一般人见到乞丐都会把他撵走，但故事中的女主人富有"同理心"，也具有较高的"情绪控制力"，她通过"亲为"的行动教育乞丐，让他懂得了什么叫做事、如何做事、做什么事的道理。而这位昔年的乞丐利用这位女主人"传染"给自己的情绪通过"运用内在动力"进行自我激励，如今终于成功地当上了董事长。他知道感恩报德，要报答女主人，这说明他具有"因果思维"的情绪，他认为自己今天的成功是女主人当年的教育之结果。女主人谢绝董事长的报答，是一种"追求超我目标"的情商，她最后的建议又体现出她富有的"同情心"。

女主人就像是企业的领导者，而乞丐就像是企业的一个团队，高情商的领导者必然会带出一支高情商的团队。同时故事还告诉我们的领导："你怎样待员工，员工就怎样待你。"这是双赢的最好模式，而且员工可能会以双倍的忠诚去回报企业，这样的企业一定会取得巨大的成功。

进一步阅读书目

[1]季辉：《现代企业管理》，西南师范大学出版社1995年版。

[2][美]斯蒂芬·P.罗宾斯，玛丽·库尔特：《管理学》第七版，中国人民大学出版社2004年版。

[3]方琼慧：《三天学懂会计(你的第一本会计书)》，科学出版社2010年版。

[4]徐二明：《企业战略管理》，中国经济出版社1998年版。

[5][美]哈罗德孔茨·海因茨韦里克：《管理学》，经济科学出版社1998年版。

[6][美]柯林斯：《从优秀到卓越》，俞利军译，中信出版社2009年版。

[7][美]菲利普·科特勒：《营销管理》，梅汝和等译，中国人民大学出版社2001年版。

[8]石后芬：《中国企业营销案例》，高等教育出版社2001年版。

[9][美]清崎，[美]莱希特《富爸爸穷爸爸(全新修订版)》，萧明译，南海出版社2008

年版。
[10]姜汝祥:《请给我结果》,中信出版社 2009 年版。

复习思考题

1 企业经营的概念是什么？企业经营的目标主要有哪些？
2. 什么是企业的经营战略？其主要的特征有哪些？
3. 企业内部环境分析的方法有哪些？
4. 企业不确定性决策主要有哪些方法？
5. 营销管理的基本观念有哪几种类型？
6. 产品的整体概念是什么？有哪些特点？
7. 什么是现金流？影响现金流动的因素主要有哪些？
8. 新创立企业常见的财务问题有哪些？

第三章　企业生产运作管理

学习目标

☞了解生产的含义及其类型；
☞了解企业运作系统的组成和分类；
☞熟悉生产计划与控制、工作研究；
☞熟悉生产运作管理的发展趋势；
☞熟悉库存的概念和作用，理解库存控制的 ABC 分类法基本知识；
☞了解企业设施设备的维护管理；
☞理解准时化生产和精益生产的内涵；
☞掌握企业质量管理的概念与质量管理方法；
☞熟悉 MRP 及 ERP 的概念、优点与逻辑。

第一节　生产与生产运作管理概述

案例引入

Atlas Door 的生产运作管理

Atlas Door 是美国一个有 10 多年历史的公司，它的年平均增长率为 15%，而这一行业的年增长率还不足 5%。近几年，它的税前盈利率为 20%，大约是这一行业平均值的 5 倍。它没有债务，在这 10 年内其竞争实力居全行业之首。它把自己定位为最后的供货商，即当大供货商不能交货或错过交货期时，那些经销商会来它这里订购。当然，由于这一行业有将近 4 个月的订货间隔期，因此必然一些求购电话打到 Atlas 时 Atlas 会报一较高的价格，因为它能更快地交货。Atlas 不仅产品售价高，而且它的基于时间的创新导致了产品成本较低，因此，这两方面对它都有利。公司的产品是工业用品，它的型号近乎无限，顾客可任选其宽度、高度以及材料。由于型号的重要性，库存几乎是无用的；大多数用品在刚订购后就能制造出来。过去，该行业接到无现货或者是按顾客要求订做的订单时大约需 4 个月才能供货。该公司的战略优势是时间。它只需几周便可供应任何订货。它建立了订货记录、设计、制造和物流系统,保证信息和产品迅速可靠地流动。

首先,建立了准时化的工厂。这些从概念上看很简单,它们需要有预备的工具和设备以减少变换时间,按订购的产品来组织制造过程以及安排好进度以做到同时开始生产和完成所有的零部件。结果,对该公司完成供货起到关键作用的工厂,其运行时间才占产品交付周期的2.5周。

其次,缩短了系统前端即订货到达和对其组织加工这一阶段的时间。通常,当顾客、经销商或销售人员向一工业用品制造商询问有关价格和交货情况时,他们要等一个多星期才能得到答复。如果需要的产品没有现货、没有做出安排或没有设计,那么他们甚至要等待更长的时间,结果迫使他们到别处订货。Atlas认识到了大大缩短系统中这部分时间的良机,他们先是简化程序接着使整个订货记录、设计、订价和进度安排实现了自动化。今天,当顾客还在打电话时,Atlas就能对95%的订货进行报价和做出安排。它能迅速地对新的特定订货进行设计,因为它将以前所有特定订货的设计及有关生产方面的资料存到了计算机中——这大大减少了必须重新设计的任务量。

第三,Atlas严格地控制物流以使所需的零配件及时无误地运至各工地。一批订货需要的零配件很多,要把它们汇集至工厂且确保没有差错是一个费时的工作。然而更费时的是一些零配件没有按时装运。Atlas设计了一个可对每一订货所需的零配件进行跟踪的系统,保证它们都按时到达装运码头——一个准时化的物流运行系统。

在短短的10年里,Atlas成了全国80%的经销商的最大工业用品供应商。有了这一战略优势,该公司对经销商就有了选择性,它仅对实力最强的经销商送货上门。继这一间接冲击之后,原有的竞争对手并没能有效地做出反应。普遍的看法是Atlas的这一增长势头不会持续下去。竞争对手们以为,随着Atlas规模的不断增大,其业绩将降到该行业平均水平之下。但是这一反应只能说明了他们对时间是竞争优势之源缺乏基本的认识。反应上的迟缓只能使Atlas遥遥领先。当传统的企业把眼睛盯着成本和规模时,新的竞争者已从时间上获得了优势,处于该行业的前沿,把它们抛在了后面。

(资料来源:http://blog.sina.com.cn/wg19781104。)

讨论:

1. Atlas Door的生产运作管理理念包括哪些?
2. 如何结合自身实际进行生产运作管理?

我们必须增加"让人感到幸福的时间"。

——吉尔布雷斯

随着经济全球化和网络信息的发展,企业的经营和管理环境发生了前所未有的变革。企业之间的竞争方式已从基于价格的竞争发展到基于质量、品种、时间、服务和环保的竞争。在竞争方式变化的过程中,生产运作管理对于提高企业的竞争力具有举足轻重的作用,而核心的运作管理能力是企业形成核心竞争力的保证。

一、生产概述

人类从事创造社会财富的活动和过程,包括物质财富、精神财富的创造和人自身的生育,亦称社会生产。狭义的生产仅指创造物质财富的活动和过程。

生产可以分为以下类别:满足人们衣、食、住、行等必需的物质资料生产;使人类自身世代延续的人自身的生产,即种的繁衍;满足人们必需的文化生活的精神生产。

马克思和恩格斯在《德意志意识形态》第1卷第1章中,将这三种生产分别称为“自己生命的生产”、“他人生命的生产”、“思想、观念、意识的生产”。动物不进行物质资料的生产,它仅仅利用外部自然界,单纯地以自己的存在来改变自然界,也没有精神生产。人类则必须通过劳动改变自然界,创造自己生活所需要的物质资料。只有人类才进行物质和精神生产。物种的繁衍作为自然行为是人和动物共有的,但人类的繁衍有一定的社会生活的组织形式。

二、生产运作系统概念

从系统观点来考察生产运作,可以将企业中从事生产运作活动的子系统称之为生产运作系统。应强调的是,企业生产运作系统有狭义和广义之分。如图3-1所示。

狭义的生产运作系统,有时也称为制造系统,是指直接进行产品的生产加工或实现劳务的过程,其工作直接决定着产品或劳务产出的类型、数量、质量和生产运作费用。

广义的生产运作系统除上述内容外,一般认为还应包括企业中的研究开发、生产运作的供应与保证、生产运作计划与控制等于系统。

任何一个生产系统都具有五个基本要素:人、工厂或设施、产品或零件、工艺、生产计划与控制系统。

五大要素构成生产与运作的两个子系统:管理系统与执行系统。

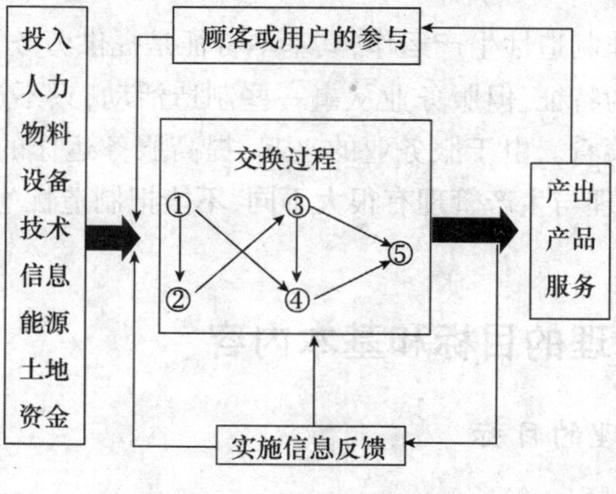

图3-1　生产与运作系统

三、生产运作系统的分类

一般情况下,从生产运作管理的角度出发,按照输出物的性质不同,可将生产运作系统分成两大类:制造型生产和服务型生产。

1. 制造型生产

制造型生产是通过物理和(或)化学作用将有形输入转化为有形输出的过程。

(1)按工艺过程的特点,可以把制造性生产分为两种:流程型生产和离散性生产。流程型生产是指物料均匀、连续地按一定工艺顺序运动,在运动中不断改变形态和性能,最终形成产品的生产。如化工(塑料、肥皂、药品、肥料等)、炼油、冶金、食品、造纸等属于流程型生产。离散型生产是指物料离散地按一定工艺顺序运动,在运动中不断改变形态和性能,最后形成产品的生产,如轧钢和汽车制造。

(2)按照企业组织生产的特点,又可以把制造型生产分成备货型生产和订货型生产两种。制造型生产是预测驱动的,指在没有接到用户订单时,经过市场预测按已有的标准或产品系列进行的生产,生产的直接目的是补充成品库存,通过维持一定量的成品库存来及时满足用户的需求。轴承、紧固件、小型电动机等产品的通用性强,标准化程度高,有广泛的用户,通常采用备货型生产。与备货型生产相反,订货型生产是以顾客的订单为依据,按用户特定的要求进行生产。生产的产品品种、型号规格和花色完全符合顾客的要求,产品一旦生产出来就可以直接发给顾客,不必维持成品库存,也不必经过分销渠道销售。

(3)按照生产的重复性程度,制造型生产又可分为大量生产、单件生产和成批生产三种生产类型。大量生产就是生产的产品品种单一,产量大,生产运作重复程度高。美国福特汽车公司曾长达19年始终坚持生产T型车一个车种,是大量生产运作的典型例子。单件生产是与大量生产相对立,是另一个极端。单件生产是指生产产品的品种繁多,每种仅生产一台,生产的重复程度低。汽车公司冲模厂生产的汽车模具、法律上律师的辩护都是典型的单件生产。成批生产是介于大量生产运作与单件生产运作之间,即品种不单一,每种都有一定批量,生产运作有一定重复性。

2. 服务型生产

服务型生产又称作非制造性生产运作,其基本特征是提供劳务,而不是制造有形产品。

服务是以提供劳务为特征,但服务业从事一些制造活动,只不过制造业处于从属地位,例如餐馆需要制作各种菜肴。由于服务业的兴起,提高服务运作的效率已日益引起人们的重视。然而,服务运作管理与生产管理有很大不同,不能把制造性生产管理的方法简单地搬到服务运作中。

四、生产运作管理的目标和基本内容

(一)生产运作管理的目标

根据生产的概念,生产运作管理是将一切社会组织利用资源将输入转化为输出过程的管理。生产运作管理的目标是追求高效、灵活、准时、清洁地生产合格产品和提供满意服务。

(二)生产运作管理的基本内容

从生产运作系统的整个生命周期角度来看,生产运作管理主要包括三个方面的内容:生产系统的设计、生产系统的运行、生产系统的维护。

生产系统设计包括产品或服务的选择与设计、生产设施的定点选择、生产设施的布置、服务交付系统设计及工作设计。生产系统的运行主要是生产计划与生产控制。生产系统的维护主要是指设备和设施的维护管理。

第二节 生产计划和控制

案例引入

桂冠食品公司生产计划

桂冠食品公司的工厂生产小盒的混合布丁。工厂的一条包装线有很多机器,它们排成一条长链。在包装线的开始,布丁进行混合,然后装进小包。这些小包被装入小的布丁包装盒,每当这些布丁包装盒达到48个就把它们集中并堆放。最后160堆被放到一个货盘上。这些货盘放置在运输区域,然后被运送到四个分销中心。这些年来,包装线的技术日新月异以至于在同一组小炉子里可以生产出不同口味的布丁,而不需要花费不同口味之间的切换时间。工厂有15条这样的包装线,但目前只用上了10条,每条需要6个工人。

该产品的需求按月波动。另外,还受季节的影响,每年的春节、圣诞节、五一节之前都是销售淡季。综合下来,每年第一个季度季末公司都搞一个促销活动,给予大订单客户特别优惠。这样生意一般会很好,公司一般也会得到销售上的增长。

工厂把产品送到全国四个大的分销仓库,卡车每天运货。运货的数量是根据仓库的目标存货水平而定的。这些目标是根据每个仓库的预期供应周数而定。目前的目标是供应2周。

过去,公司的政策是生产量满足预期销售量,因为对成品的储存能力有限。生产能力是完全能支持这个政策的。市场部门已经作出了明年的销售预测。这个预测是按每季销售配额制定的,这是一个激励销售人员的方法。销售主要面向美国的零售店。根据销售人员拿到的定单,布丁从分销仓库运往各零售店。

制订来年的总生产计划所需考虑的技术和经济因素列示如下。

技术、经济信息:

1. 目前有10条包装线非加班工作。每天需要6个工人。出于计划目的,每次正常启动包装线运行7.5个小时。当然,支付工人8小时的工资。可以考虑每天加班2小时,但这必须规划成每次加班至少持续一周,而且所有包装线都得加班。工人正常工资是40元/小时,加班为60元/小时。每条包装线的标准生产率为450套/小时。

2. 市场部门对需求的预测如下:Q1－2 000;Q2－2 200;Q3－2 500;Q4－2 650;Q1(下一年)－2 200。这些数字都是以1 000套为单位的。每个数字代表13周的预测。

3. 管理部门已经通知生产部门维持足够仓库2周供应的生产量。这2周供应量应该建立在对未来销售的预测上。如下是每季期末存货的目标水平:Q1－338;Q2－385;Q3－408;Q4－338。

4. 根据会计估计，存货存储成本约为每套每年 3 元。这意味着如果一套布丁存放一整年，存货成本就是 3 元。如果存放一星期，成本就是 3 元/52，即 0.0576 9 元。成本是与存放时间成比例的。在 Q1 的时候有 200 000 套存货（这是预测宣布的以 1 000 套为单位的 200 套）。

5. 如果脱销发生，那么就要延期交货并推迟运输。延期交货的成本是 2.40 元/每套，因为信誉丧失以及紧急运输。

6. 人力资源小组估计雇佣并培训一个新的生产工人需要花费 5 000 元，解雇一个工人需要花费 3 000 元。

（资料来源：《上海交通大学运营与物流管理研究中心案例集》）

讨论：

桂冠食品公司应如何制定生产计划呢？

> 计划工作是一座桥梁，它把我们所处的这岸和我们要去的对岸连接起来，以克服这一天堑。
>
> ——哈罗德·孔茨

一、生产计划

（一）生产计划的层次

企业中的各种计划一般可分为战略层计划、战术层计划和作业层计划三个层次。生产计划也具有三个层次。

1. 长期生产计划

长期生产计划属于战略计划范围。它的主要任务是进行产品决策、生产能力决策以及确立何种竞争优势的决策，涉及产品发展方向、生产发展规模、技术发展水平、新生产设施的建造等。

2. 中期生产计划

中期生产计划属战术性计划。在中国企业中通常称之为生产计划或年度生产计划。它的主要任务是在正确预测市场需求的基础上，对企业在计划年度内的生产任务进行统筹安排。对于流程型企业，由于生产连续进行，中期计划的作用非常关键；而对于制造装配型企业，由于生产能力的定义随产品结构的变化而变化，故短期作业计划的作用是重点。

3. 短期生产作业计划

短期生产作业计划，也称生产作业计划。它的任务主要是直接依据用户的订单合理地安排生产活动的每一个细节，使之紧密衔接，以确保按用户要求的质量、数量和交货期交货。

二、生产计划的指标

生产计划是对计划年度内的生产任务进行统筹安排，规定企业在计划期内生产的品种、质量、数量和进度等指标。生产计划的主要指标有品种、产量、质量、产值和出产期。

品种指标是企业在计划期内生产的产品品名、型号、规格和种类数。确定品种指标是编制生产计划的主要问题。

产量指标是企业在计划期内出产的合格产品的数量。产量指标是企业进行供产销平衡和编制生产计划、组织日常生产的重要依据。

质量指标是企业在计划期内产品质量应达到的水平，常采用统计指标来衡量，如一等品率、废品率等。

产值指标是用货币表示的产量指标，能综合反映企业生产经营活动成果，以便与不同行业比较。根据具体内容与作用不同分为商品产值、总产值与净产值三种。

出产期是为了保证按期交货确定的产品出产期限。

三、生产计划的编制

（一）生产计划编制的原则

生产计划工作属于管理的内容，必须贯彻以销定产的原则（包括品种、质量、数量、交货期、成本等的要求）。这条原则实质上是以需定产，就是以市场的需求来安排生产。

（二）生产计划编制步骤

1. 调查、掌握编制生产计划的依据

调查研究、收集资料、弄清情况。通过调查研究，主要摸清三方面的情况：一是国家和社会对企业产品的需要；二是企业生产的外部环境；三是企业生产的内部条件。根据调查研究，收集和掌握大量情报资料，作为编制生产计划的依据。

编制生产计划依据的主要资料有：上级下达的国家计划任务；企业长远发展规划、长期经济协议；国内外市场的经济技术情报及市场调查、预测资料；计划期产品的销售量、上期合同执行情况及产品库存量；上期生产计划完成情况及在制品结存情况；技术组织措施计划与执行情况；原材料、外购件、外协件、工具、燃料、动力供应情况以及库存量和消耗情况；计划生产能力及产品工时定额和分车间、分工种、分技术等级的工人数；分车间的设备数量及检修情况；产品价格目录及厂内各种劳务价格等。同时，应认真总结和分析上期计划执行中的经验及存在的主要问题，在本期计划的制订及贯彻中进行改进。

2. 统筹安排，初步提出生产计划指标

企业根据国家、社会的需要和提高企业的经济效益，在统筹安排的基础上提出初步生产计划指标方案，其中包括：产品品种、质量、产量、产值和利润等指标；各种产品品种的合理搭配和出产进度的合理安排；将生产指标分解为各个分厂（或车间）的生产任务指标等工作。计划部门提出的指标方案应该是多个，并从多个方案中进行分析研究，通过定性和定量评价、比较,选择较优的可行方案。

3. 综合平衡,确定最佳方案

对计划部门提出的初步指标方案必须进行综合平衡,研究措施,解决矛盾,以达到社会需要与企业生产可能之间的相互平衡,使企业的生产能力和资源都能得到充分的利用,使企业获得良好的经济效益。

生产计划的综合平衡有如下几个方面:生产任务与生产能力的平衡,测算企业设备、生产场地、生产面积对生产任务的保证程度;生产任务与劳动力的平衡,测算劳动力的工种、等级、数量、劳动生产率水平与生产任务的适应程度;生产任务与物资供应的平衡,测算原材料、燃料、动力、外协外购件及工具等的供应数量、质量、品种、规格、供应时间对生产任务的保证程度以及生产任务同材料消耗水平的适应程度;生产任务与生产技术准备的平衡,测算设计、工艺、工艺装备、设备维修、技术措施等与生产任务的适应和衔接程度;生产任务与资金占用的平衡,测算流动资金对生产任务的保证程度与合理性。

4. 编制年度生产计划表

企业的生产计划经过反复核算与综合平衡,确定生产指标,最后编制出年度生产计划表,经上级主管部门批准或备案后即作为企业正式计划。年度生产计划表主要包括产品产量计划表、工业产值计划表及计划编制说明。生产计划的编制说明应主要包括下述内容:编制生产计划的指导思想和主要依据;预计年度生产计划完成情况;计划年度产量产值增长水平及出产进度安排;实现计划的有利条件和不利因素、存在的问题及解决措施;对各单位、各部门的要求等。

四、生产作业计划

生产作业计划是生产计划的具体实施计划。它是把生产计划规定的任务一项一项地具体分配到每一生产单位以及每个工作中心和每个操作工人,规定他们在月、周、日以至每一轮班中的工作任务。

(一)期量标准的制订

期量标准,又称作业计划标准。所谓期量标准就是为制造对象(产品、部件、零件等)在生产期限和生产数量方面所规定的标准数据。随企业生产类型和生产组织形式的不同有不同的期量标准。

大量流水生产的期量标准有:节拍、流水线工作指示图表、在制品定额等。成批生产的期量标准有:批量、生产间隔期、生产周期、生产提前期、在制品定额等。单件生产的期量标准有:产品生产周期、提前期等。

1. 批量和生产间隔期

批量就是相同产品(或工件)一次投入和出产的数量。生产间隔期(又称生产重复期),就是前后两批生产(或工件)投入或产出的时间间隔。平均日常量等于计划期产量除以计划期工作日数。

$$批量=生产间隔期\times平均日产量$$

2. 生产周期

产品的生产周期是指产品从原材料投入生产起一直到成品出产为止的全部日历时间（或工作日数）。

3. 生产提前期

产品（零件）在各生产环节出产（投入）的时间同成品出产时间相比所要提前的时间称为生产提前期。

4. 在制品定额

在制品定额指在一定的技术组织条件下，各生产环节上为了保证生产线衔接所必需的、最低限度的在制品储备量。在制品的过少或过多都不利于生产的顺利进行，因此必须合理确定在制品定额。

（二）生产作业计划编制方法

1. 在制品定额法

在制品定额法适用于流水生产或大批大量生产企业的生产作业计划编制方法。在这类企业中，产品品种比较单一，产量较大，工艺和各车间的分工协作关系比较稳定，因而各个生产环节所占用的在制品经常应保持一个稳定的数量。按照在制品数量经常保持在定额水平上的要求来计算各生产环节的投入和生产任务，以保证生产过程连续协调进行。

2. 提前期法

提前期法，又称为累计编号法。这种方法适用于成批轮番生产的企业，特别是生产大型高价产品的企业。

采用提前期法规定车间任务的具体方法和步骤如下。

（1）计算产品在各车间计划期末应达到的累计生产和投入的号数。

计算公式：

某车间出产累计号数＝成品出产累计号数＋该车间出产提前期×成品的平均日常量

某车间投入累计号数＝成品出产累计号数＋该车间投入提前期×成品的平均日常量

（2）进一步计算各车间在计划期内应完成的出产量和投入量。

计算公式：

计划出产（投入）量＝计划期末出产（投入）累计号数－计划期初已出产（投入）的累计号数

（3）如果是严格按照批量进行生产的话，则计算出的车间出产量和投入量，还应按各种零件的批量进行修正。

3. 生产周期法

此种方法适用于根据订货组织生产的单件小批生产企业。这类企业在编制作业计划时，关键问题是使这一种（或一批）产品在各车间出产和投入时间能够相互衔接起来，保证成品的交货期限。

（三）能力计划

能力计划的任务是核算计划期内生产的产品或零部件所需要的总工时（负荷），并与计划期内的实际生产能力（人或设备的有效工时）进行比较，然后将二者的差值调整到最小限度。在有些情况下，不得不推迟计划内完工期以符合生产能力的限制。

1. 能力的计算

通常，作业时间与生产量成比例时，用工时这个单位来计算操作工人及设备的生产能力。包括人的生产能力和设备的生产能力。

2. 负荷的计算

负荷是依据标准工时计算。计算方法：先按照标准工时计算各品种、各工作中心的负荷，然后再按各工作中心和各车间汇总，算出工作中心的负荷和车间负荷。

3. 分派计划的制订

分派计划就是将人和设备能力与负荷进行比较，并在二者之间不平衡时进行调整。

五、生产控制

（一）生产控制的作用和基本内容

1. 生产控制的作用

生产计划和控制是整个生产活动的中心。计划的功能在于预先安排各项活动的内容。而生产控制是根据各项活动过程的反馈信息，通过对生产系统状态的评价，确定调节各项活动的内容，确保计划目标的实现。

2. 生产控制的基本内容

生产控制的内容包括：作业安排；测定偏差，掌握实际完成量与计划完成量之间的偏差；纠正偏差；提供信息。

（二）生产进度控制

生产进度控制的主要任务是按照预先制订的作业计划，检查各种零部件的投入和出产时间、数量以及配套性，保证产品能准时装配出厂。

进度控制的方法有以下几种。

1. 生产预计分析

生产预计分析就是要做到事先控制，掌握生产管理的主动权。它是指在规定的计划期结束前，根据进度统计资料所反映的计划完成进度和生产进度趋势，对本期计划指标可能完成的程度作一种预测，再根据预测结果，采用不同的调节措施，适时作出增加或减少投料的决策。

2. 生产均衡性控制

按照生产的均衡性，不仅要求企业按时完成任务，而且要求企业每个生产环节和每种产品都能按日、按旬、按月完成生产任务，即实现均衡生产。

3. 生产成套性控制

对于加工装配式企业来说，生产进度控制的另一个重要任务就是保证零件出厂的成套性。加工装配式企业生产的产品是由许多零部件组装而成的，只有保证成套出产各种零部件，才能按计划使整机产品装配出厂。这种控制模式包括成套性投料控制和成套性出产控制。

（三）在制品控制

企业从原料、外购件等投入生产起到经检验合格办完入库手续之前，存在于生产过程中各个环节的零部件都称为在制品。企业生产过程中各环节之间的联系，表现在制品的供需关系上，对在制品进行合理控制具有十分重要的意义。

车间在制品控制取决于车间生产类型和生产组织形式。在大量大批生产条件下，由于在制品数量比较稳定，实现制定有标准定额，在生产中的流转有一定的顺序和规律，因此，通常采用轮班任务报告，并结合统计台账来控制在制品的数量和移动。在单件小批生产条件下，由于产品品种和批量经常变化，在制品数量的稳定性很差，通常采用加工路线单或工票等凭证，结合统计台账来控制在制品。

第三节　库存控制

案例引入

你的生产计划合理吗？

很多生产型公司都会为自己的库存问题而苦恼，不是库存不够，难以满足计划外订单的需求，就是库存积压。其实，这是因为老板没有掌握好一个重要的经济指标：经济生产批量。由于公司每次的生产规模固定，决定库存问题的核心就是生产批量。那最佳生产批量是什么？又如何确定呢？经济生产批量指用全年生产成本和全年平均库存所需成本之和计算出的最低生产批量。对于初创小公司只要掌握好以下经济生产批量的要素便可以让公司渡过库存量控制不准的难关。经济生产批量小于1时说明公司的产能严重不足，有大量的设备闲置，企业的运营成本过高。公司应该把下一步主要任务放在开拓市场，争取多拿订单。经济生产批量等于1时说明公司根本没有库存。看似公司的产品供不应求，但实际上一旦原材料、市场等出现非人为因素的波动就会影响公司的销售。因此应该加大储存成本，扩大生产量。经济生产批量大于1且小于2时，说明公司有部分库存。此时要以公司产品的生产周期为标准。当生产周期超过12次，说明库存量严重超标，应该减少生产。当生产周期在6~12次之间，说明库存量正常。当生产周期低于6次，说明库存量不足，应该加大生产次数。经济生产批量大于2且小于12，而企业生产周期低于12次时，说明公司的库存正常，不需要任何调整。经济生产批量大于12,而企业生产周期又不足12次时,说明公司的库存量严重超标,应该减少生产,重点工作放在消化库存上。

(资料来源:http://www.3158.cn/news/20101227/11/73-14802687_1.shtml。)

讨论:

应如何进行库存控制?

物流使我们实现三个零的目标。三个零就是零库存、零距离、零营运资本。

——张瑞敏

一、库存控制概述

库存控制又称库存管理,是对制造业或服务业生产、经营全过程的各种物品、产成品以及其他资源进行管理和控制,使其储备保持在经济合理的水平上。

(一)库存的作用和库存控制的意义

1. 库存的概念

从企业生产、经营活动的全过程而言,库存是指企业用于生产和/或服务所使用的以及用于销售的储备物资。库存的形态主要包括:原材料、辅助材料、在制品、产成品和外购件等四大类。库存,既是生产、服务系统合理存在的基础,又为合理组织生产、服务过程所必需。以较低的库存成本保证较高的供货率,不仅在理论上是成立的,在实践方面也是完全可以达到的。

2. 库存的作用和分类

设置库存的根本目的是要保证在需要的时间、需要的地点为需要的物料提供需要的数量。同时,库存还能起到以下作用:防止缺货,提高服务水平;节省开支,降低成本;保证生产,销售过程顺利进行;提高生产均衡性,调节季节性需求。

3. 库存控制的意义

(1)库存控制的作用。库存控制的作用主要是在保证企业生产、经营需求的前提下,使库存量经常保持在合理的水平上;掌握库存量动态,适时、适量提出订货,避免超储或缺货;减少库存空间占用,降低库存总费用;控制库存资金占用,加速资金周转。

(2)库存的合理控制。库存量过大所产生的问题:增加仓库面积和库存保管费用,从而提高了产品成本;占用大量的流动资金,造成资金呆滞,既加重了货款利息等负担,又会影响资金的时间价值和机会收益;造成产成品和原材料的有形损耗和无形损耗;造成企业资源的大量闲置,影响其合理配置和优化;掩盖了企业生产、经营全过程的各种矛盾和问题,不利于企业提高管理水平。

库存量过小所产生的问题：造成服务水平的下降，影响销售利润和企业信誉；造成生产系统原材料或其他物料供应不足，影响生产过程的正常进行；使订货间隔期缩短，订货次数增加，使订货(生产)成本提高；影响生产过程的均衡性和装配时的成套性。

(二)库存成本

库存成本由以下项目构成。

(1)物料成本指购买或生产该物料所花费的费用。

(2)订货成本，又称采购成本。用于对外订货，指每次订货或采购所发生的全部费用。

(3)作业更换成本，又称工艺、设备调整费、生产准备成本，指在批量生产方式下加工对象发生变化(即作业更换)时所发生的费用。

(4)库存保管成本又称储存成本，指储存、保管库存物料所发生的费用。

(5)缺货成本指生产、经营过程中因库存不足出现缺货所造成的各项损失。

(三)库存的 ABC 管理法

1. ABC 管理法的原理

ABC 管理法，也称“ABC 分析法”“巴累托分析法”“ABC 分类管理法”“ABC 重点管理法”等(以下简称“ABC 法”)。它起源于意大利经济学家、社会学家帕累托(Vilfredo Pareto，1848—1923)对人口和社会问题的研究。他在该项研究中所用的工具“巴累托曲线图”及其区别“关键的少数和一般的多数”的思想分析方法，20 世纪 50 年代初首先在企业物资管理中得到应用。美国人戴克将其定名为 ABC 分类法(ABC analysis)，由此而从对一些现象的描述发展成为一种具有一定积极意义的管理手段，随后并在企业的质量、生产、设备等管理工作中得到应用。

ABC 法的基本道理可以用“区别主次，分类管理”进行概括。最一般和最常见的是将管理的对象分为 A、B、C 三类，以 A 类作为重点管理对象(ABC 法便因此得名)。最早应用本方法的美国通电气公司某工厂就是将库存物品分为 A、B、C 三类，重点控制 A 类物质的库存量，而对 C 类物质采取合并订货或分别大量订货的方式。但也应看到，A、B、C 三种分类带有人为规定的性质，在实际工作中可不拘泥于此。

2. ABC 管理法的程序

ABC 法包括“开展分析”与“实施对策”这两个基本程序展开分析，即“区别主次”的过程。包括以下步骤。

(1)采集数据。即收集有关对象的特征数据，如各种物资的单价、需用量、库存量等。

(2)统计整理。即对收集来的数据进行统计加工和汇总。包括分组(若品目较少则不分组)、汇总、按一定顺序排列；在分组、汇总、排列的同时，要计算特性数值(通常是物资金额)占总值的百分数、累计百分数和品目数占总数的百分数、累计百分数。

(3)按一定分类标准进行 ABC 分类，列出 ABC 分析表。分类标准并无严格的规定。如有的把主要特性数值(如库存物资价值)的累计百分数在 0% ~80% 区间的若干品种(通常较少)称 A 类物资；累计百分数在 80% ~90% 区间的若干品种称 B 类物资；累计百分数在

90%～100%区间的若干品种称C类物质（种类甚多）。

（4）绘ABC分析图（累积曲线图）。主要是为形象地表示分类情况及各类物资的重要程度。其实用价值往往不及ABC分析表，实际工作中可考虑省略（该图即巴累托曲线图）。下面运用例子说明分析的步骤。

某厂工具库应用ABC法对13种库存物资进行分类管理。其分析的步骤如下。

（1）列出库存物资品种和单价一览表，见表3－1。此即“采集数据”的过程。

表3－1 某工厂工具仓库库存物资品种和单价一览表

序号	库存物资品种	年需用量（件）	单价（元）
1	A－15	50	3.00
2	A－34	1 000	1.05
3	A－41	475	2.00
4	B－7	10	10.00
5	B－15	2 600	0.50
6	B－28	600	5.00
7	B－8	1 000	0.25
8	CD－84	2 000	11.00
9	CD－91	3 000	0.10
10	G－4	100	0.40
11	G－5	600	0.10
12	G－25	440	2.50
13	H－10	2 000	0.25

（2）统计整理。本例中因物资品种较少，故未分组。经相应的计算后，将各种物资年需用量的价值（单价乘年需用量，简称“物资价值”）按降序排列于统计表中（见表3－2）。其他计算结果的顺序对应物资价值的顺序。

表3－2 各种物资统计

库存物资品目	物资价值（元）	占品种总数（%）	累计占品种总数（%）	占物资总值（%）	累计占物资总值（%）
GD－84	22000	7.7	7.7	71.4	71.4
B－28	3000	7.7	15.4	9.8	81.2
B－15	1300	7.7	23.1	4.2	85.4
G－25	1100	7.7	30.8	3.6	89.0
A－34	1.50	7.7	38.5	3.4	92.4
A－41	950	7.7	46.2	3.1	95.5
H－10	500	7.7	53.9	1.6	97.1
GD－91	300	7.7	61.6	1.0	98.1
B－81	250	7.7	69.3	0.8	98.9
G－15	60	7.7	92.4	0.2	99.9
G－4	40	7.6	100	0.1	100

(3)根据分类标准进行 A、B、C 分类,并列出 ABC 分析表,见表 3-3。

表 3-3 ABC 分析表

库存物资品目	累计占总品种(%)	累计占物资总值(%)	分类	占品种总数(%)	占物资总值(%)
CD-84	7.7	71.4	A	7.7	71.4
B-28	15.4				
B-15	23.1				
G-25	30.8	B	30.8	21.0	
G-25	30.8				
A-34	38.5				
A-41	46.2	95.5			
H-10	53.9	97.1			
CD-91	6.6	98.1			
B-81	69.3	98.9	C	61.5	7.6
A-15	77.0	99.4			
B-7	84.7	99.7			
G-15	92.6	99.9			
G-4	100	100			
合计				100	100

(4)绘 ABC 分析图,见表 3-4。绘制出了 ABC 曲线图(或者是编制了 ABC 分析表),ABC 法的第一个基本程序——“分析”即可告结束。

3. 物资 ABC 分类管理标准

不同物品按照标准可以划分为 A、B、C 类,以便更好地管理。下面表格中提供了物资 ABC 分类管理的一些标准如表所示,可以在管理实践中参考。

表 3-4 物资 ABC 分类管理的标准

管理项目 \ 类别	A	B	C
储备定额综合程度	制定个别储备定额	制定类别储备定额	按全部 C 类物资总金额控制
计购批量与订货方式	按经济批量定期订货	按经济批量定量订货	按最高储备定额定量订货(双堆法)
库存记录	详细	有记录	金额总计
库存检查	经常	定期	可不检查
保险诸备	低	适中	高

(四)独立需求和从属要求

1. 独立需求

独立需求,又称市场需求,是指对一种物料的需求,在数量上和时间上与对其他物料的需求无关，只取决于市场和顾客的需求。从库存控制的角度理解，其本质含义是指那些具有不确定性，企业自身不能控制的需求。

2. 从属需求

从属需求，又称相关需求。非独立需求是指对一种物料的需求，在数量上和时间上直接依赖于对其他物料的需求，从库存控制的角度，其本质含义指那些具有确定性，企业自身能够控制的需求。

3. 生产过程的需求分析

企业的生产（制造）过程由投入、转换、产出等环节构成。如果结合投入、转换、产出过程来分析独立需求和从属需求则会发现，对企业产出的需求都是企业本身的独立需求，而生产过程中对投入、转换部分的需求，一旦最终产品和商品零碎部件的需求一定，可以通过预测、订货将需求量、需求时间确定下来，则对原材料、外购件、外协件和其他辅助材料的需求；对加工、转换环节的半成品、在制品的需求，均为从属需求。其需求的数量和时间均能根据明确的从属需求关系逐级精确计算出来。

但是，对原料等的需求和对转换环节在制品等的需求应在库存控制方式上有所区别。由于供应商的交货期、物料运输期、物料质量以及其他不可抗力因素的影响，企业对这些外部因素的控制程度很低，有的甚至根本无法控制。因此，企业对原材料等的库存管理需按独立需求的库存控制方式处理。

二、确定性需求下的库存控制

在对独立需求库存进行定量或定期控制的过程中，如何对定量订货模型（订货点法）中的订货数量、对定期订货模型中的订货周期进行优化，并给出确时变型需求和随机型需求的库存控制模型，为了使讨论的问题逐步深入，逐步将现实的、复杂的因素引入，建立随机需求下的库存控制模型，故对确定性需求库存控制模型的建立和适用条件作如下假设。

（一）基本假设

（1）需求是恒定的、已知的，或需求是连续的、均衡的。

（2）订货提前期是已知的、恒定的。

（3）不允许出现缺货。

（4）物料以批量方式订货或生产，且一次到货合格入库。

（5）订货成本已知并恒定，与订货数量无关，储存成本已知并恒定，与平均库存量成正比。

（6）单一产品。

（7）物料单价与批量无关。

（8）瞬时补充库存。

（9）不存在资源限制。

(二)定量订货模型

1. 定量订货的基本模型

定量订货模型以库存余量为基础。当库存余量降低到预先设定的重新订货点时,库存控制系统便开始订货。

以 Q 表示库存量的大小,当订货实际入库时库存的大数量为 Q,最小库存量为零,不出现缺货。在前述假设条件下,对库存的需求率是已知的、恒定的,库存量随时间的推移均匀下降。当库存量降到订货点(R)时就按固定订货量发出订单。经过固定的订货提前期(LT)后,新订货瞬时入库补充,故没有缺货发生。平均库存($Q/2$)等于订货批量的一半。

$$\text{订货点库存量}(R)=\text{恒定日需求量}\times\text{订货提前期}$$

2. 经济订货批量(EOQ)

经济订货批量是指库存总成本最低时的订货批量。

首先分析一下库存各项成本与订货批量大小,在年总需求量一定的条件下,对库存总成本的影响。

$$\text{年库存总成本}=\text{全年物料成本}+\text{全年订货成本}+\text{全年保管成本}+\text{缺货成本}$$

由于物料单价与订货批量无关,由于不会出现缺货,缺货成本为零。故受订货批量大小影响的成本项目,为订货成本和保管成本两项。

$$\text{全年订货成本}=\frac{\text{年需求量}(D)}{\text{订货批量}(Q)}\times\text{一次订货成本}(S)$$

$$\text{全年保管成本}=\frac{\text{订货批量}(Q)}{2}\times\text{单位物料年保管成本}(H)$$

式中:$H=\text{物料单价}(P)\times\text{年保管费用率}(h)$。所以,年库存总成本($TC$)的计算简化为下式:

$$TC=(D/Q)\times S+(Q/2)\times H$$

根据数学中的导数理论,可得出年库存总成本最低时的经济订货批量模型为:

$$EOQ=\sqrt{\frac{2DS}{H}}=(Q')$$

根据经济订货批量的数学模型,可得出经济订货间隔期(T^*)为:

$$T^*=Q'/D=\sqrt{\frac{2S}{HD}}(\text{年})$$

上式给出的数学模型,实际上就是在 Q'条件下的定期订货模型。

(三)提供数量折扣时的经济订货批量

在现实经济生活中,供应商为了诱发更大的购买行为,往往对于大宗订货给予优惠。对于库存控制决策来说,为争取折扣优惠,往往要扩大一次订货量。而扩大一次订货量,一方面使订货次数减少,订货总成本降低,因缺货造成的损失降低;但另一方面,又使平均库存增大,提高了库存保管成本,并且减缓了流动资金周转,加大了利息支出等。因此,权衡的关键是年库存总成本能否降低。

1. 经济订货批量特征

当经济订货批量在一定幅度内左右偏离时,库存总成本曲线的变化十分平缓。Q'所具有的这种特性可称之为经济订货批量的强壮性或最低库存总成本刚性。这一特性在决定对内、外订货时为批量决策提供了一个定量分析的基础。

2. 单一折扣率的订货决策

单一折扣率(d)是指当实际订货量小于供应商规定的折扣限量时物料单价不变;当实际订货量大于供应商规定的折扣限量时,享受优惠折扣(d)。订货厂商以订货成本和保管成本总和最低为条件,在折扣限量和经济订货批量之间权衡、决策,以确定最佳订货批量。

3. 不同价格折扣的订货决策

不同价格折扣是指供应商按订货量的大小设置数量区间,并分别给予不同的价格优惠。订货厂商为确定最佳订货批量,要对不同价格段订货批量的库存总成本分别进行计算,并对计算结果进行权衡、决策。

三、时变需求下的库存控制

(一)时变需求的概念

在现实的经济活动中,企业面对更多的是变化着的需求形式。即需求率随时间的变化而改变。这种随时间的变化而改变的对库存的需求称为时变需求或动态需求。时变需求的特点是在每一时期需求是已知的或可预测的;但在由一个时期转到另一个时期时需求会发生改变。所以,时变需求实质上是一种确定性的非均匀需求。

在时变需求的情况下,如何对订货和库存进行控制,大体有三种对策。

最简单的对策是直接按照每一期间的实际需求组织订货或进行生产。这种方式将能最大限度地压缩库存,降低库存保管成本。实施这一对策的关键是降低一次订货成本。

另一种对策是仍采用经济订货批量模型。但由于需求是不均衡的,期间库存可能较大,不一定会取得库存总成本最低的效果。

第三种对策是为了有效地处理时变需求下的库存控制,应用动态规划方法可以得到最优解。但其计算过程的繁琐,影响了它在实际中的应用。

(二)时变需求库存控制对策分析

对时变需求下的库存控制,常运用部分期间费用比较法。部分期间费用比较法,又称部分期间平衡法,其实质是直接对一次订货覆盖的部分期间内的订货成本和保管成本进行对比。当部分期间的全部期末库存的保管成本小于一次订货成本时,可继续加大订货批量,加入一次订货批量,加大一次订货覆盖的供货期间。当一次订货的期末库存的保管成本之和大于一次订货成本时,就按此前一个期间的订货批量。总之,部分期间费用比较法是时变需求下的库存控制为寻求满意方案而采用的一种启发式解法,因其计算过程较为简单,故在实践中得到了广泛的应用。

四、随机需求下的库存控制

(一)随机需求的概念

现实经济活动中,对库存的独立性需求往往呈现出随机变化的特征。对库存的这类具有任意的、不确定变化特性的需求称为随机性需求。

对于需求呈随机性变化的库存控制,由于需求率和订货提前期的随机性,往往从数理统计学的角度进行研究。

在随机性需求的库存控制模型中,整体库存由两部分库存构成。第一部分是经常性库存,用于满足订货间隔期内的正常(平均)需求。经济性库存量通常为经济订货批量。第二部分为安全库存。安全库存的设置不是为了满足对库存物料日常消耗的需求,而是用于预防随机性因素影响而造成的缺货。是对订货提前期内实际需求量(率)或实际订货提前期超过期望订货提前期时所产生需求的一种供货保证。

随机性需求库存控制模型的实质,是在确定性需求库存控制模型的基础上加上安全库存,将随机性的、不可控的需求控制问题转化为对安全库存的设置问题。

(二)订货点库存和安全库存的设置

具体工作方法如下。

(1)确定平均订货提前期需求量。平均订货提前需求量等于平均订货提前期乘以平均日需求量。

(2)确定安全库存量。确定安全库存量(*SS*),常用统计分析法,其计算步骤如下:计算平均预测误差;选择服务水平,确定安全因数;计算安全库存量。

(3)计算订货点库存量。

第四节 设备综合管理

案例引入

从一次故障谈设备管理与维护

1.故障经过

某台 QFS-50-2 双水内冷汽轮发电机进行检修后重新启动投运,一周后汽轮机控制台发出"发电机漏水"信号,电气运行人员闻讯后数次对发电机进行检查,均未发现明显的漏水现象。热工保护人员对装置进行了复查,也未发现问题;但判断为检漏计第一点极板间绝缘不正常,其绝缘电阻值有时突然到零,可能是漏水保护出了问题,导致报警信号间歇地发出。后机组因故停机,各专业人员对设备进行了巡视都没有发现漏水现象。机组再次启动,合上灭磁开关,当定子升压至6 kV(额定10.5 kV)时,"静子接地"信号发出,测量零序电压表为满刻度,因而立即进行降压,此刻发电机"差动"、"负序过流"保护动作,发电机磁场开关跳闸，汽轮机打闸停机。

2. 检查

停机后检查发现，发电机后侧端部绝缘击穿，两相短路，转子护环处有点、线状间歇性漏水现象。解体后进一步检查，发现转子进水引水拐角焊接质量不良，造成渗漏水，从而导致设备事故。事后根据各种现象分析后认为，发电机漏水信号初发时由于转子转速为3 000 r/min，转子渗漏水被雾化，因此漏水很难被发现。

3. 暴露的问题

尽管这次故障最终查明是制造厂家检修质量问题造成的，但在生产管理及运行维护等方面也存在一些有待完善的地方。从这台机组的历次绝缘电阻测量记录可以看出，以前的定子绝缘电阻均不小于0.2 MΩ。发电机运行规程规定：发电机通水后测量的绝缘电阻值不作为主要依据，但是静子绝缘不得低于0.2 MΩ。而该机组启动前所测量的绝缘电阻值为0.09 MΩ，不足规定值的50%，绝缘电阻明显下降，说明发电机已经漏水，但还未发信号，有关人员在没有查明绝缘下降的原因前，就再次启动设备，运行至漏水加剧，导致漏水信号发出。

4. 解决措施

(1)发电机引水管应采用有钢丝护套水管。转子出水铜拐角全部更换为不锈钢材质，并严格挑选，确认内部无缺陷时方可使用。(2)利用气密试验代替水压试验。在检修中加强施工管理，完善验收制度，并落实责任到人。(3)应安装先进可靠的检漏设备，配备高精度的仪器仪表，如智能型差动及温度补偿式高灵敏度发电机湿度检漏报警仪，或发电机绝缘在线监测装置。常规使用的手摇式兆欧表也应更换为数字式直测型表。(4)完善各项规章制度，定期对设备的运行规程进行修订。

讨论：

如何进行设备的综合管理？

> 把一件简单的事做好就不简单，把每一件平凡的事做好就不平凡。
>
> ——张瑞敏

一、设备综合管理概述

企业的生产活动以系统观去管理，把一个工厂的全过程作为一个完整的系统，那设备则是工厂的一个子系统。这个系统的各个组成部分都要为达到个总目标，按照统一的计划而行动。

在工厂这个系统，把投入的劳动力、原材料、设备等生产要素作为输入物，进行处理，生产出产品和获得利润；而把产量(Production)、质量(Quality)、成本(Cost)、交货期(Delivery)、安全卫生环保(Safety Health Environment)、劳动情绪(Morale)作为输出物。一个工厂生产活动的目的就是要获得最大的经济效益。设备管理在生产活动中的关系见表 3-5。

表 3-5　设备管理在生产活动中的关系

<table>
<tr><td colspan="5">资产(Money)</td></tr>
<tr><td>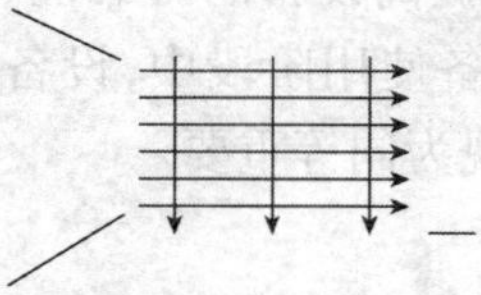
输出物</td><td>人</td><td>设备</td><td>原材料</td><td>管理方法</td></tr>
<tr><td>(P)产量
(Q)质量
(C)成本
(D)交货期限
(S)安全卫生环保
(M)劳动情绪</td><td></td><td></td><td></td><td>生产管理
质量管理
成本管理
交货期限管理
安全环保管理
劳动管理</td></tr>
<tr><td>管理方法</td><td>定员管理</td><td>设备管理</td><td>物资管理</td><td></td></tr>
</table>

(一)设备综合管理的产生与发展

设备是指企业的有形固定资产,是企业可供长期(1 年以上)使用并在使用过程中基本保持其原有实物形态,且价值在一定限额以上的劳动资料和其他物质资料的统称。

设备综合管理通常是指从设备的选择、规划、设计、制造或购置、安装、使用、维修、改造、更新、直到报废这一全过程的决策、计划、组织、协调与控制等一系列活动的统称,其实质是依据企业的生产、经营目标对设备寿命周期内的所有物质运动形态和价值运动形态进行综合管理。

在设备管理的发展历程中大体经历了两个阶段和三个时期。即传统设备管理阶段(包括事后维修时期和预防维修时期)、现代设备管理阶段(即设备综合管理时期)。

1. 传统设备管理阶段

(1)事后维修时期。

(2)预防维修时期。

2. 现代设备管理阶段

现代设备管理的理论和方法主要包括设备综合工程学和全员设备维修制。

(1)设备综合工程学是为了使设备的寿命周期费用达到最经济的程度,而对有形资产的有关工程技术、管理、财务以及其他实际业务进行综合研究的科学。

(2)全员设备维修制的基本内容是"三全"。即全效率、全系统和全员参加。全效率,即设备的综合效率;全系统,即以设备寿命周期为对象进行系统的研究与管理;全员,即与设备管理有关的人员和部门都要参加设备管理活动。

(二)设备综合管理的内容

1. 实行设备的全过程管理

实行设备的全过程管理是指全面考虑设备的寿命周期,从整体上提高设备的可靠性、维修性和经济性。克服设备设计、制造阶段与使用阶段的脱节;克服设备使用阶段中,设备使用单位与企业内部其他部门的脱节。将设备的前期管理和后期管理视为同等重要。

2. 实行设备的目标管理

设备综合管理是以最低的设备寿命周期费用为研究目标,追求最高的设备综合效率。设备的寿命周期费用,是指从设备的研究、形成到退出使用所需的全部费用。研究设备管理的经济性必须以设备的寿命周期费用最低为目标,而不能单纯考虑某一阶段的经济性。为从经济上全面评价设备的优劣,设备综合管理通过六个方面衡量设备的综合效率:产量(P)、质量(Q)、成本(C)、交货期(D)、安全(S)、劳动情绪(M),并用下式表示:

$$设备综合效率=\frac{设备的所得(产出)}{设备的所费(投入)}=\frac{P\cdot Q\cdot C\cdot D\cdot S\cdot M}{寿命周期费用}$$

3. 实行设备的综合管理

实行设备的综合管理即在技术管理上强调要研究设备在设计、制造、使用保养、维修、报废等阶段的经济分析和经济评价,研究设备的经济寿命,确定设备改造、更新的经济界限;在组织管理上,强调运用系统论、控制论、信息论、经营理论、行为科学以及其他现代管理理论、技术和方法对设备进行组织管理。

4. 实行设备的可靠性、维修性设计

对设备实行可靠性设计可以大大提高设备的平均无故障工作时间,大大降低设备维修费用。对设备实行维修性设计是指对设备的结构、工艺、检查、修理、更换、三化(标准化、通用化、系列化)程度等涉及设备维修的各个方面进行分析、研究、管理和评价。

5. 实行设备的信息管理

设备综合管理强调关于设备信息、使用效果信息和费用信息反馈等在设备管理中的重要作用,要求建立相应的信息交流和信息反馈系统。

6. 实行全员管理

实行全员管理既是设备管理工作本身的需要,又是为了充分调动所有参与设备管理人员的积极性,使企业的各级人员从决策者、管理人员、技术人员到生产工人都关心参与设备管理工作。

(三)设备综合管理的任务

企业设备综合管理的主要任务是保持设备完好,不断改善和提高企业技术装备素质,充分发挥设备的效能取得良好投资效益的目的。具体任务主要包括:设备的前期管理,设备运行过程中的技术管理,设备运行过程中的经济管理,促进企业的技术进步。

二、设备前期管理

设备前期管理是指从设备规划、决策开始直到投入生产使用为止的期间，对设备进行技术和经济的全面管理。

首先，要根据企业的经营战略、生产发展要求和内外部条件提出设备规划，在设备自制、外购及租赁方面作出正确决策，为企业提供技术上先进、经济上合理的技术装备。

其次，对于设备自制来说，设备前期管理包括调查、研究、规划、制造等内容；对于设备外购来说，则包括选型、采购、安装、调试等内容；对于设备租赁来说，包括租赁与购买决策和租赁方式等内容。

（一）设备购置决策

1. 自制或购买决策分析

首先，必须明确其目的，明确企业对设备的需求；其次，确定企业是否具备自制设备所必要的技术、经济实力；第三，要在投资效益、交货期、风险等方面进行对比、权衡，以作出正确的决策。

2. 租赁与购买决策分析

设备租赁是指企业（承租方）根据生产的需要选定设备，然后选择租赁公司（出租方）代为融资购进设备。出租方与承租方订立租赁合同，承租方通过支付租金取得一定时间内的设备使用权。

租赁与购买相比可以减少企业的长期资本支出，减少贷（借）款利息，及时取得生产所需设备，并减少设备陈旧过时风险。但是，由于设备租赁只能根据合同规定取得租赁期内的设备使用权，企业无权根据生产需求对设备进行改造；租赁期限有一定要求，一般不得低于2年；租赁设备支付的租金总额可能高于设备购置价格。因此，必须进一步进行租赁与购买的经济性评价。

（二）设备购置的技术性评价

设备的技术性评价，主要从以下几方面进行。

1. 生产性

设备的生产效率，是指单位时间生产的产品数量。在考虑设备的生产效率时，首先应能满足生产现状的要求，其次要考虑在可预见的将来对设备效率的要求。

2. 可靠性

可靠性是指设备在规定条件下、规定时间内，完成规定功能的概率。

3. 维修性

维修性是指设备维护、保养和修理的难易程度，易于维护保养和修理，包括良好的售后服务和配件，易损件供应，既可降低修理费用，又可减少设备故障停机时间，提高设备利用率。

4. 安全性

安全性是指设备对安全生产的保障能力,主要包括人身和设备安全两个方面。

5. 节约性

节约性是指设备节约资源的能力主要包括设备节约能源和原材料两个方面。

6. 环保性

环保性是指设备减少环境污染或改善环境的能力,主要包括减少噪声和“三废”。

7. 成套性

成套性是指设备的配套能力主要包括人机设备和辅助装备配套、成套机组设备的配套及新建项目所需的各种设备间的成龙配套等。

8. 适应性

适应性又称柔性,即设备适应不同工作条件,加工不同产品,完成不同工艺的能力。

9. 耐用性

耐用性是指设备应具有一定的自然寿命。设备寿命的长短取决于技术进步造成的设备无形磨损和其经济寿命。

以上评价要素在评价设备技术性时是相互联系、相互制约的。企业在选择设备时要统筹兼顾,全面权衡。

(三)设备购置的经济性评价

企业在选购设备时,进行经济性评价的目的是通过对几个设备选择方案的投资费用、使用费用,包括该设备投入运营预期收益的对比、分析,从中选择技术性最好、经济性最佳的方案。

三、设备后期管理

设备后期管理是指设备运行过程中的综合管理。包括设备的合理使用、维护检查、修理以及设备故障管理等技术性内容和降低运行过程中各环节费用的经济性内容。

(一)设备的 ABC 分类

设备的 ABC 分类是根据设备的综合效率,按照其重要程度进行设备分类。对重点设备重点管理、检查、维护和修理,以保证重点设备的良好运行状态,获取最佳的投资效益和生产、经营效果。

1. 重点设备的评定方法

评定重点设备采用综合加权评分法。主要包括以下工作内容:

(1)确定评价要素。

(2)确定评分标准。

(3)确定评价要素的权值。

(4)设备分类。

在设备得分或加权评分总和的基础上进行设备分类。分类时大体掌握 A 类(重点)设备约占设备总数的 10%;B 类(一般)设备约占设备总数的 75%;C 类(次要)设备约占设备总数的 15%。

2. 不同设备的管理方法

对重点设备和其他设备应采用不同的管理方法,包括不同的完好标准要求以及不同的日常管理标准、维修对策、备件管理、资料档案等(见表 3-6)。

表 3-6 不同设备管理方法

类别	完好标准		日常管理标准					维修对策		设备管理		技术档案完好率
	月抽查百分比	抽查合格率	点检标准	日常点检合格率	定期点检合格率	故障率	MTBF分析	方针	维修资源投入比	供应率	储备方式	
A		>90	高标准	100%	95%	<1.0%	研究分析维修规律	状态维修	40%	100%	零件部件	98%
B	5~10	>87	一般标准	95%	90%	<1.5%	一般分析	预防维修	55%	90%	零件	90%
C	5	87	/	90%	85%	<2.5%	/	事后维修	5%	50%	零件	50%

(二)设备的磨损与故障规律

1. 设备的磨损规律

(1)设备磨损的概念。设备磨损一般分为两类,即设备的有形磨损和无形磨损。

(2)设备磨损的规律。在设备正常使用的情况下,设备的有形磨损是有规律可循的。其磨损过程大体可分为三个阶段。

第一阶段——初始磨损阶段。在设备磨损的初始阶段,会在较短时间内造成较大的磨损。

第二阶段——正常磨损阶段。在设备的正常磨损阶段,设备的磨损基本上随时间匀速缓慢增加。

第三阶段——急剧磨损阶段。在这一阶段,磨损量随使用时间的延续急速上升,导致设备精度、性能和生产效率的迅速下降。

针对上述磨损规律,在正常磨损阶段应加强设备的合理使用、维护和保养,尽量延长设备完好技术状态的时间。

2. 设备的故障规律

(1)设备故障的概念。设备故障是指设备或其零部件在使用过程中丧失规定功能的不正常现象。分析和研究设备故障发生的规律,减少设备故障的发生,是设备管理中的一个重要问题。

按设备故障发生的频率,可把故障分为两类。即突发性故障和渐发性故障。

(2)设备故障规律。设备故障规律是指设备在寿命周期内故障的发生、发展变化的规律。与设备的磨损规律相对应,设备故障规律也有三个发展,变化的阶段分别为初始故障期、偶发故障期、劣化故障期。

(三)设备的合理使用与维护

1. 设备的合理作用

设备的合理使用要做到以下几点:根据企业的生产特点和工艺要求,合理配备各种类型的设备;保持设备的工作精度;建立健全合理使用设备的规章制度和相应的责任制;加强生产现场管理,为设备创造一个良好的工作环境。

2. 设备的维护

设备维护的内容,主要包括:清洁、润滑、紧固、调整、防止锈(腐)蚀等。

(1)设备维护保养制。目前较多的企业实行的是三级保养制,即日常维护保养、一级保养和二级保养。

(2)点检制。设备点检按作业时间间隔和作业内容,可分为日点检和定期点检。

(3)设备点检按设备管理的层次,可分为"厂控"点检和一般点检。

(四)设备的修理

1. 设备修理类别

根据设备修理对设备性能的恢复程度、修理内容和修理工作量的大小,设备修理大体可分为三类,即小修、中(项)修的大修。

2. 设备维修制度

设备维修制度是指对设备进行维护、检查和修理所制订的制度。目前,多数企业实行的设备维修制度主要是计划预修制和计划保修制。

(五)设备故障管理

设备故障管理是指对故障要素(故障部位、现象、程度、时间、频率和原因等)进行全面有效的监测,诊断和控制,并采取相应的措施以消除故障。

1. 设备故障管理的内容

设备故障管理的内容主要有:故障记录、故障统计、故障分析、计划处理、计划实施、效果检查、成果登记、信息反馈。

2. 故障分析与改进

(1)平均故障间隔时间分析,简称 MTBF 分析,是指设备从发生故障之时起至下次故障为止的时间平均值分析。

(2)减少和消除故障的对策。主要有:技术对策、管理对策、教育对策。

（六）设备修理的组织

1. 设备修理组织形式

设备修理组织形式主要有：集中修理、分散修理和混合修理。

2. 设备修理组织方法

为了缩短设备修理的停工时间、提高设备的有效工作时间、降低修理费用，常采用以下几种设备修理的组织方法：部件修理法、分部修理法、同步修理法和网络计划法。

四、设备的更新与改造

（一）设备更新与改造的必要性

进行设备更新与改造的必要性体现在以下几点。

（1）进行设备更新与改造是社会需求发展变化的需要。

（2）进行设备更新与改造是提高企业综合效益的需要。

（3）进行设备更新与改造是企业生产组织形式发展变化的需要。

（4）进行设备更新与改造是提高设备综合效率、克服设备维修局限性的需要。

（二）设备更新

设备更新是指用技术上更先进、经济效益更显著的设备替换技术上陈旧落后不能再继续使用、经济上不宜再继续使用的设备。进行设备更新主要是进行“何时更新”和采用何种“更新方式”这两方面的决策。

1. 设备寿命与设备更新周期

设备寿命是指设备从投入生产开始，经过有形磨损和无形磨损，直至在技术上或经济上不宜继续使用，需要进行更新所经历的时间。设备寿命可从不同角度理解并进行分类。

（1）设备寿命的分类：设备的物质寿命、设备的技术寿命、设备的经济寿命。

（2）设备更新周期需要通过设备经济寿命的分析与计算予以确定。

2. 设备折旧

设备折旧是产品成本的组成部分，也是企业设备更新、改造资金的主要来源。设备折旧年限实际上就是设备投资的计划回收期。对企业来说，设备折旧的计提是否正确不仅直接影响企业当前的成本、利润水平，而且影响设备更新、改造的速度和企业的技术进步，并进而影响企业未来的成本水平和竞争能力。

3. 设备最佳更新周期的确定

一台设备的总费用主要包括折旧费和使用费，设备使用年限越长年平均折旧费越低，但年平均使用费用会随着设备劣化程度的加剧而增加；反之，使用年限越短年平均折旧费越高，但年平均使用费用下降。故年平均费用总额最低的年限即为设备的最佳更新周期。计算设备最佳更新周期的方法有库存模型法和年费用最小法等。

4. 设备更新的方式

(1)原型更新。

(2)技术更新。

(三)设备改造

设备的技术改造是指运用当代科学技术成果,根据企业生产、经营的需要,对原有设备进行局部改造,以改善其技术性能、提高其综合效率、补偿其无形磨损,使其局部或全部达到当代新设备的水平。

第五节　制造资源计划和企业资源计划

案例引入

信息化助力东南汽车"敏捷制造"

早上7时55分,地处福州市闽侯县青口投资区的颖西汽车内装工业有限公司载着门饰板的长长的小拖车又准时从厂区出发了,因为它要在早8时将货准时送到整车厂的流水线上。它要去的那家汽车制造商就是被喻为"汽车黑马"的东南(福建)汽车工业有限公司——迄今为止最大的海峡两岸汽车合资生产企业,由台湾最大的汽车企业裕隆企业集团所属的中华汽车公司与福建省汽车工业集团公司福州汽车厂各出资50%成立的。

颖西的陈佳庆副总经理告诉记者,小拖车每天要交货8次,以后要根据东南汽车的需要改为每天交货16次,平均每半小时交一次货。交货必须保证准时,不能早也不能迟,因为所有的时刻都已经排好了要送货的厂家,小拖车开到整车装配线上,如果东南汽车断线,配套厂迟交货1分钟要罚款600元,而东南厂的损失就决不止600元了。

陈佳庆副总经理的电话响了,接完电话他赶紧到东南汽车供应链网站的指定地点下载了一张东南汽车刚刚讨论修改完毕的配件清单走了出来。20分钟之后,他的员工已经按照新修改的清单要求在设计、制造产品了,这些产品同样会在5分钟的时间里运到东南汽车的生产线上。

"1995年,中华汽车和自己的100多家中下游企业来福州考察,第二年留下了30多家配套零部件企业,这些企业组成团队整体进入了位于福州闽侯县青口镇的'东南汽车城'。它们原本已经在台湾合作多年,之间根本不需要磨合,自然而然就与东南汽车的整车厂共存共荣。"陈佳庆说。东南汽车城是以成为中国模范汽车生产基地为目标规划的,整车厂与来自台湾的30家配套厂同时投入以建立完整的上、下游产业。

这种同类型企业扎堆发展的现象在经济学中被称为"群聚效应"。这些紧密相联的企业在占地近200万平方米的东南汽车城里依据方便运输的原则,根据零部件的体积和重量由近及远顺序排列,最近的运输距离只有几十米远。零部件不需要包装,不需要装车,一辆推车就送到线上，即用即送，即送即用。而且整车厂也不需要仓库，东南汽车基本上可以做到零库存。

生产"得利卡"和"富利卡"轻型客车的东南汽车如今又加入家用轿车市场的角逐，眼前是刚刚下线的"菱帅"轿车的巨幅广告，7年前要发展汽车工业，福建曾不被人看好。但正是这种"散、乱、差、小"的"先天不足"，反倒为台商和当地企业预留了发展的空间。事实上，东南汽车城里的整车厂和配套厂就是一个"敏捷制造"的典范。

得益于先进的"敏捷制造"生产模式，东南汽车在很短时间里就达到了九成的国产化率，成本降低，竞争力显著提高。1995年7月，东南汽车第一台新车投产下线，2002年产销量约达5万台，人均年产量26台、年产值373万元，平均销售收入增长达141%。

（资料来源：敏捷制造信息化助力（东南汽车），www.ciotimes.com。）

讨论：

分析东南汽车"敏捷制造"生产模式取得成功的原因。

让流程说话，流程是将说转化为做的唯一出路。

——战略专家姜汝祥

一、物料需求计划

物资需求计划即（Material Requirement Planning，MRP）是指根据产品结构各层次物品的从属和数量关系，以每个物品为计划对象，以完工时期为时间基准倒排计划，按提前期长短区别各个物品下达计划时间的先后顺序，是一种工业制造企业内物资计划管理模式。MRP是根据市场需求预测和顾客订单制定产品的生产计划，然后基于产品生成进度计划，组成产品的材料结构表和库存状况，通过计算机计算所需物资的需求量和需求时间，从而确定材料的加工进度和订货日程的一种实用技术。

（一）MRP的原理

1. 独立需求与相关需求

独立需求是指一项物料的需求与其他项的需求无关，例如对最终成品和产品的需求或维修服务行业对维修零部件的需求都属独立需求。与之相反，某些物料项目的需求取决于对另一些项目的需求，则对这些物料项目的需求为相关需求。例如，汽车制造工厂对汽车轮胎的需求量取决于汽车的产量，属相关需求。

2. MRP的原理

MRP的基本原理可归结为：

（1）从最终产品的主生产计划（Master Production Schedule，MPS）导出相关物料（原材料、零件、组件、部件等）的需求量和需求时间。

(2)根据物料的需求时间和生产(订货)周期来确定其投产(订货)时间。

(二)MRP 的工作逻辑

1. MRP 的目标

MRP 的目标是:保证按时供应用户所需产品,及时取得生产所需的原材料及零部件;保证尽可能低的库存水平;计划生产活动、交货进度与采购活动,使各车间生产的零部件、外购配套件与装配的要求在时间和数量上精确衔接。

2. MRP 的输入信息

MRP 系统有两种输入信息:

(1)生产计划(MRS)。它表示在计划期间每个时间段计划需求每种成品(产品)的数量。

(2)库存状态信息。库存状态信息应保存所有产品、零部件、在制品、原材料(统称为项目)的库存状态信息。

3. 产品结构信息

产品结构又称为零件(材料)需要明细表,如图 3-1 所示。图中用字母表示部件、组件,数字表示零件,括号中数字表示装配数。组件和零件中,有些是工厂自己生产的,有些可能是外购件,如果是外购件,如图 3-2 中的 E,则不必再进一步分解。

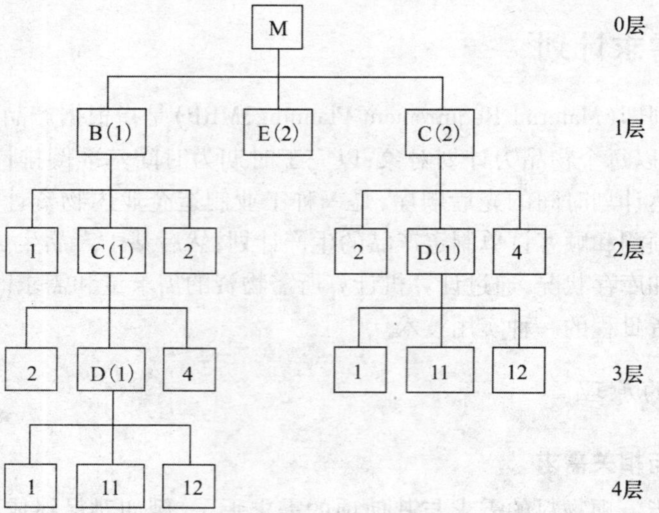

图 3-2 产品 M 的结构

4. MRP 的工作逻辑

MRP 的计算是根据反工艺路线的原理,按照主生产计划规定的产品生产数量及期限要求,利用产品结构、零部件和在制品库存情况、各生产阶段(或订购)的提前期、安全库存等信息,反工艺顺序地推算出各个零部件的出产数量与期限。由于它采用电子计算机辅助计算,因此具有三个主要特点。

(1)根据产品计划可以自动连锁地推算出制造这些产品所需的各部件、零件的生产任务。

(2)可以进行动态模拟。不仅可以计算出零部件需要数量,而且可以同时计算出它们生产的期限要求;不仅可以算出下一周期的计划要求,而且可推算出今后多个周期的要求。

(3)运算速度快,便于计划的调整与修正。

(三)MRP 的决策参数

1. 时间参数

(1)计划展望期。系统生成物料需求计划所覆盖的未来时间区间称为计划展望期。

MRP 计划展望期的长度要足以覆盖计划中物料的最长累计提前期,最长累计提前期是产品结构各层次上最长提前期之和。通过层层提前期求和找出最长路径,才能决定计划展望期。

(2)时间段(周期)。计划展望期被分成称为时间段的小时间区间,把各项目的需要量、预计到货量、可利用库存量、生产指令下达等一系列活动的连续时间分割为时间段,按时间段来组织生产作业。

2. 提前期

提前期是执行某项任务由开始到完成所消耗的时间。

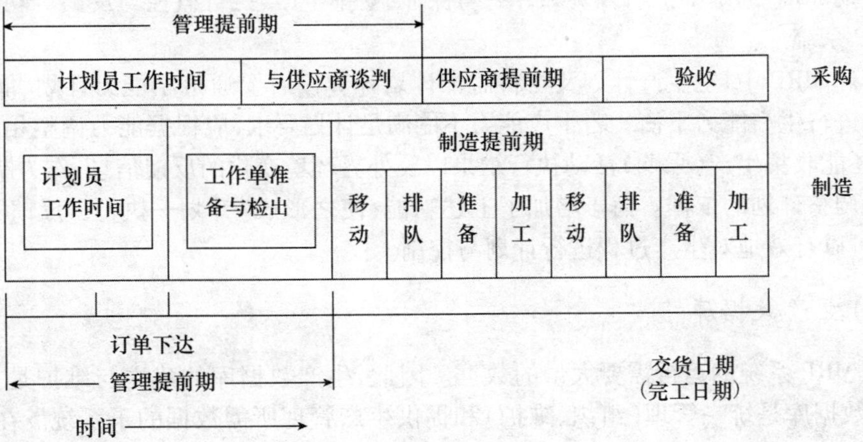

图 3－3　提前期的组成

在图 3－3 中,订单下达之前的一段时间称为管理提前期,用来计划和准备订单。采购件的提前期由管理提前期、供应商提前期与验收时间等组成。制造件的提前期是管理提前期以及制造工艺路线中的每道工序的移动、排队、等待与准备、加工时间之和。

计算 MRP 矩阵所用的提前期是计划提前期,而不是实际提前期。MRP 中所用的提前期,可凭经验公式估算,常用的经验方式是:

$$LT = 2N + 6$$

式中,N 为工序数。

3. 批量

在 MRP 计算中,常用的决定批量的方法分为静态方法和动态方法两类。

①静态方法就是保持订货数量为一常数。常用的静态方法有:固定批量法、经济订货批量。

②动态方法在不同周期订货数量可能变动。常用的动态方法有:直接批量法、固定周期批量法等。

4. 安全库存

为使生产经营活动正常进行,防止因需求或供应的波动引起缺货或停工待料,经常在仓库中各项目保持一定数量的计划库存量,称之为安全库存。安全库存是消除制造过程中不可预知变化的重要方法,但是,安全库存必然会增加库存费用。因此,需要确定一个适宜的安全库存水平。

二、闭环 MRP

(一)闭环 MRP 的处理过程

初期 MRP 还不够完善,其主要缺陷是没有解决如何保证零部件生产计划成功实施的问题。它缺乏对完成计划所需的各种资源进行计划与保证的功能,也缺乏根据计划实施实际情况的反馈信息、对计划进行调整的功能。

在初期 MRP 的基础上引入资源计划与保证、安排生产、执行监控与反馈等功能,形成闭环的 MRP 系统。

在闭环 MRP 中,主生产计划及物料需求计划计算以后要通过粗能力计划、能力需求计划等模块进行生产能力平衡。若生产能力不能满足计划要求,应根据能力调整相应的计划。同时,它还能收集生产(采购)活动执行结果以及外界环境变化的反馈信息,作为制订下一周期计划或调整计划的依据。由于增加了上述功能,使之形成“计划—执行—反馈”的生产管理循环,可以有效地对生产过程进行计划与控制。

(二)生产数据库

闭环 MRP 系统的运行需要大量的数据。因此,生产数据库的建立与维护是 MRP 的基础。生产数据库是统一管理(组织、维护)和提供生产管理所需数据的子系统。在生产数据中集中组织与管理的基础数据主要有以下几类。

1. 产品定义数据

对企业的产品加以定义,称为“项目”数据。数据内容为:项目号、项目名称、类型(产品、部件、零件、标准件等)、计量单位、批量、安全库存、提前期(安全提前期)、制造或采购代码、存放位置、低层代码、工艺路线号、所用材料标准及价格等。

2. 产品结构数据

产品结构数据(Bill of Materials, BOM)用以定义产品的结构,描述产品、部件、零件之间的装配关系与数量要求。它是物料需求计划产品拆零的基础。

3. 加工工艺数据

加工工艺数据可以分两级建立与维护,即工艺阶段数据和工艺路线数据。工艺阶段数据描述包括所在车间、提前期、起止工序、价格(或成本)增值及其他有关数据。

4. 工作中心(能力资源)数据

能力资源主要指人力资源及设备资源,为编制作业计划和进行能力平衡,需要按加工工艺特征,将能完成相同或相似工序的一组设备和(或)劳动力,划为一个中心,作业计划和进行能力平衡都围绕着工作中心进行。

5. 工厂日历

它是由普通日历除去周末休假、假日、停工和其他不生产的日子,并将日期表示为顺序形式而形成的日历。

(三)能力需求计划

在编制主生产计划时,一般都从总体上进行了能力平衡的核算工作。但是,年总负荷核算平衡时,每个生产周期、每个工作中心不可能全部都平衡。所以还要按较短的时间周期(如旬、周等)、更小的能力范围(如工作中心)进行详细的核算和平衡。

核算过程是根据来自 MRP 的零部件作业计划、生产数据库中的工作中心文件、工厂日历、工艺路线文件以及车间在制任务文件等信息,进行以下处理。

1. 编制工序进度计划

通过 MRP 展开已获得各零部件计划订单下达日期(开工日期)、计划订单入库日期(完工日期)以及数量,利用上述两个日期编制零(部)件工序进度计划。

2. 编制负荷图

当所有订单都编制了工序进度计划以后,以工作中心为单位编制负荷图。首先计算工作中心负荷。对每个工作中心按周期将各订单所需的负荷工时累加,获得各工作中心各周期的计划负荷需求。

同时,计算工作中心可用能力,每周期工作中心可用能力可用下式计算:

可用能力 = 机器数或操作人员数 × 每班工时 × 每日班数 × 每周工作日数 × 利用率 × 效率

然后,根据工作中心负荷及工作中心每周期可用能力,确定各工作中心的负荷与能力直方图及负荷分析报告。

3. 负荷与能力调平

如果大多数工作中心表现为超负荷或欠负荷,而且超欠量比较大,说明能力不平衡,应找出引起能力不平衡的因素,分析原因,逐个纠正。

在纠正存在问题以后,能力和负荷仍不平衡时就要通过增加或降低能力、增加或降低负荷,同时调整能力和负荷等方法,将能力与负荷调平。

(四)生活活动控制

通过能力需求计划、负荷与能力平衡处理,使各工作中心能力与负荷需求基本平衡。为组织生产活动、安排作业(派工)打下基础。在闭环 MRP 中生产活动控制的任务是:有效地组织生产活动，合理利用各种资源以保证各项订单任务完成；及时反馈生产活动进行状况的信息，并根据反馈信息对生产活动进行调整和控制，具体包括三方面内容。

(1)作业排序。

(2)任务下达。其过程如下：

①按工作中心建立可排序的作业集合，计划作业日期仅是一个推荐日期。订单能否按期下达还要事先检查下达任务的条件是否具备，这些条件主要指作业所需的原材料、零部件、工具、作业能力等。

②计算优先级。

③下达任务，根据优先顺序下达任务，输出作业分配表，现场操作人员根据作业分配表进行生产活动。

(3)信息反馈与生产控制。任务下达以后，理想的情况是完全按照所制订计划的要求，执行分配与的作业，按时完成订单。但是，在实际计划执行过程中很可能出现工作中心的生产落后于原计划或提前于原计划，如机器可能出现故障、人员缺勤、工件在转移过程中出现错误、出现次品等，均会使实际生产进度偏离计划要求。因此，必须监视每个工作中心的活动，及时反馈实际生产情况的信息，以便采取相应的对策进行控制。

三、制造资源计划和企业资源计划

制造资源计划简称为 MRPⅡ，它是在物料需求计划上发展出的一种规划方法和辅助软件。它是以物料需求计划为核心，覆盖企业生产活动所有领域、有效利用资源的生产管理思想和方法的人－机应用系统。

企业资源计划(Enterprise Resource Planning ，ERP) 是在 MRPⅡ的基础上，通过反馈的物流和反馈的信息流、资金流，把客户需要和企业内部的生产经营活动以及供应商的资源整合在一起，体现完全按用户需要进行经营管理的一种全新的管理方法。它是建立在资讯技术基础上，以系统化的管理思想，为企业决策层及员工提供决策运行手段的管理平台。企业资源计划也是实施企业流程再造的重要工具之一，是大型制造业所使用的公司资源管理系统。世界500强企业中有80%的企业都在用 ERP 软件作为其决策的工具和管理日常工作流程，其功效可见一斑。

(一)MRPⅡ系统的组成和特点

1. MRPⅡ系统的组成

在闭环 MRP 完成对生产的计划与控制的基础上，进一步扩展将企业的生产制造、财务会计、市场营销、采购供应以及信息管理等各个部门纳入整体管理之中，形成 MRPⅡ系统。

2. MRPⅡ系统的特点

MRPⅡ系统的特点主要表现在以下方面：

(1)计划的一致性和可执行性。

(2)数据共享性。

(3)动态应变性。

(4)模拟预测性。

(二)ERP 系统

1. ERP 的概念

ERP 是一个使财务、分销、制造和其他经营业务达到均衡协调的应用软件系统。ERP 的核心管理思想就是实现对供应链的有效管理。

2. ERP 系统与 MRPⅡ的区别

ERP 是在 MRPⅡ基础上进一步发展起来的企业管理信息系统,ERP 与 MRPⅡ之间的区别主要表现在:

(1)在资源管理范围方面的差别。MRPⅡ主要侧重对企业内部人、财、物等资源的管理;ERP 系统提出了供应链概念,即把客户需求和企业内部的制造活动以及供应商的制造资源整合在一起,并对供应链上的所有环节进行有效管理。

(2)在生产方式管理方面的差别。MRPⅡ主要适用于离散型制造企业;ERP 不仅能支持离散型制造业,也支持连续型生产和服务型企业。

(3)在管理功能方面的差别。ERP 增加了支持整个供应链上物料流通体系中供、产、需各个环节之间的运输管理和仓库管理,支持生产保障体系的质量管理、实验室管理等。

(4)在跨国(或地区)经营事务处理方面的差别。ERP 可以支持跨国经营的多国家地区、多工厂、多语种、多币制应用需求。

3. 实施 ERP 的基本条件

ERP 是一种在市场经济条件下组织现代化大生产的技术,一种科学的管理工具。它的实施在宏观上有赖于市场经济的完善。

在微观层面上实施 ERP 除需要计算机硬件、软件系统以外,还需要以下基本条件。

(1)客观需要是企业实施 ERP 的动力。企业要实施 ERP 系统必须有明确的目的和需求,才能有的放矢引入所需要的系统并坚持实施。

(2)组成以企业主管领导为首的决策机构,是实施成功的重要条件。

(3)完整和准确的数据是 ERP 实施的基础。

(4)教育培训提高职工队伍素质,是实施 ERP 的重要保证。

第六节 准时化生产方式与精益生产方式

案例引入

三鸥公司的精益生产

三鸥公司是一家以生产钻夹头为主的企业,经过十几年的打拼已成为继美国 Jacobs、德国 Rohm 两大钻夹头制造集团之后,钻夹头生产量位列世界第三的钻夹头制造商。

有着 16 年钻夹头生产史的三鸥公司,过去的生产模式十分传统,完全靠简单机械加工,特别是管理方式几近“原始”:头一天没有完成的产品以及工具要入库,隔天再由工人领出来继续加工。

这种落后的方式导致的结果是,许多员工把大量的时间花在制品出库和入库上,既增加了管理难度,又占用了生产场地,降低了生产效率。

后来,该公司聘请了专业咨询机构到厂指导,对各类产品的工艺流程进行梳理,并用秒表计算每一道工序,绘制成样板线。这之后,无论哪个岗位的员工从事哪道工艺流程都可按图索骥,在精益生产模式下完成生产任务。

样板线的成功坚定了三鸥革新的决心和恒心。之后,精益生产在公司2 000多名员工中全面实施,并很快完成了流程再造,取得了显著成效。

在该企业一个生产车间里,技术员向记者介绍,公司规定每天实施精益生产,一日都不隔断。在线员工只要一按呼叫灯,就会有专职员工前来配送物料,品质管理员、机修、电工和线长也会视情况上线服务,使线上员工专注于生产,降低无效劳动,实现生产效率最大化。

与实施精益生产前比较,一年多时间里三鸥公司库存量降低了72%,流动资金节省近1 600万元。过去,公司里有9个仓库,现在只需原材料和成品两个仓库,腾出的1万多平方米仓库变成了生产车间。为了配合样板线建立,提高设备自动化率,公司还购置了新装备,人均生产效率提高30%。由于生产流程的优化,节省出200台设备,重新组线15条,降低了设备重复购买率,每年增加生产能力50万件。三鸥实施精益生产以来,各种成本降低了,产品利润率增加了5%。

(资料来源:三鸥股份有限公司实行精益生产,盖世汽车资讯,http://auto.gasgoo.com。)

讨论:

精益生产与传统生产方式的区别在哪里?

细节的不等式意味着1%的错误会导致100%的错误。

——《细节决定成败》,汪中求

准时化生产方式(Just In Time, JIT)是日本在20世纪五六十年代研究和开始实施的生产管理方式,是一种有效地利用各种资源、降低成本的准则,其含义是:在需要的时间和地点生产必要数量和完美质量的产品和零部件,以杜绝超量生产,消除无效劳动和浪费,达到用最少的投入实现大量产出的目的。

JIT系统以准时生产为出发点,首先揭示出生产过量的浪费,进而暴露出其他方面的浪费(如设备布局不当、人员过多),然后对设备、人员等资源进行调整。如此不断循环使成本不断降低,计划和控制水平也随之不断提高。

20世纪80年代,随着日本企业在国际市场竞争中的成功,准时化生产方式被作为日本企业成功的秘诀受到广泛的关注,现在JIT已在许多国家推广、运用,它是精益生产方式的核心。

一、准时化生产方式的组成和目标

（一）准时化生产方式的组成

JIT 生产方式由三方面组成。

1. JIT 生产方式的新思维

JIT 之所以成功，首先是由于它大胆地向传统管理观念提出了挑战，使得生产管理的观念发生了巨大的变化。JIT 生产方式的新思维是 JIT 最基本的方面。

2. JIT 生产系统设计与计划技术

为达到准时生产、杜绝浪费、合理利用资源，在 JIT 系统中要进行广义的生产系统设计。JIT 生产系统设计与计划技术体现 JIT 的新思维，同时为 JIT 的生产现场管理与控制打下基础。

3. JIT 生产现场管理

JIT 的零部件权当后续工序提出要求时才生产，是一种“拉动”的生产方式，后工序需要多少前工序就生产或供应多少。它将传统生产过程中前道工序向后工序送货，改为后道工序根据“看板”向前道工序取货。看板系统是 JIT 生产现场控制技术的核心。

（二）准时生产的目标

JIT 方式的目标是彻底消除无效劳动造成的浪费。用专业化的术语来说明，JIT 寻求达到以下目标：废品量最低（零废品）；准备时间最短（零准备时间）；库存量最低（零库存）；搬运量最低；机器损坏率低；生产提前期短；批量小。

二、准时化生产系统设计与计划技术

JIT 系统是建立在一系列生产管理技术的基础上，这些技术主要涉及五个方面。

（一）快速应变的产品设计

产品设计应满足市场的需求是 JIT 方式的基本原则。为适应市场多变的要求，产品范围应不断拓宽，传统生产系统中产品范围扩大一般要增加工艺的变化范围，使加工过程更复杂。在 JIT 方式中，试图通过产品的合理设计使产品易生产、易装配。当产品范围增加时，力求维持工艺过程不增加，具体采用的方法如下。

（1）一种基本型、多种变型的产品设计。在产品基本型的基础上，改动少量零部件，形成各种变型产品，用以满足不同需求。由于基型与各种变型之间存在大量通用件，生产过程相对可以简化。

（2）模块化设计。

（3）设计时应考虑易实现生产自动化，使装配过程由一系列挑选—放置操作来完成，以便实现装配自动化。

（4）新设计的产品尽量采用通用件、标准件或采用通用设备、通用工具生产的零部件。

(二)均衡化生产

达到准时生产,其基础为均衡化生产,即平均制造产品,使物流在各作业之间、生产线之间、工序之间、工厂之间平稳、均衡地流动。

均衡生产是实现生产过程同步化的基础。JIT 生产新思维是要将多品种的批量轮番生产以大量流水、同步化生产的方式来完成。这里的关键是缩短作业准备时间,作业准备时间越短加工批量就可以越小,材料和零部件在生产过程中的停放和等候时间就越短,流动就越顺畅、越连续,整个生产过程就越接近于流水状态。

流水生产是以接近恒定的生产率进行生产的,而多品种、成批轮番生产能否实现稳定日产率、能否以日甚至更短的时间周期制订出稳定的作业计划是 JIT 均衡生产要解决的问题。

为达到均衡化,在 JIT 中采用月计划、日计划、并根据需求变化及时调整计划。

1. 月计划

JIT 月计划是根据三个月的生产计划和月需求预测,确定月生产的产品品种及每种产品的产量。月计划确定后,可以将产量均分配到每个工作日,形成每日平均产出量。

2. 日计划

为了在日计划中均匀分布各种产品的生产,达到品种平均,在生产中常采用混流生产模式(混合流水线),即在一定时间内同时生产几种产品。

按实际需求调整日计划是 JIT 的思想,JIT 系统除了向总装配工序提出顺序计划外,不向其他工序提供计划,对总装配之外的生产工序利用“看板”进行现场控制。

(三)持续地降低在制品库存

在制品库存一般可分为三类,即运输在制品、周转在制品和安全在制品。降低在制品的库存应分别对这三种类型采取措施。

(1)降低运输在制品。所谓运输在制品是指处在移动和等待状态的在制品。

(2)降低周转批量。周转在制品的形成是由于加工批量太大。而加工批量大的原因是准备时间长和准备成本高。减产准备时间(即降低准备成本)可使批量降低。JIT 的实践表明,缩短准备时间,是实现小批量以至单件流水生产的关键。

(3)降低安全在制品。安全在制品是为防止前后工序在加工时间的变异性和不匹配性可能造成的生产中断而设立的,其作用是使生产过程保持均衡稳定。

(四)生产资源的优化

JIT 生产资源的优化包括充分调动工人的积极性,实现“少人化”和提高设备柔性两个方面。

(1)调动工人的积极性。在 JIT 生产方式中,设备常按 U 形成组加工单元形成布局,在一个加工单元中往往包括多种工艺设备。

(2)提高设备柔性。JIT 在产品设计时就考虑加工问题,发展多功能设备使之能提供满足市场不同需求的加工能力。多功能机器应能支持 JIT 生产,并有利于生产的稳定,这种概念的发展就形成了柔性加工中心或柔性制造系统。

(五)JIT的质量控制

JIT方式中强调全面质量控制(TQC),目前是消除不合格品,消除可能引起不合格品的根源,并想办法解决问题。

检验人员的任务是防止不合格品,而不是简单的检出不合格品,设计能自动检出不合格品的机器,这种机器应有两个功能:机械化检出不正常或不合格品;当不合格品或不正常情况发生时能自动停机或停线。不合格品发生时让机器停止,迫使人们调查问题的原因,进行改正,防止再发生类似的问题。

三、准时化生产的现场控制——看板管理

(一)JIT的现场"拉动"方式

1."推动式"与"拉动式"

"推"和"拉"是两种不同的作业管理系统。

(1)推动式。一般的作业管理系统采用推动方式。它是根据主生产计划的要求,确定每个零部件的投入产出计划,按计划发出生产和订货指令。每一工作中心按计划制造工件,并将加工完的工件送到后续工序工作中心,不管后续工序工作中心当时是否需要。

(2)拉动式。它由代表顾客需求的订单开始,根据市场需求制订主生产计划和总装顺序计划,从产品总装配出发,每个工作中心按照当时对零部件的需要,向前一工序提出要求,发出工作指令,前工序工作中心完全按照这些指令进行生产,这样反工艺顺序地逐级"拉动"前面的工作中心,甚至"拉"到供应厂或协作厂。"拉动"是靠看板系统来实现的,看板起到指令的作用。

2."一个流"生产

"拉动式"系统要求各工作中心同步化,每条生产线都应与装配节拍一致组织同步,每条生产线的每道工序要同步,后工序来取走,前工序不中断加工,生产线只保留必要的在制品储备。

"一个流"生产是同步化生产的高级形式,它是指在生产线内任何两道工序间流的在制品数不得超过紧前工序的装夹数。一般流动的在制品为一件,简称"一个流"。实现"一个流"生产要求生产必须按节拍进行,按标准操作规程操作。

(二)看板管理

1.看板及其在生产现场控制中的应用

看板管理是一种生产现场物流控制系统,它是通过看板的传递或运动来控制物流的一种方法。

JIT生产作业计划的主要特征是:它只向总装配指示顺序计划,除此之外不再向其他加工工序指示顺序计划。但是,应该尽量使总装之前的各工序,即加工工序、毛坯工序、外协及

供应部门等，都大体了解本工序（部门）每月需要生产（供应）的数量。此数量不一定要求准确，但可以作为各大工序作业的大致目标，有利于他们进行作业准备和作业安排。

这样，在现场除总装配以外，其他工序都不领取生产计划表。也可以说，对各加工、子装配过程没有统一的生产指示，他们需要生产什么、生产量多少、何时工作等都由看板进行控制。

2. 看板的形式和分类

实际生产管理中使用的看板形式很多，常见的有塑料夹内装的卡片或类似的标识牌、运送零件小车、工位器具或存件箱上的标签、指示部件吊运场所的标签、流水生产线上各颜色的小球或信号灯、电视图像等。

看板根据功能和应用对象的不同进行分类，如图 3－4 所示。

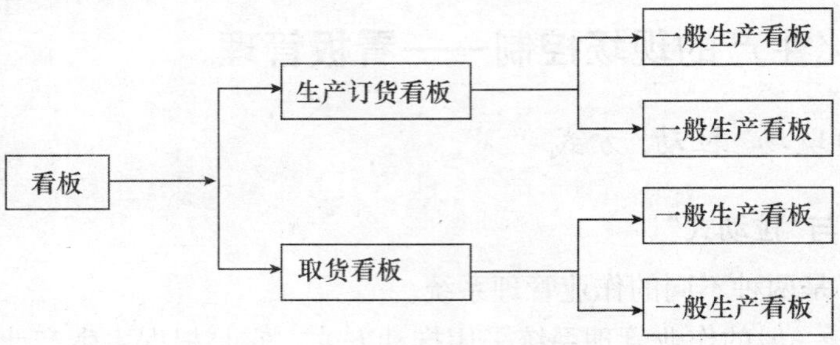

图 3－4　看板的分类

各类看板的功能，内容分述如下。

（1）生产订货看板指在一个工厂内，指示某工序加工制造规定数量工作所用的看板。它有两种类型：一般的生产看板，指出需加工件的件件号、件名、类型、工序存放位置、工件存放位置、工件背面编号、加工设备等；三角看板，指出需加工工件号、名称、存放位置、批量及货盘数、再订购点及货盘数、加工设备等。

（2）取货看板，后工序的操作者按看板上所列件号、数量等信息，到前工序（或协作厂）领取零部件的看板。取货看板又可分为两种类型：工序间取货看板，它指出应领取的工件件号、件名、类型、工件存放位置、工件背面编号、紧前加工工序号、紧后加工工序号等，是厂内工序间的取货凭证；外协取货看板，它除了指出有关外协件特征信息外，还指出本企业名称、外协厂名、交货时间、数量等，用做向固定的协作厂取货的凭证。与传统的大生产方式不同，其特色是“多品种”“小批量”。

四、精益生产

（一）精益生产的含义和内容

1. 精益生产的含义

精益生产方式是指运用多种现代管理方法和手段，以社会需要为依据，以充分发挥人的积极性为根本，有效配置和合理使用企业资源，以彻底消除无效劳动和浪费为目标，最大限度地为企业谋取经济效益的生产方式。

2. 精益生产的主要内容

精益生产主要内容可概括如下。

(1)在生产系统方面，一反大量生产方式下的作业组织方法，以作业现场具有高度工作热情的"多面手"(具有多种技能的工人)和独特的设备配置为基础，将质量控制融汇到每一生产工序中去；生产起步迅速，能够灵活敏捷地适应产品的设计变更、产品变换以及多品种混合生产的要求。

(2)在零部件供应系统，采取与大量生产方式截然不同的方法，在运用竞争原理的同时与零部件供应厂家保持长期稳定的全面合作关系，包括资金合作、技术合作以及人员合作(派遣、培训等)，形成一种"命运共同体"。

(3)在产品的研究与开发方面，以并行工程和团队工作方式为研究开发队伍的主要组织形式和工作方式，以"主查"负责制为领导方式，强调产品开发、设计、工艺、制造等不同部门之间的信息沟通和同时并行开发，这种并行开发还扩大至零部件供应厂家，充分利用它们的开发能力，以缩短开发周期降低成本。

(4)在流通方面，与顾客及零售商、批发商建立一种长期的关系，使订货与工厂生产系统直接挂钩；极力减少流通环节的库存，以迅速、周到的服务最大限度地满足顾客的需要。

(5)在人力资源的利用上，形成一套劳资互惠的管理体制，并以 QC 小组、提案制度、团队工作方式、目标管理等一系列具体方法调动和鼓励职工进行"创造性思考"的积极性，并注重培养和训练工人以及管理人员的多方面技能，由此提高职工的工作热情和工作兴趣。

(6)从管理观念上说，总是把现有的生产方式、管理方式看做是改善的对象，不断地追求进一步降低成本、降低费用、质量完善、缺陷为零、产品多样化等目标，追求尽善尽美。追求快速反应，即快速应对市场的变化。精益生产方式成功的关键是把企业的内部活动和外部的市场(顾客)需求和谐地统一于企业的发展目标中。

总而言之，这是一种资源节约型、劳动节约型的生产方式。

(二)精益企业

全面实行精益生产的企业是精益企业。精益企业包括以下五个方面的含义。

(1)产品。产品必须精细。

(2)生产过程。要加快生产过程，提高对市场变化的响应速度。

(3)工厂布置。尽可能少地占用并最有效地利用土地和空间。

(4)组织。精益企业具有全新的组织以及人际关系，在企业内部不仅要求彻底改变机构臃肿、人浮于事的状态，而且要对劳动分工作出调整。

(5)环境。精益企业是污染小的企业，这也是精益的一个含义。

第七节　企业质量管理

案例引入

损失80万元的启示

1993年12月，浙江正泰集团的一批产品出口到希腊。船期定好了，在临装箱前发现了一些并不太严重的质量问题，为此，他们坚决不让发货，全部重新开箱检验。误了船期，而交货日期在即。为了抢时间，改海运为空运，损失达80万元。正泰人却说："我们的牌子和信誉不只值80万元。"正泰人视品牌、质量为生命，视人品为生命中的生命。他们以自己的人格为力量，营造出一支"正泰"集团军。

正泰集团为了确保产品质量，不惜花巨资构筑质量系统工程建立了完善的质量保证体系。其阵容可观的质检队伍和技术先进的检测设备使各项质量活动形成制度化、程序化。1994年，在各企业普遍缺乏资金、不惜高利息借贷资金维持生产时，正泰毅然投入500万元创办了具有国内一流水平的产品检测中心。1994年，正泰首批在全国低压电器行业中通过了ISO 9000国际质量体系认证，同时还先后通过了美国UL认证、国际CB安全认证、荷兰KEMA认证、比利时CEBEC认证和芬兰FI认证等。为了创"正泰"的质量名牌，他们不惜代价先后投入5 000万元建立了技术开发中心和电器研究所，运用CAD、CAM计算机辅助设计系统进行高科技智能化电器产品的开发研制。"正泰"低压电器终于被社会认可：CJX2系列荣获布鲁塞尔尤里卡国际金奖；CJ系列被评为"浙江省名牌产品"；DW17系列、CJ24系列、RT系列通过了1995年国家科委新产品鉴定。"正泰"产品已成为保险公司的"保险产品"，并成为"重塑温州电器新形象"的带头羊。

质量是企业的生命，是企业赖以生存的基础。要用长期发展的眼光去抓质量，切忌质量管理的短期行为。尽管一次事故损失了80万元，但未来将会赢得更多的80万元！

（资料来源：《青岛科技大学企业管理学案例集》，http://jpkc.qust.edu.cn/index。）

讨论：

企业质量管理的重要意义及作用。

20世纪是生产率的世纪，21世纪是质量的世纪。

——约瑟夫·朱兰

一、质量的概念以及特性

（一）质量的概念

人们通常所说的质量往往是指物品的好坏，即产品质量。产品质量也就是指产品本身的使用价值,即产品适合一定用途、满足人们的一定需要所具备的自然属性或特性。这些特征表现为产品的外观、手感、音响、色彩等外部特征,也包括结构、材质、物理、化学性能等内在特征,这是狭义的质量概念,即特指产品质量。

产品质量的好坏不能单凭直觉来判断,而必须有一套科学的标准。为衡量产品质量而判定的技术尺度就是质量标准。它的主要内容有:产品名称;产品用途;规格和使用范围;对该产品各种专门的技术要求;检验工具;检验方法或测试手段。对有些产品还需制订包装和运输等方面的要求。符合质量标准的产品就是合格品,不符合质量标准的产品就是不合格品。质量标准有国际标准、国家标准、部颁标准和企业标准。

广义的质量概念是指产品质量、工程(工序)质量和工作质量的总和,亦称全面质量。它是比产品质量具有更深刻、更全面的含义。

(二)质量的特性

从质量的概念中可以理解到:质量的内涵是由一组固有特性组成,并且这些固有特性是以满足顾客(顾客可以是产品购买者、下道工序、产品最终使用者等,是广义的)及其他相关方所要求的能力加以表征的。质量具有经济性、广义性、时效性和相对性。

1. 质量的经济性

由于要求汇集了价值的表现,物美价廉实际上是反映人们的价值取向。物有所值,就表明质量有经济性的表征。虽然顾客和组织关注质量的角度不同,但对经济性的考虑是一样的。高质量意味着以最少的投入能获得最大效益的产品。

2. 质量的广义性

在质量管理体系所涉及的范畴内,组织的相关方对组织的产品、过程或体系都可能提出要求。而产品、过程和体系又都具有固有特性,因此,质量不仅指产品质量,也可指过程和体系的质量。

3. 质量的时效性

组织的顾客、其他相关方对组织和产品、过程、体系的需求和期望是不断变化的。例如原先被顾客认为质量好的产品会因为顾客要求的提高而不再受到顾客的欢迎。因此,组织应不断地调整对质量的要求。

4. 质量的相对性

组织的顾客和其他相关方可能对同一产品的功能提出不同的需求;也可能对同一产品的同一功能提出不同的需求。需求不同,质量要求也就不同。只有满足需求的产品才会被认为是质量好的产品。

质量的优劣是满足要求程度的一种体现。须在同一等级基础上作比较,不能与其他等级混淆。等级是指对功能用途相同但质量要求不同的产品、过程或体系所做的分类或分级。

二、质量管理的基本概念

质量管理是指在质量方面指挥和控制组织的协调的活动。在质量方面的指挥和控制活动，通常包括制订质量方针和质量目标及质量策划、质量控制、质量保证和质量改进。

（一）质量方针和质量目标

质量方针是指由组织的最高管理者正式发布的该组织总的质量宗旨和质量方向。质量方针是企业经营总方针的组成部分，是企业管理者对质量的指导思想和承诺。企业最高管理者应确定质量方针并形成文件。质量方针的基本要求应包括供方的组织目标和顾客的期望和需求，也是供方质量行为的准则。

质量目标是组织在质量方面所追求的目的，是组织质量方针的具体体现，目标既要先进，又要可行，便于实施和检查。

（二）质量策划

质量策划是质量管理的一部分，致力于制订质量目标并规定必要的运行过程和相关资源以实现质量目标。质量策划幕后关键是制订质量目标并设法使其实现。质量目标在质量方面所追求的目的，其通常依据组织的质量方针制订。并且通常对组织的相关职能和层次分别规定质量目标。

（三）质量控制

质量控制是质量管理的一部分，致力于满足质量要求。作为质量管理的一部分，质量控制适用于对组织任何质量的控制，而不仅仅限于生产领域；适用于产品的设计、生产原料的采购、服务的提供、市场营销、人力资源的配置，涉及组织内几乎所有的活动。

质量控制的目的是保证质量，满足要求。为此，要解决要求（标准）是什么、如何实现（过程）、需要对哪些进行控制等问题。质量控制是一个设定标准（根据质量要求）、测量结果，判定是否达到了预期要求，对质量问题采取措施进行补救并防止再发生的过程，质量控制不是检验。总之，质量控制是一个确保生产出来的产品满足要求的过程。

（四）质量保证

质量保证是质量管理的一部分，致力于提供质量要求会得到满足的信任。质量保证定义的关键词是“信任”，对达到预期质量要求的能力提供足够的信任。这种信任是在订货前建立起来的，如果顾客对供方没有这种信任则不会与之订货。质量保证不是买到不合格产品以后保修、保换、保退。保证质量、满足要求是质量保证的基础和前提，质量管理体系的建立和运行是提供信任的重要手段。因为质量管理体系将所有影响质量的因素，包括技术、管理和人员方面，都采取了有效的方法进行控制，因而具有减少、消除、特别是预防不合格的机制。组织规定的质量要求包括产品的、过程的和体系的要求，必须完全反映顾客的需求，才能给顾客以足够的信任。因此，质量保证要求，即顾客对供方的质量体系要求往往需要证实，以使顾客具有足够的信任。证实的方法可包括：供方的合格声名；提供形成文件的基本证据（如质量手册、第三方的型式检验报告）；提供由其他顾客认定的证据；顾客亲自审核；由第三方进行审核；提供经国家认可的认证机构出具的认证证据（如质量体系认证证书或名录）。质量保证是在有两方的情况下才存在，由一方向另一方提供信任。由于两方的具体情况不同,质量保证分为内部和外部两种。内部质量保证是组织向自己的管理者提供信任;外部质量保证是组织向顾客或其他方提供信任。

(五)质量改进

质量改进是质量管理的一部分,致力于增强满足质量要求的能力。作为质量管理的一部分,质量改进的目的在于增强组织满足质量要求的能力,由于要求可以是任何方面的,因此,质量改进的对象也可能会涉及组织的质量管理体系、过程和产品,可能会涉及组织的方方面面。同时,由于各方面的要求不同,为确保有效性、效率或可追溯性,组织应注意识别需要改进的项目和关键质量要求,考虑改进所需的过程,以增强组织体系或过程实现产品并使其满足要求的能力。

三、质量管理体系

(一)质量管理体系基础术语

1. 质量手册

质量手册规定组织质量管理体系的文件。质量手册的内容是质量管理体系。组织编制质量手册的目的是通过文件的形式来规定组织的质量管理体系。满足 GB/T19001－2000 标准要求的质量手册的内容至少应包括:质量管理体系的范围、为质量管理体系编制的形成文件的程序或对其引用、质量管理体系过程之间相互作用的描述。

2. 质量管理体系

质量管理体系是在质量方面指挥和控制组织的建立方针和目标并实现这些目标的相互关联或相互作用的一组要素。质量管理体系的作用是用以指挥和控制组织质量方针、目标的建立与实施,目的是实现质量目标,结构和内容是相互关联或相互作用的一组要素。2000 版 ISO 9000 族标准适用所有行业和各种规模的组织。

3. 质量管理程序

质量管理程序是指为进行某项活动或过程所规定的途径。

4. 质量管理记录

质量管理记录阐明所取得的结果或提供完成活动的证据的文件。记录可用于为可追溯性提供文件,并提供验证、预防和纠正措施的证据。通常记录不需要控制版本。

(二)八项质量管理原则

八项质量管理原则是 2000 版 ISO 9000 族标准的理论基础。其主要目的是帮助管理者系统建立质量管理理念,真正理解 ISO 9000 族标准的内涵,提高管理水平。还可以对组织的其他管理活动提供帮助和借鉴,促进组织建立一个其全面业绩的管理体系。

1. 以顾客为关注焦点

组织依存于顾客。因此,组织应当理解顾客当前和未来的需求,满足顾客要求并争取超越顾客期望。应用该原则,组织应采取如下活动:调查、识别并理解顾客的需求和期望;确保组织的目标于顾客的需求和期望相结合;确保在整个组织内沟通顾客的需求和期望;测量顾客的满意程度并根据结果采取相应的活动或措施;系统地管理好与顾客的关系。

2. 领导作用

领导者确立组织统一的宗旨及方向。他们应当创造并保持使员工充分参与实现组织目标的内部环境。运用“领导作用”原则,组织应采取下列措施:考虑所有相关方的需求和期望;为本组织的未来描绘清晰的远景,确定富有挑战性的目标(可测性、挑战性、可实现性);在组织的所有层次上建立价值共享、公平公正和道德伦理观念;为员工提供所需的资源和培训,并赋予其职责范围内的自主权。

3. 全员参与

各级人员都是组织之本,只有他们的充分参与才能使他们的才干为组织带来收益。运用“全员参与”原则,组织应采取下列措施:让每个员工了解自身贡献的重要性及其在组织中的角色;以主人翁的责任感去解决各种问题;使每个员工根据各自的目标评估其业绩状况;使员工积极地寻找机会增强他们自身的能力、知识和经验。

4. 过程方法

将活动和相关的资源作为过程进行管理,可以更高效地得到期望的结果。运用“过程方法”原则,组织应采取下列措施:为了取得预期的结果,系统地识别所有的活动;明确管理活动的职责和权限;分析和测量关键活动的能力;识别组织职能之间与职能内部活动的接口;注重能改进组织的活动的各种因素,诸如资源、方法、材料等。

5. 管理的系统方法

将相互关联的过程作为系统加以识别、理解和管理,有助于组织提高实现目标的有效性和效率。运用“管理的系统方法”原则,组织应采取下列措施:建立一个体系,以最佳效果和最高效率实现组织的目标;理解过程内各过程的相互依赖关系;更好地理解为实现共同的目标所必须的作用和责任,从而减少职能交叉造成的障碍;理解组织的能力,在行动前确定资源的局限性;设定目标,并确保如何运做体系中的特殊活动;通过测量和评估,持续改进体系。

6. 持续改进

持续改进总体业绩应当是组织的一个永恒目标。运用“持续改进”原则,组织应采取下列措施:在整个组织范围内使用一致的方法持续改进组织的业绩;为员工提供有关持续改进的方法和手段的培训;让数据/信息需要者能得到数据/信息;将产品、过程和体系的持续改进作为组织内每位成员的目标;建立目标以指导、测量和追踪持续改进。

7. 基于事实的决策方法

有效决策是建立在数据和信息分析的基础上的。运用“基于事实的决策方法”原则,组织应采取下列措施:确保数据和信息足够精确和可靠;让数据/信息需要者能得到数据/信息;使用正确的方法分析数据;基于事实分析,权衡经验与直觉,作出决策并采取措施。

8. 与供方互利的关系

组织与供方是相互依存的，互利的关系可增强双方创造价值的能力。

运用“与供方互利的关系”原则，组织应采取下列措施：在对短期收益和长期利益综合平衡的基础上，确立与供方的关系；与供方或合作伙伴共享专门技术和资源；识别和选择关键供方；清晰与开放的沟通；对供方的改进和取得的成果进行评价并予以鼓励。

（三）质量管理体系基础

1. 质量管理体系方法

质量管理体系方法是为了帮助组织致力于质量管理，建立一个协调的、有效运行的质量管理体系，从而实现组织的质量方针和目标而提出的一套系统而严谨的逻辑步骤和运作程序。它是将质量管理原则——“管理的系统方法”应用于质量管理体系研究的结果。

建立和实施质量管理体系方法包括以下步骤：确定顾客和其他方的需求和期望；建立组织的质量方针和质量目标；确定实现质量目标必需的过程和职责；确定和提供实现质量目标必需的资源；规定测量每个过程的有效性和效率的方法；应用这些测量方法确定每个过程的有效性和效率；确定防止不合格并消除产生原因的措施；建立和应用持续改进质量管理体系的过程。

2. 过程方法

任何使用资源将输入转化为输出的活动或一组活动可视为一个过程。通常情况下，一个过程的输出直接成为下一个过程的输入。系统地识别和管理组织所应用的过程，特别是这些过程之间的相互作用，被称为过程方法。它是建立质量管理体系的具体方法，由此形成了以过程为基础的 PDCA 质量管理体系模式（如图所示）。

PDCA 质量管理循环保证体系是由美国质量管理专家戴明提出的，所以又称“戴明环”。它是由英语 Plan（计划）、Do（实施）、Check（检查）、Action（处理）四个词的第一个字母组成的。PDCA 循环保证体系反映了质量管理工作必须经过的四个阶段，也体现了全面质量管理的思想方法和工作程序。

PDCA 循环包括的四个阶段和八个工作步骤。

计划阶段（P）：①分析现状，找出质量问题；②分析产生问题的原因；③从各种原因中找出影响质量的主要原因；④制订计划，制订措施。

实施阶段（D）：⑤执行计划，落实措施。

检查阶段（C）：⑥检查计划执行情况和措施实行效果。

处理阶段（A）：⑦把有效措施纳入各种标准或规程中加以巩固，无效的不再实施。⑧将遗留问题转入下一个循环继续解决。

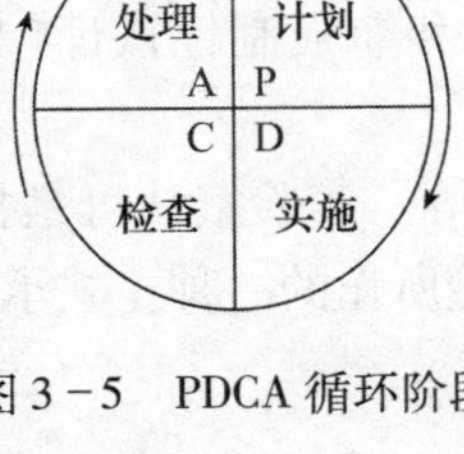

图 3－5　PDCA 循环阶段

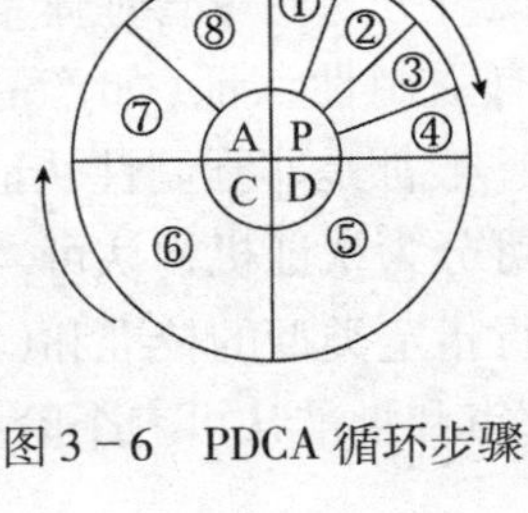

图 3－6　PDCA 循环步骤

PDCA 循环运转时，有以下特点。

大环套小环，一环扣一环；小环保大环，推动大循环。整个企业，各科室、车间、工段、班组和个人都有自己的 PDCA 管理循环，所有的循环圈都在转动，并且相互协调、互相促进。上一级循环是下一级循环的依据，下一级循环是上一级循环的组成部分和具体保证。

管理循环如同爬楼梯一样螺旋式上升，每转动一圈就上升一步，就实现一个新的目标，不停转动就不断提高。如此反复不断地循环，质量问题不断得到解决，管理水平、工作质量和产品质量就步步提高。

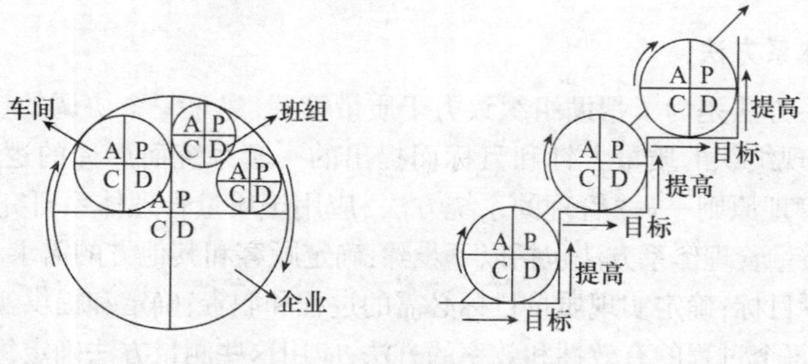

图 3－7　PDCA 循环运转特点

管理循环是综合性循环，四个阶段划分是相对的，不能机械地把它们分开，而要紧密衔接，而且各阶段之间存在一定的交叉。实际工作中，往往是边计划边执行，边执行边检查，边检查边处理，边处理边调整计划。质量管理工作正是在这样的循环往复中达到预定目标的。

管理循环关键在于“A”阶段，只有把成功的经验和失败的教训都纳入各项标准、规程和制度中，才能使今后的工作少走弯路和不断提高。

四、质量认证

（一）合格评定

“合格评定”是指对产品、过程或体系满足规定要求的程度所进行的系统检查和确认活动。WTO/TBT 协定（世界贸易组织关于技术壁垒协定）更明确地指出了合格评定是指“为证明符合技术法规和标准而进行的第一方自我声明、第二方验收、第三方认证以及认可的活动。”

合格评定包括认证和认可。认证是指第三方认证机构依据程序对产品、过程或体系规定的要求给予书面保证（认证证书）的活动。认可是指由权威机构对组织从事检验、检查、认证等评价的能力给予正式承认的程序。

认证按其性质可分为强性认证和非强制性认证；按其对象可分为产品认证和管理体系认证。管理体系认证可分为质量管理体系认证、环境管理体系认证、职业健康安全管理体系认证等。产品认证有强制性认证（如产品安全认证）和非强制性认证（如产品合格认证之分），管理体系认证一般都是非强制性认证。

认可按其对象可分为认证机构认可、实验室认可等。实验室认可是指对校准和（或）检测实验室有能力进行指定类型的校准和（或）检测实验所作的一种正式承认。实验室认可程序包括申请、现场评审和批准认可三个阶段。

(二)产品质量认证

产品质量认证是指依据产品标准和相应的技术要求,由产品认证机构对某一产品实施合格评定,并通过颁发产品认证书和认证标志,以证明某一产品符合相应标准和要求的活动。

【知识链接】

1. 什么是 ISO 9000

ISO 9000 族标准是国际标准化组织(ISO)颁布的在全世界范围内通用的关于质量管理和质量保证方面的标准,它不是指一个标准,而是一族标准的统称。该标准使质量管理的方法实现了程序化、标准化和科学化。

实施 ISO 9000 质量管理体系标准的意义如下:提高企业管理水平,提高工作效率,降低质量成本;提高企业的综合形象及产品的可信度,以此争市场、保市场、争名牌;消除对外合作中的非关税壁垒,使企业顺利进入国际市场。

2. 什么是 ISO 14000

ISO 14000 环境管理系列标准是国际标准化组织(ISO)组织编制的环境管理体系标准,其标准号从 14001 ~ 14100,共 100 个,这些标准号统称为 ISO 14000 系列标准。ISO 14000 环境管理系列标准顺应国际环境保护的发展,融合了世界上许多发达国家在环境管理方面的经验,依据国际经济与贸易发展的需要而制定,是一套完整的、操作性很强的体系标准。它的基本思想是预防和减少环境影响,持续改进环境管理工作,消除国际贸易中的技术壁垒。对于企业而言其作用体现在以下几方面:

(1)企业实施 ISO 14000 标准是占领国内外市场的需要。

(2)是节约能源、降低消耗、减少环保支出、降低成本的需要。

(3)政府的环境政策给企业带来压力。

(4)是企业走向良性和长期发展的需要。

(5)是企业履行社会责任的需要。

(三)产品质量认证和质量管理体系认证的区别

产品质量和质量管理体系认证最主要的区别是认证的对象不同。产品质量认证的对象是特定产品,而质量管理体系认证的对象是组织质量管理体系。由于认证对象的不同引起了获准认证条件、证明方式、证明的使用等一系列不同。两者也有共同点,即都要求对组织的质量管理体系进行审核。但在具体实施上有若干不同,见表 3-7。

表 3-7　产品质量认证和质量管理体系认证对照表

项　目	产品质量认证	质量管理体系认证
对　象	选定产品	组织的质量管理体系
获准认证条件	产品质量符合指定标准要求 质量管理体系符合指定的质量管理体系标准(一般是 GB/T 19001)及特定产品的补充要求	质量管理体系符合申请的质量管理体系标准(GB/T 19001)和必要的补充要求

续表

项　目	产品质量认证	质量管理体系认证
证明方式	产品认证证书;产品认证标志	体系认证证书
证明的使用	证书不能用于产品,标志用于获准认证的产品上	证书和标志都不能用于产品上,但可用于正确的宣传
性　质	自愿/强制	自愿

本章小结

生产是人类从事创造社会财富的活动和过程,包括物质财富、精神财富的创造和人自身的生育,亦称社会生产。狭义的生产仅指创造物质财富的活动和过程。

任何一个生产系统都具有五个基本要素:人、工厂或设施、产品或零件、工艺、生产计划与控制系统。

生产运作管理主要生产动作策略、业务过程重组、精细生产、供应链管理、敏捷制造、大量定制生产等趋势发展。

工作研究是以作业系统为对象的一种科学方法。它是在既定的工作条件下运用系统分析的方法研究资源的更合理利用,排除作业中不合理、不经济和混乱的因素,寻求一种更佳、更经济的工作方法,以提高系统的生产率,降低系统的运营成本。

生产计划系统是一个包括需求计划、中期生产计划、生产作业计划、材料计划、能力计划、设备计划、新产品开发计划等相关计划职能,并以生产控制信息的迅速反馈连接构成的复杂系统,有长期生产计划、中期生产计划、短期生产作业计划三个层次。

库存控制的作用主要是在保证企业生产、经营需求的前提下,使库存量经常保持在合理的水平上;掌握库存量动态,适时、适量提出订货,避免超储或缺货;减少库存空间占用,降低库存总费用;控制库存资金占用,加速资金周转。ABC 分类法是库存管理主要的方法。

设备综合管理通常是指从设备的选择、规划、设计、制造或购置、安装、使用、维修、改造、更新、直到报废这一全过程的决策、计划、组织、协调与控制等一系列活动的统称,其实质是依据企业的生产、经营目标对设备寿命周期内的所有物质运动形态和价值运动形态进行综合管理。

质量管理是指在质量方面指挥和控制组织的协调的活动。在质量方面的指挥和控制活动通常包括制订质量方针和质量目标及质量策划、质量控制、质量保证和质量改进。

MRP 系统有两种输入信息:生产计划(MRS)和库存状态信息。在闭环 MRP 完成对生产的计划与控制的基础上,进一步扩展将企业的生产制造、财务会计、市场营销、采购供应以及信息管理等各个部门纳入整体管理之中,形成 MRPⅡ系统。

ERP 是一个使财务、分销、制造和其他经营业务达到均衡协调的应用软件系统。ERP 的核心管理思想就是实现对供应链的有效管理。

JIT 是日本在 20 世纪五六十年代研究和开始实施的生产管理方式,是一种有效地利用各种资源、降低成本的准则,其含义是:在需要的时间和地点生产必要数量和完美质量的产品和零部件,以杜绝超量生产,消除无效劳动和浪费,达到用最少的投入实现量大产出的目的。

精益生产方式是指运用多种现代管理方法和手段,以社会需要为依据,以充分发挥人的积极性为根本,有效配置和合理使用企业资源,以彻底消除无效劳动和浪费为目标,最大限度地为企业谋取经济效益的生产方式。

阅读材料

为什么买香草冰淇淋汽车就会"秀逗"

有一天,美国通用汽车公司的庞帝雅克(Pontiac)部门收到一封客户抱怨信,上面是这样写的:

这是我为了同一件事第二次写信给你,我不会怪你们为什么没有回信给我,因为我也觉得这样别人会认为我疯了,但这的确是一个事实。

我们家有一个传统的习惯,就是我们每天在吃完晚餐后都会以冰淇淋来当我们的饭后甜点。由于冰淇淋的口味很多,所以我们家每天在饭后才投票决定要吃哪一种口味,等大家决定后我就会开车去买。但自从最近我买了一部新的庞帝雅克后,在我去买冰淇淋的这段路程问题就发生了。

你知道吗?每当我买的冰淇淋是香草口味时,我从店里出来车子就发不动。但如果我买的是其他的口味,车子发动就顺得很。我要让你知道,我对这件事情是非常认真的,尽管这个问题听起来很猪头。为什么这部庞帝雅克当我买了香草冰淇淋它就秀逗,而我不管什么时候买其他口味的冰淇淋,它就一尾活龙?为什么?为什么?

事实上庞帝雅克的总经理对这封信还真的心存怀疑,但他还是派了一位工程师去查看究竟。当工程师去找这位仁兄时,很惊讶地发现这封信是出之于一位事业成功、乐观且受了高等教育的人。工程师安排与这位仁兄的见面时间刚好是在用完晚餐的时间,两人于是一个箭步跃上车,往冰淇淋店开去。那个晚上投票结果是香草口味,当买好香草冰淇淋回到车上后,车子又秀逗了。这位工程师之后又依约来了三个晚上。第一晚,巧克力冰淇淋,车子没事。第二晚,草莓冰淇淋,车子也没事。第三晚,香草冰淇淋,车子"秀逗"。

这位工程师到目前还是死不相信这位仁兄的车子对香草过敏。因此,他仍然不放弃继续安排相同的行程,希望能够将这个问题解决。工程师开始记下从头到现在所发生的种种详细资料,如时间、车子使用油的种类、车子开出及开回的时间……根据资料显示他有了一个结论:这位仁兄买香草冰淇淋所花的时间比买其他口味的要少。

为什么呢?原因出在这家冰淇淋店的内部设置上。因为,香草冰淇淋是所有冰淇淋口味中最畅销的口味,店家为了让顾客每次都能很快取拿,将香草口味特别分开陈列在单独的冰柜,并将冰柜放置在店的前端;至于其他口味则放置在距离收银台较远的后端。

现在,工程师要知道的是:为什么这部车会因为从熄火到重新激活的时间较短就发生"秀逗"?有一点很清楚,这绝对不是因为香草冰淇淋的关系。工程师很快想到答案应该是"蒸气锁"。因为当这位仁兄买其他口味时,由于时间较久,引擎有足够的时间散热,重新发动时就没有太大的问题。但是买香草口味时,由于时间较短,引擎太热以致无法让"蒸气锁"有足够的散热时间。

注："秀逗"一词属于网络词汇，是从港台流传过来的，是日文对英语"short"的音译，本来是指电路短路的意思，后来引申为"一时犯傻，脑子转不过来"。

进一步阅读书目

[1]刘晓欢:《企业管理概论》,高等教育出版社2009年版。

[2]尤建新:《企业管理概论》,高等教育出版社2010年版。

[3][美]峆特里克·格劳普,罗伯特·J. 朗纳:《精益培训方式:TWL现场管理培训手册》,刘海林,林秀芬译,广东经济出版社2009年版。

[4]刘树华,鲁建厦,王家尧:《精益生产》,机械工业出版社2010年版。

[5][日]门田安弘:《丰田现场管理方式:丰田巨额利润的秘密》,李伟,李晴,译,北京:东方出版社2005年版。

[6]刘丽文:《生产与运作管理》,清华大学出版社2006年版。

[7]陈延德:《图说工厂设备管理》,人民邮电出版社2011年版。

[8]王文信:《多种少量生产方式之生产计划管理实务》,厦门大学出版社2002年版。

[9][美]罗杰·施罗德:《运作管理:运作职能中的决策》,韩伯棠等译,北京大学出版社2004年版。

复习思考题

1. 什么是生产？生产有哪些类型？
2. 了解企业运作管理的概念、作用。
3. 生产计划的作用有哪些；
4. 生产运作管理的发展趋势是什么？
5. 库存的概念和作用是什么？
6. 简述库存控制的ABC分类法的基本原理。
7. 企业设施设备更新的必要性有哪些？
8. 简述准时化生产和精益生产的内涵。
9. 企业质量管理的概念是什么？企业质量管理方法有哪些？
10. MRP的逻辑是什么？MRP与ERP的区别和联系是什么？

下篇 运营实践篇

第四章　ERP 沙盘模拟概述

学习目标

☞了解 ERP 沙盘的来源；
☞明确课程要达到的教学目的；
☞熟悉手工沙盘和电子沙盘的盘面；
☞明确沙盘模拟前的准备；
☞认识模拟运营的团队及人员分工；
☞熟悉迷你企业的基本概况；
☞掌握模拟企业财务状况；
☞掌握并设置企业的初始状态。

第一节　ERP 沙盘模拟简介

一、沙盘来源

“沙盘”一词源自军事学，采用各种沙盘工具和模型将战场地形、战争各方局势、战争参与者武装力量的布置情况结合战略、战术的变化情况进行模拟推演。通过战争沙盘模拟推演通过战争参与者在战场上的对抗与较量，发现各方战略战术上存在的问题，提高指挥员的作战能力。英国、美国一些著名商业院校和管理咨询机构很快意识到这种方法同样适合企业对中、高层经理的培养和锻炼，随即对军事沙盘模拟推演进行广泛的借鉴与研究，最终开发出了企业沙盘实战模拟这一新型现代培训模式。

二、ERP 沙盘模拟简介

企业经营 ERP 沙盘模拟是通过道具和流程的模拟，是学生进入一个模拟的竞争性行业，分组建立若干模拟公司，围绕形象直观的沙盘教具，理论联系实际，实战演练模拟企业的经营管理与市场竞争，在分析市场、制订并执行战略、营销策划、原材料采购、库存管理、组织生产、财务管理等活动中,经历模拟企业 6 ~ 8 年的经营全过程,提高战略管理能力,感悟经营决策真谛。

ERP 沙盘模拟课程的基础背景设定为一家已经经营若干年的生产型企业,此课程将把参加训练的同学分成若干组,每组 5 ~ 6 人,每组各代表不同的一个模拟公司,在这个训练中,每个小组的成员将分别担任公司中的重要职位(CEO、CFO、市场总监、生产总监等)。每个公司都是同行业中的竞争对手,他们是从先前的管理团队中接手企业,在面对来自其他企业(其他小组)的激烈竞争中将企业向前推进、发展。

在这个课程中,同学们必须作出众多的决策,例如新产品的开发、生产设施的改造、新市场中销售潜能的开发等。每个独立的决策似乎容易作出,然而当它们综合在一起时许多不同的选择方案自然产生。

三、课程要达到的教学目的

沙盘系统着重培养学生的综合素质,让学生体验企业,体验企业经营管理流程,体验企业在竞争环境下生存、发展的过程及为此过程而必须做出的关键决策。通过 ERP 沙盘模拟课程让学生在模拟公司运营、团队合作、企业战略规划、预算、ERP 流程管理等一系列活动中获得感悟,获得工作经验,使得学生以下方面的能力得到提高。

(一)深刻体会 ERP 核心理念

(1)深刻体会 ERP 核心理念感受管理信息对该状况下的企业运作。
(2)体验统一信息平台下的企业运作管理。
(3)学习依靠客观数字评测与决策的意识与技能。
(4)感悟准确及时集成的信息对于科学决策的重要作用。
(5)训练信息化时代的基本管理技能。

(二)全面阐述一个制造型企业的概貌

(1)制造型企业经营所涉及的因素。
(2)企业物流运作的规则。
(3)企业财务管理、资金流控制运作的规则。
(4)企业生产、采购、销售和库存管理的动作规则。
(5)企业面临的市场、竞争对手、未来发展趋分析。
(6)企业的组织结构和岗位职责等。

(三)了解企业经营的本质

(1)资本、资产、损益的流程、企业资产与负债和权益的结构。
(2)企业经营的本质:利润和成本的关系、增加企业利润的关键因素。
(3)影响企业利润的因素:成本控制需要考虑的因素、扩大销售需要考虑的因素。
(4)脑力激荡——如何增加企业的利润。

(四)确定市场战略和产品、市场的定位

(1)产品需求的数量趋势分析。

(2)产品销售价位、销售额分析。

(3)市场开拓与品牌建设对企业经营的影响。

(4)市场投入的效益分析。

(5)产品盈亏平衡点预测。

(6)脑力激荡——如何才能得到大的市场份额。

(五)掌握生产管理与成本控制

(1)采购定单的控制:以销定产、以产定购的管理思想。

(2)库存控制:资产收益率(ROA)与减少库存的关系。

(3)JIT——准时生产的管理思想。

(4)生产成本控制:生产线改造和建设的意义。

(5)产销管理:根据销售订单的生产计划与采购计划。

(6)脑力激荡——如何合理地安排采购和生产。

(六)全面计划预算管理

(1)企业如何制订财务预算:现金流控制策略。

(2)如何制订销售计划和市场投入。

(3)如何根据市场分析和销售计划,制订安排生产计划和采购计划。

(4)如何进行高效益的融资管理。

(5)脑力激荡——如何理解"预则立,不预则废"的管理思想。

(七)科学统筹人力资源管理

(1)如何安排各个管理岗位的职能。

(2)如何对各个岗位进行业绩衡量及评估。

(3)理解"岗位胜任符合度"的度量思想。

(4)脑力激荡——如何更有效地监控各个岗位的绩效。

每一年度经营结束后,同学们通过对"公司"当年业绩的盘点与总结,反思决策成败,解析战略得失,梳理管理思路,暴露自身误区,并通过多次调整与改进的练习,切实提高综合管理素质。

第二节　沙盘盘面

一、手工沙盘简介

(一)沙盘整体盘面简介

企业 ERP 沙盘模拟经营实验是以沙盘教具为载体的,其中沙盘盘面是主要的教具。每一个沙盘盘面代表一家模拟企业,盘面按照制造企业的基本职能设置划分营销中心与市场开拓、生产中心、采购中心、财务中心。如图 4－1 所示。

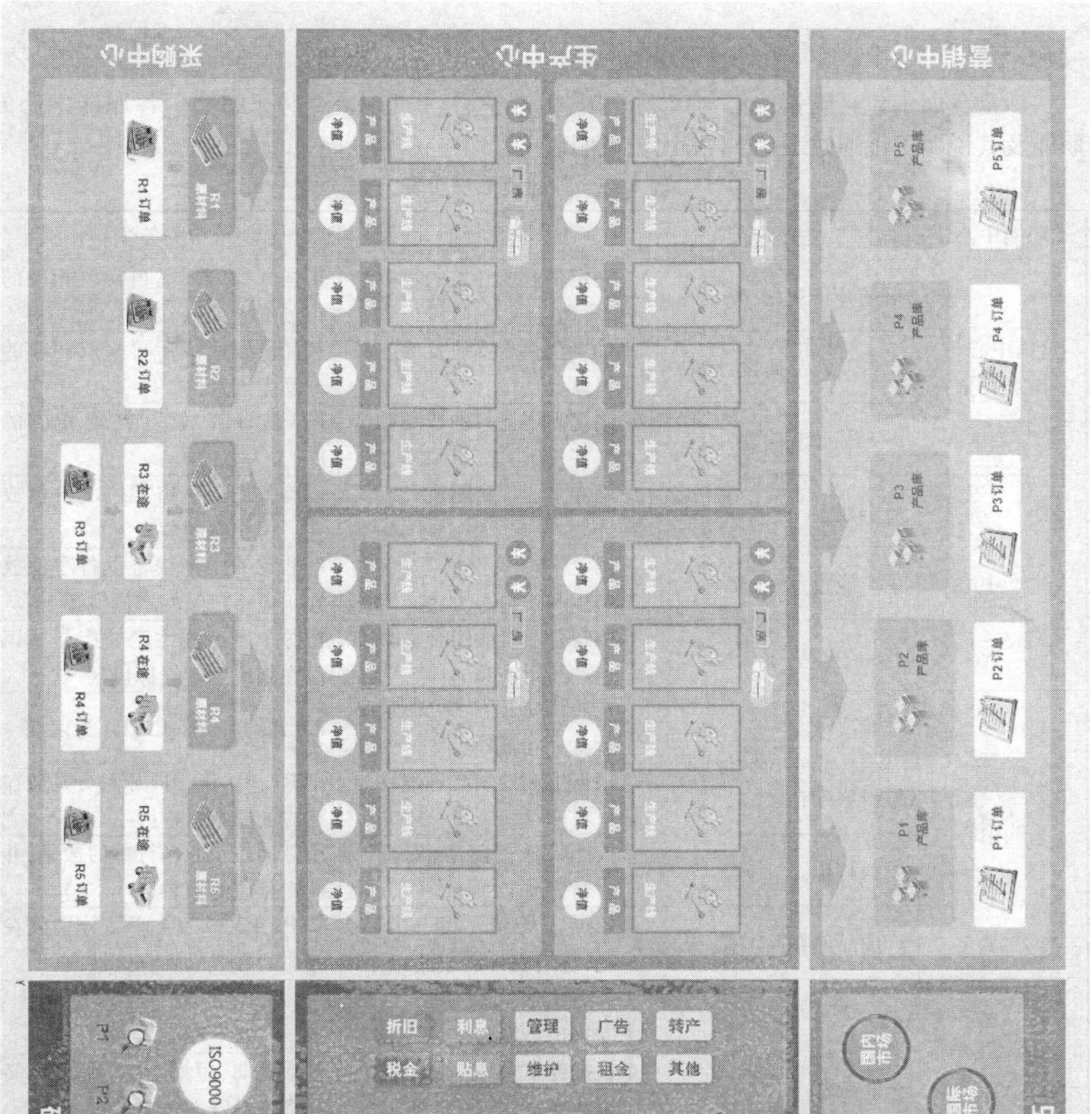

图 4－1　企业经营模拟沙盘盘面全图

各职能中心涵盖了企业经营管理所涉及的关键环节和流程，包括战略规划、营销策划、原材料采购、产品生产、库存管理及财务管理等活动。

(二)沙盘盘面详细介绍

沙盘盘面中包括营销中心与市场开拓、生产中心、采购中心、财务中心。各职能中心的职能及其说明可以通过表4-1来比较说明。

表4-1 沙盘盘面说明表

职能中心	主要职能	具体说明	相关备注
营销中心与市场开拓	市场开拓规划	确定企业要开发的目标市场,如区域、国际等	市场开发完成后再换取相应的市场准入标识
	广告及产品研发计划	确定企业需要研发的产品对象	产品研发完成后再换取相应的产品生产资格
	ISO 认证计划	确定需要进行的产品质量认证类别	ISO 认证完成后,换取相应的ISO 资格证
生产中心	厂房建设	确立企业厂房租赁和买卖计划	以购置的厂房将相应的价值放在厂房相应的位置上
	生产线投资	确定生产线投资方案,确定生产线组合方式	以购置的生产线将设备净值放在相应生产线的净值位置上
	产品生产决策	确定企业产品组合策略和生产线生产策略	把每个生产线生产的产品标识放在相应生产线标识区
采购中心	采购决策	按照订货提前期,确定采购方式和策略	R1,R2 为一期;R3,R4 为两期
	原材料库存	根据生产计划合理规划原材料库存状态	把 R1、R2、R3、R4 原料分别放在相应的原料库存区
	原料订单	按照订货提前期,安排原材料订单	用空桶表示原料订单的数量,并放在相应的原料区
	产成品库存	依据市场预测和生产情况,合理安排产成品库存	将 P1、P2、P3、P4 产品分别放在相应的产成品库存区域
财务中心	现金库	根据企业经营状况,合理安排现金库存	
	企业融资	根据经营状况,合理规划企业融资并有效管理	包括长期、短期贷款、贴现及高利贷等融资方式
	应收/应付款项	根据资金运营情况,做好应收及应付款项管理	按照相应的账期放在相应的账期位置上
	企业综合费用	根据企业经营目标,或合理安排综合费用支出	综合费用中的折旧不影响现金流,税金不影响本期权益

1. 营销中心与市场开拓

营销中心与市场开拓主要包括市场开拓规划、广告及企业研发计划、ISO 认证计划等内容,在企业经营战略确立的基础上做好营销的各项规划,并把规划的内容以相关的标示与彩币的形式反映在该区域相应位置上,如图4-2所示。

图 4－2 营销中心与市场开拓盘面图

2. 财务中心

财务中心主要反映出模拟企业费用开支、现金库状态、长期和短期贷款、高利贷以及应收款应付款等内容。其中费用的开支分为管理费、维护费、广告、贴息转产费等费用。长期贷款、短期贷款、其他贷款如图 4－3 所示。随着时间的推移，债务需要偿还的期限越来越近，到期需要用现金进行偿还；应收账款是按照时间推移，由右至左流入现金库，应付账款也是逐期，由左至右流离现金库，等到期限到用现金支付；中间的现金库余额为企业可自由支配的现金。

图 4－3 财务中心盘面图

3. 生产中心

生产中心反映模拟企业生产的状态，包括厂房及生产线的布置情况，如图 4－4 所示。其中生产中心包括四个厂房，每个厂房可以分别建设 1～5 条生产线，分别用彩币放置在相应的位置表示厂房价值及生产线净值，用生产线类型标识牌和生产产品类别标识牌放在相应位置标明生产线类型和生产产品类别。

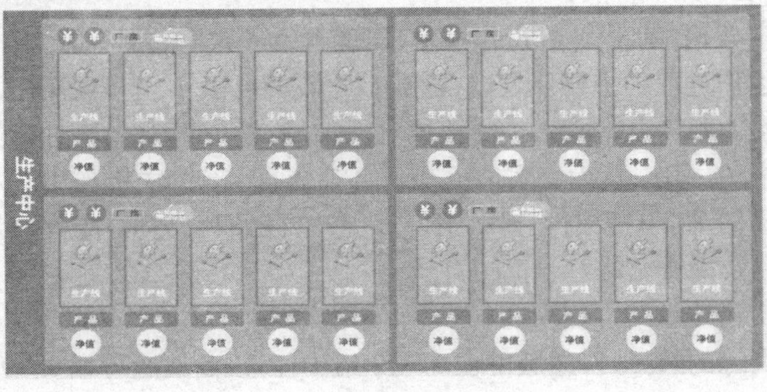

图 4－4 生产中心盘面图

4. 采购中心

采购中心反映企业采购全过程，依次为原材料订单区域、原材料库存区域、原材料在途区域（如图4－5所示）。企业首先完成原材料的订购，采购入库后转入生产线在制品状态，按照不同生产周期完成生产后进入产成品库保存，到交货期时将产品交货换取一定的现金或应收款项。

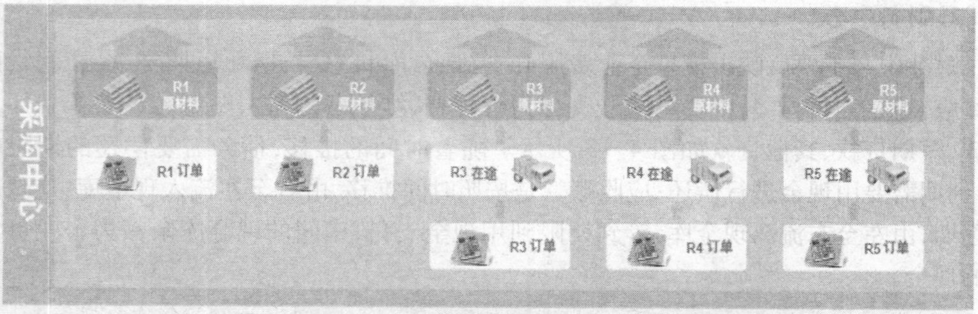

图4－5　采购中心盘面图

沙盘推演过程中需要的产品、原材料、资金、设备价值等能以货币计量的物资都用不同的彩币来表示，在盘面上按照流程和规则流动。

二、电子沙盘盘面简介

电子沙盘是创业者企业模拟经营系统的简称，是实现了选单、经营过程、报表生成、后期分析等活动全自动化的系统。其优点是可以将精力从选单、报表录入、监控中解放出来，将重点放在企业经营的本质分析；缺点是直观、形象程度较手工沙盘略低。

（一）创业者电子沙盘简介

创业者电子沙盘是创业者企业模拟经营系统的简称，是在手工沙盘（也称物理沙盘）后推出的企业经营模拟软件，实现了选单、经营过程、报表生成、赛后分析的全自动，将指导教师从选单、报表录入、监控中解放出来，而将重点放于企业经营的本质分析。

电子沙盘有以下几个特点：

（1）采用B/s架构，基于Web操作平台，实现本地或异地的训练。

（2）可以对运作过程的主要环节进行控制。其一，可以实现一旦操作，不能返回该环节以前的操作，避免了环节作弊；其二，自动核对现金流，并依据现金流对企业运行进行控制，避免随意挪用现金的操作，从而真实地反映现金对企业运行的关键作用。

（3）实现交易活动（包括银行贷款、销售订货、原料采购、交货、应收账款回收、市场调查等）的本地操作以及操作合法性验证的自动化。

（4）可以与实物沙盘结合使用，也可单独使用。

（5）有多组训练的选择，普通版可在6～12组中任选，商战版可在2～99组中任选。

（6）可以有限地改变运行环境参数，调节运行难度。

(二)电子沙盘操作界面图

具体操作界面见图 4-6、图 4-7。

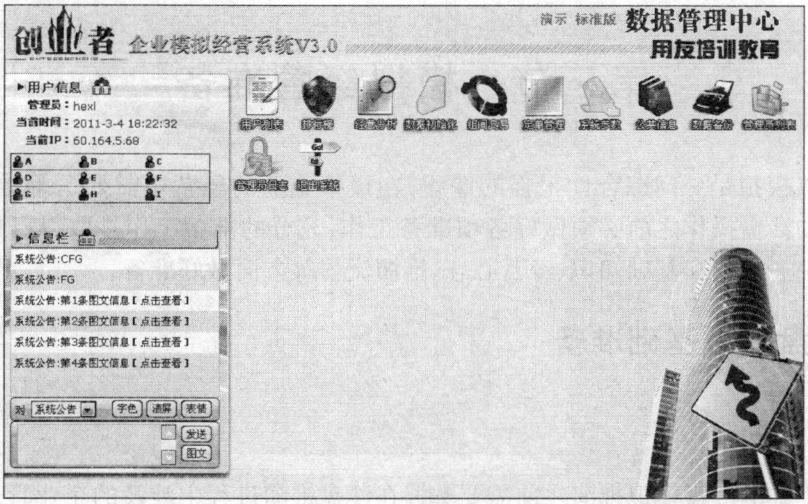

图 4-6 创业者 ERP 电子沙盘教师端操作界面

图 4-7 创业者 ERP 电子沙盘学生端操作界面

三、用友电子沙盘与手工沙盘的关系

电子沙盘是用友手工沙盘 ERP 沙盘的拓展和延伸，它们在教学和实训中既可以相结合，也可以单独使用。用友创业者企业模拟经营系统是教师在讲授 ERP 沙盘模拟课程时所用的教学软件。利用它可以记录企业模拟的竞争过程，收集各企业每年的广告投入、成本费用、财务状况、经营成果等信息；协助完成选单过程，对各组经营情况进行销售分析、成本分析、财务分析等，减轻教师的授课难度，便于基于大量数据的分析、对比工作。对于初训者，理想的教学模式是将用友创业者企业模拟经营系统与实物沙盘相结合，利于学生对企业的经营及运作流程有一个直观的认识;对于已经熟悉了企业的运营流程而进行经营决策的高级训练者,可以单独使用创业者企业模拟经营系统进行训练。

第三节　模拟经营准备

ERP 沙盘模拟是一门综合性很强的课程,在模拟企业的经营中需要运筹帷幄、精心运作。在实际的沙盘操作之前必须做好各项准备工作,充分的准备工作是取得卓越的经营成果的前提之一。需要在基础知识、经营心态、推演流程等方面做好准备。

一、沙盘模拟基础准备

(一)基础知识准备

在进行正式的沙盘模拟推演之前需要掌握在沙盘推演过程中涉及的企业管理知识。总的来说,涉及整体战略制订、营销策划、产品研发、生产运作、财务管理、团队沟通以及企业决策等诸多方面的专业知识,具体内容包括以下方面。

1. 整体战略方面

(1)评估内部资源与外部环境,制订长、中、短期策略;学习确立企业核心竞争力与缔造竞争优势策略。

(2)预测市场趋势,调整既定战略;根据模拟企业发展需要,运用稳定、增长与收缩战略;确立"预则立,不预则废"的管理思想。

(3)通过模拟经营,练习使用战略分析工具和方法评估内部资源与外部环境,分析并识别市场机会。

(4)通过分析生动鲜活的现场案例,认识不同战略选择与经营业绩之间的逻辑关系,及时反思实际企业战略安排的正确性;树立为未来负责的发展观,体会经营短视的危害,从思想深处树立战略管理意识。

(5)设计适合模拟企业战略需要的组织结构与运作流程。

2. 市场营销与销售方面

(1)市场开发决策,进行模拟市场细分和市场定位,制订新市场进入战略。

(2)新产品开发、产品组合与市场定位决策,运用营销组合策略谋求市场竞争优势。

(3)建立并维护市场地位,必要时作出退出市场的决策。

(4)练习使用竞争者辨识与分析技术,策划战略进攻与防御,根据模拟经营形势灵活运用领导者、追随者、补缺者战略。

(5)通过应对市场环境的突变和竞争对手的市场攻势,培养管理者的快速应变能力和危机管理能力。

(6)模拟在市场中短兵相接的竞标过程,刺探同行商业情报,抢攻市场。

3. 产品研发方面

(1)产品研发决策,根据市场预测与模拟企业整体战略,制订相应的产品研发策略。

(2)学习运用产品组合策略和产品开发策略规划产品线,为模拟企业谋求稳定的利润来源,根据产品生命周期的不同阶段制订适应性战略。

(3)根据模拟企业实际经营及内外部环境的变化,必要时作出修改研发计划,甚至中断项目的决定。

4. 生产运作管理方面

(1)采购订单的控制,学习以销定产、以产定购的管理思想。

(2)选择获取生产能力的方式(购买或租赁),了解 JIT 的管理思想。

(3)了解库存控制与减少库存的关系;库存管理及产销配合。

(4)全面生产流程调度决策,匹配市场需求、交货期和数量及设备产能。

(5)生产线改造和建设的意义,设备更新与生产线改良。

(6)了解生产成本控制,根据销售订单的生产计划与采购计划,合理地安排采购和生产;必要时选择清偿生产能力的方式。

5. 财务管理方面

(1)制订投资计划,评估应收账款金额与回收期;预估长、短期资金需求,寻求资金来源;制定财务预算、现金流控制策略。

(2)学习预算管理,在模拟经营中按照全面预算的理论对模拟企业的现金流进行预测,保证财务安全;掌握资金来源与用途,妥善控制成本。

(3)编制财务报表,结算投资报酬,评估决策效益;分析财务报表,掌握报表重点数据含义;运用财务指标进行内部诊断,协助管理决策。

(4)进行融资、采购、生产等环节的成本控制;洞悉资金短缺前兆,以最佳方式筹措资金;学习资源配置,协调融资、销售、生产的能力匹配。

(5)运用财务分析方法指导模拟经营决策,调整经营策略。

(6)制定销售计划和市场投入;根据市场分析和销售计划,制订生产计划和采购计划。

6. 团队协作与沟通方面

(1)通过模拟团队协作,角色扮演、认识团队的实质。

(2)在模拟经营中寻求团队的效率与效益来源;利用管理团队的自我调整,破解团队建设中的困惑。

(3)基于团队承诺,制订目标和行动计划,平衡资源,评价绩效。

(4)体验沟通对团队的意义;经过密集的团队沟通,充分地体验交流式反馈的魅力,深刻认识建设积极向上的组织文化的重要性,实地学习如何在立场不同的各部门间沟通与协调;学习跨部门沟通与协调,提高整体绩效,树立全局意识。

(5)系统了解企业内部价值链的关系,认识到打破狭隘的部门分割、增强管理者全局意识的重要意义;培养不同部门人员的共同价值观与经营理念;建立以整体利益为导向的组织。

7. 决策管理方面

(1)学习制订融资计划、产品开发计划、固定资产投资计划、原材料采购计划、生产计划、市场开拓计划。

(2)演练每一个模拟经营环节的管理决策;验证以往形成的管理思想和方法,使自身存在的管理误区得以暴露,梳理和更新管理理念。

(3)利用期末总结进行经营反思,认清管理者对决策的误解;通过模拟经营,极大地提高洞察市场、理性决策的能力。

(4)现场运用团队决策,亲身体验群体决策的优势与劣势;在不断实践和运用中解析理性决策程序、总结模拟公司频繁发生的决策误区。

(5)通过对模拟企业战略管理与经营决策的全方位、实质性参与加深对企业经营的理解,有助于提高实际管理的有效性。

8. 产业链价值管理

(1)通过现场案例研讨,认识产业价值链的组成和意义。

(2)运用产业链竞争原则进行产业链管理。拓展管理视角,走出内窥式管理的误区,初步树立起产业链价值分配原则,谋求有利于企业发展外部条件的管理思想。

(3)用现场的鲜活案例验证产业链价值分配均衡论。

(4)学习用价值链视角在模拟经营中谋求竞争优势,提高管理绩效。

9. 系统效率方面

(1)在模拟经营过程中体会管理与效率的关系。

(2)分析业绩不良的模拟企业案例,寻找效率缺失的原因。

(3)分析绩优的模拟企业战略安排和决策特点,认识系统效率的来源。

(4)树立持续改进的管理思想,学会运用不同形式的管理方法改进组织管理绩效。

(5)在模拟经营过程中,探索组织效率改进的路径。

(二)沙盘推演心理准备

在 ERP 沙盘模拟经营中,市场竞争是非常激烈的,也是不可避免的,但竞争并不意味着你死我活,寻求与合作伙伴之间的双赢才是企业发展的长久之道。尊重对手,学习领先者,是企业得以持续发展的源泉和动力。这就要求企业知己知彼,在市场分析、竞争对手分析上做足文章,在竞争中寻求合作,企业才会有无限的发展机遇。同时,激烈市场竞争也并不是可以作假、违规经营的借口。诚信是一个企业的立足之本、发展之本。诚信原则在 ERP 沙盘模拟对抗课程中体现为:盘面信息真实和对"游戏规则"的遵守,如市场竞标规则、产能计算规则、生产设备购置以及转产等具体业务的处理。

保持诚信是一个人、一家公司立足社会、发展自我的基本素质和要求,也是社会责任是否缺乏的具体体现。在市场的残酷与企业经营风险面前,是轻言放弃还是坚持到底,有些企业一路高歌,而有些企业却中途破产,这不仅是一个企业可能面临的问题,而且是在人生中需要不断抉择的问题。经营自己的人生与经营一个企业具有一定的相通性,企业经营是在挫折中不断进步的,人的成长同样如此。因此,学会管理挫折是一个管理者必须具备的基本素质。

总之,ERP 沙盘模拟经营不仅要求具有一定的管理知识,更需要有积极的心态、坦诚的沟通、相互协作、互相信任和不怕失败的精神。

二、模拟企业经营团队确定

(一)模拟企业经营团队确定

ERP 沙盘模拟是模拟一家生产型企业,将学生按照一定的方式分成 5 ~6 个实力相当的模拟经营团队,每个团队由 5 ~6 名学生组成,并通过选举等形式产生模拟企业的首席执行官、财务总监、营销总监、生产总监、采购总监、财务助理、信息总监及市场间谍等职位。在此基础上,确立组织原则和决策模式、注册公司名称,并结合模拟企业的初始状态及企业内外环境条件,确定企业的营销、研发、生产、采购、财务管理等经营决策,确立企业的经营决策目标。根据企业经营的职能组成,应该首先确立各职能人员的相应角色及定位。

(二)人员角色及分工

1. 人员定位

企业创建之初,任何一个企业都要建立与其企业类型相适合的组织机构。组织机构是保证企业正常运转的基本条件。在 ERP 沙盘模拟课程中,采用了简化企业组织机构的方式,企业组织由几个主要角色代表,包括:企业首席执行官、营销总监、生产总监、采购总监、财务总监。考虑到企业业务职能部门的划分,可以把教学对象按 5 ~6 人分为一组,组成一个企业,每个人扮演不同的角色。下面对每个角色的岗位职责做简单描述,以便于受训者根据自身情况来选择扮演相应角色。

(1)首席执行官。企业所有的重要决策均由首席执行官带领团队成员共同决定。如果大家意见相同,由 CEO 拍板决定。

(2)营销总监。企业的利润是由销售收入带来的。销售实现是企业生存和发展的关键,营销总监在企业中的地位不言自明。营销总监所担负的责任是开拓市场,实现销售。

①开拓市场。作为一个民营企业,最初大都在其所在地注册企业并开始运营,经过几年的经营,在本地市场上已站稳脚跟。在全球市场广泛开放之时,一方面要稳定企业现有市场,另一方面要积极拓展新市场,争取更大的市场空间,才能力求在销售量上实现增长。

②销售管理。销售和收款是企业的主要经营业务之一,也是企业联系客户的门户。为此,销售主管应结合市场预测及客户需求制订销售计划,有选择地进行广告投放,取得与企业生产能力相匹配的客户订单,与生产部门做好沟通,保证按时交货给客户,监督货款的回收,进行客户关系管理。

营销总监还可以兼任商业间谍的角色,因为他最方便监控竞争对手的情况,比如对手正在开拓哪些市场、未涉足哪些市场、他们在销售上取得了多大的成功、他们拥有哪类生产线、生产能力如何、充分了解市场,明确竞争对手的动向可以有利于今后的竞争与合作。

(3)生产总监。生产总监是企业生产部门的核心人物,对企业的一切生产活动进行管理,并对企业的一切生产活动及产品负最终的责任。生产总监既是计划的制订者和决策者,又是生产过程的监控者，对企业目标的实现负有重大的责任，他的工作是通过计划、组织、指挥和控制等手段实现企业资源的优化配置，创造最大经济效益。

生产管理的范畴主要包括：负责公司生产、安全、仓储、保卫及现场管理方面的工作，协调完成生产计划，维持生产低成本稳定运行，并处理好有关的外部工作关系；生产计划的制订落实及生产和能源的调度控制，保持生产正常运行，及时交货；组织新产品研发，扩充并改进生产设备，不断降低生产成本；做好生产车间的现场管理，保证安全生产；协调处理好有关外部工作关系。

(4)采购总监。采购是企业生产的首要环节。采购总监负责编制并实施采购供应计划，分析各种物资供应渠道及市场供求变化情况，力求从价格上、质量上把好第一关，确保在合适的时间点、采购合适的品种及数量的物资，为企业生产做好后勤保障。

(5)财务总监。在企业中，财务与会计的职能常常是分离的，它们有着不同的目标和工作内容。会计主要负责日常现金收支管理，定期核查企业的经营状况，核算企业的经营成果，制订预算及对成本数据的分类和分析。财务的职责主要负责资金的筹集、管理；做好现金预算，管好、用好资金。在这里，我们将其职能归并到财务总监，其主要任务是管好现金流，按需求支付各项费用、核算成本，按时报送财务报表并做好财务分析；进行现金预算、采用经济有效的方式筹集资金，将资金成本控制到较低水平。

组建企业管理团队后，企业管理团队将领导公司未来的发展，在变化的市场中进行开拓，应对激烈的竞争。企业能否顺利运营下去取决于管理团队正确决策的能力。每个团队成员尽可能在做出决策时利用你的知识和经验，不要匆忙行动而陷入混乱。

提示：①如果教学班人数较多，在指定了首席执行官、营销总监、生产总监、采购总监、财务总监之后，可以考虑分配财务助理、内审员等角色；②对于有实践经验的受训者来说，可以选择与实际任职不同的职位，以体验换位思考。

另外，在课程进行的不同阶段，也可以互换角色，以熟悉不同职位的工作及流程。

2. 职能定位

一个模拟公司有5~6个角色，担任不同的职能，分别为总裁CEO、营销总监、运营(生产)总监、采购总监、财务总监、财务助理(可由财务总监兼)，各职能位置见图4-8。

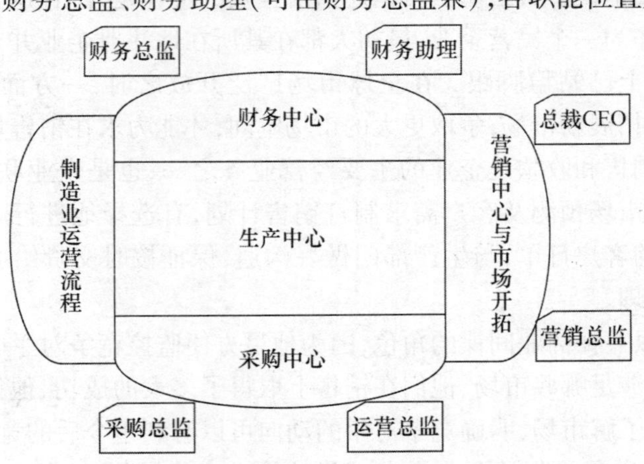

图4-8　各职能位置布置图

第四节 认识所要经营的模拟企业

一、模拟企业基本情况

该模拟企业是一家生产制造为主的企业，企业长期以来一直专注于某行业 P 系列产品（包括 P1、P2、P3 以及 P4）的研发、生产与经营。目前，该企业研发生产的 P1 产品在本地市场知名度、美誉度较高，客户整体满意。同时该企业目前拥有自己的厂房，生产设施齐全，运行状态良好。最近，一家业内权威机构对该行业的发展前景做了预测，预测结果报告显示 P 系列产品随着技术的的进步和生产工艺的发展，逐步将从一个低技术含量的产品发展成为一个高新技术产品。为了适应公司长远的技术发展需要，公司全体股东及董事会研究决定将企业交给一批拥有管理及技术优势的新人（模拟经营着）去经营管理。

要顺应时代发展的要求，满足技术进步的需要，将该公司 P 产品从产品研发、生产工艺、库存管理、营销策划等方面有较大突破，取得较好的经营成果，新管理团队必须要与时俱进、开拓创新、细致经营，才能实现公司的发展目标，实现良好的经营业绩。

二、企业及行业发展状况

（一）模拟企业发展状况

1. 市场单一

全国经济运行稳定、发展状况良好，消费者收入稳步提高，P 产品行业将迅速发展。但是该企业目前制造的产品全部在本地市场销售，其他市场并没有开拓，董事会认为企业有必要在本地市场以外的市场上寻找机会获得发展，董事会希望新的管理层能去开拓新市场。

2. 产品结构单一

目前该企业研发生产的产品 P1 在本地市场知名度、美誉度都较好，客户也很满意，但要实现企业的良性发展，在只有 P1 产品的产品结构条件下很难稳固在本地市场的竞争地位，企业需要重视新产品研发工作，以不断推出满足市场需求的新产品。

3. 生产线工艺相对落后

生产设备和条件方面，该企业目前拥有产权属于自己的大型厂房，并且生产线的运行状态良好。但企业目前的生产设备主要以手工生产线为主，工艺落后、产能较低，生产设备的现代化、自动化、柔性化程度和生产能力方面存在严重不足。企业必须考虑进行设备的投资，更新生产线条件，根据需要扩建厂房，适当淘汰一些旧的或落后的生产线。

（二）行业发展状况

在行业发展状况方面，P1 产品的产品成本与销售价格较低，近几年市场需求旺盛，但是由于技术水平低，未来产品生命周期进入衰退阶段，市场需求量逐年下降。P2 产品是在 P1 产品基础上研发改进的改进版，尽管技术优势会带来一定的市场需求增长，但是需求量在技术不断进步中最终呈现下降趋势。从技术发展的长远状况来看，P3 及 P4 产品将在相当的时期内拥有较强的竞争力，发展潜力很大。

根据权威机构对 P 系列产品未来 6 年在国内、区域、国内、亚洲、国际等市场未来 6 年里 P 系列产品的市场需求预测分析报告来看，P1 产品是目前市场上的主流产品，P2 作为 P1 产品的技术改良品，也比较容易取得客户的认同。P3 和 P4 作为 P 系列的高端产品，各市场认同度不尽相同，市场需求量与价格也有较大差异。具体需求预测如下所述。

1. 本地市场分析

如图 4-9 所示（左图中横轴表示年份，纵轴表示数量；右图横轴表示年份，纵轴表示价格）。

本地市场将会持续发展，对低端产品的需求可能要下滑，伴随着需求的减少，低端产品的价格很有可能走低。后几年，随着高端产品的成熟，市场对 P3、P4 产品的需求将会逐渐增大。由于客户对质量意识的不断提高，后几年可能对产品的 ISO 9000 和 ISO 14000 认证有更多的需求。

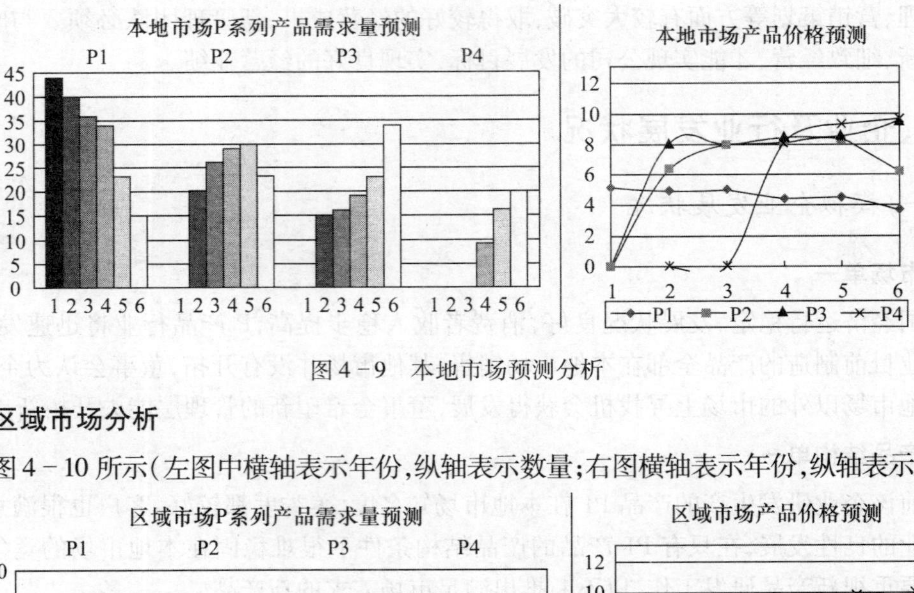

图 4-9　本地市场预测分析

2. 区域市场分析

如图 4-10 所示（左图中横轴表示年份，纵轴表示数量；右图横轴表示年份，纵轴表示价格）。

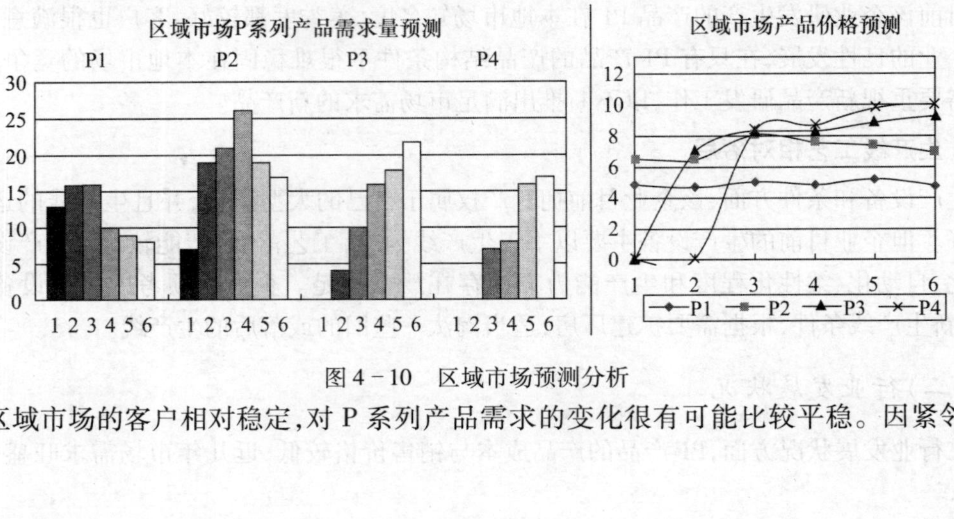

图 4-10　区域市场预测分析

区域市场的客户相对稳定，对 P 系列产品需求的变化很有可能比较平稳。因紧邻本地市场，所以产品需求量的走势可能与本地市场相似，价格趋势也应大致一样。该市场容量有限，对高端产品的需求也可能相对较小，但客户会对产品的 ISO 9000 和 ISO 14000 认证有较高的要求。

3. 国内市场分析

如图 4－11 所示（左图中横轴表示年份，纵轴表示数量；右图横轴表示年份，纵轴表示价格）。

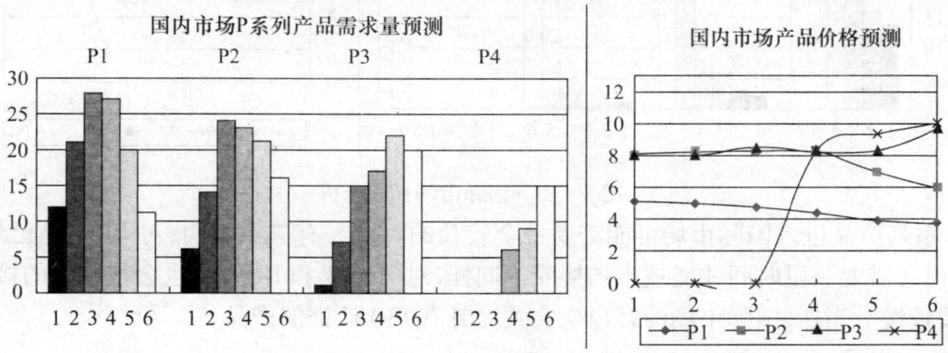

图 4－11　国内市场预测分析

因 P1 产品带有较浓的地域色彩，估计国内市场对 P1 产品不会有持久的需求。但 P2 产品因更适合于国内市场，估计需求一直比较平稳。随着对 P 系列产品的逐渐认同，估计对 P3 产品的需求会发展较快。但对 P4 产品的需求就不一定像 P3 产品那样旺盛了。当然，对高价值的产品来说，客户一定会更注重产品的质量认证。

4. 亚洲市场分析

如图 4－12 所示（左图中横轴表示年份，纵轴表示数量；右图横轴表示年份，纵轴表示价格）。

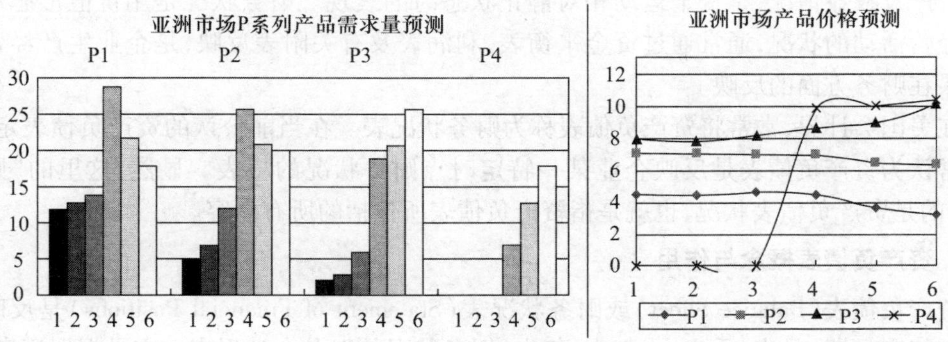

图 4－12　亚洲市场预测分析

这个市场一向波动较大，所以对 P1 产品的需求可能起伏较大，估计对 P2 产品的需求走势与 P1 相似。但该市场对新产品很敏感，因此估计对 P3、P4 产品的需求量会发展较快，价格也可能不菲。另外，这个市场的消费者很看中产品的质量，所以没有 ISO 9000 和 ISO 14000 认证的产品可能很难销售。

5. 国际市场分析

如图 4－13 所示（左图中横轴表示年份，纵轴表示数量；右图横轴表示年份，纵轴表示价格）。

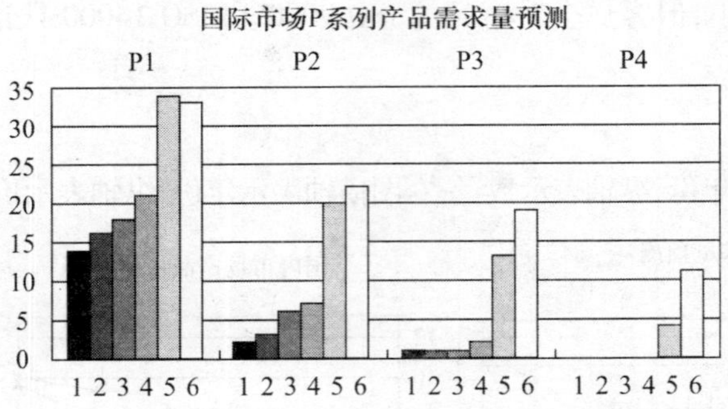

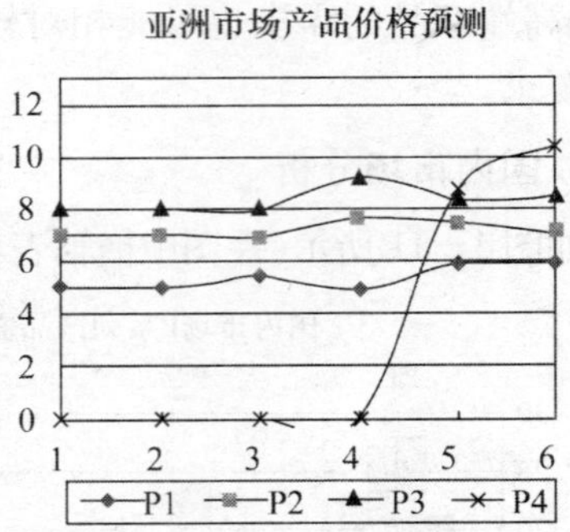

图 4－13　国际市场预测分析

P 系列产品进入国际市场可能需要一个较长的时期。有迹象表明，对 P1 产品已经有所认同，但还需要一段时间才能被市场接受。同样，对 P2、P3 和 P4 产品也会很谨慎的接受，需求发展较慢。当然，国际市场的客户也会关注具有 ISO 认证的产品。

三、企业的财务情况

模拟企业的财务情况主要包括企业财务状况和企业经营成果两方面。

（一）企业财务状况

1. 企业财务状况的概念

企业财务状况是指一定时期的企业经营活动体现在财务上的资金筹集与资金运用状况，它是企业一定期间内经济活动过程及其结果的综合反映。企业财务状况是企业一定日期的资产及权益情况，是资金运动相对静止状态时的表现。财务状况是用价值形态反映的企业经营活动的状况，通常通过资金平衡表、利润表及有关附表反映，是企业生产经营活动的成果在财务方面的反映。

在美国会计界，常常将资产负债表称为财务状况表。在当前公认的资产负债表定义中，也常常认为资产负债表是反映企业某一特定时点财务状况的报表。显然，这里的“财务状况”指的是资产负债表状况，也就是指资产负债表所包括的所有内容。

2. 资产负债表概念与作用

资产负债表（Balance Sheet）或财务状况表（Statement of Financial Positions）是反映企业在某一特定日期（月末、季末、半年末、年末）财务状况的财务会计报表。它是根据资产、负债和所有权益之间的相互关系，按照一定的分类标准和一定的顺序，把企业在一定日期的资产、负债、所有者权益各项目予以适当排列并对日常工作中形成的大量数据进行高度浓缩整理后编制而成的。它表明企业在某一特定日期所拥有或可控制的、预期能为企业带来利益的经济资源、所承担的现有义务和所有者对净资产的要求权。

资产负债表可以提供的信息主要有：

（1）企业在某一时点上所拥有的经济资源及这些经济资源的分布和构成情况。

（2）企业资金来源的构成情况，包括企业所承担的债务及所有者权益各个项目的状况。

(3)企业所负担的债务以及企业的偿债能力(包括短期和长期的偿债能力)。

(4)企业未来财务状况变动趋势。

从资产负债表所反映的信息可以归纳资产负债表的作用:

(1)资产负债表能帮助企业管理当局了解企业作为法人在生产经营活动中所控制的经济资源和承担的责任、义务;了解企业资产、负债各项目的构成比例是否合理;通过对企业前后期资产负债表的对比,可以反映出企业资产、负债的结构变化,分析企业经营管理工作的绩效。

(2)资产负债表可以帮助投资者考核企业管理人员是否有效地利用了现有的经济资源,是否使资产得到保值增值,从而对企业管理人员的业绩进行考核评价。

(3)资产负债表可以帮助企业债权人了解企业的偿债能力与支付能力及现有财务状况,为他们预测企业风险,预测企业发展前景作出投资决策提供必要的信息。

模拟企业在原经营团队将企业移交给新团队时,企业的资产负债表见表4-2。

表4-2 企业的资产负债表

资　产	期末数	负债和所有者权益	期末数
流动资产:		负债:	
现金	20	长期负债	40
应收款	15	短期负债	0
在制品	8	应付款	0
成品	6	应交税	1
原料	3	一年到期的长贷	0
流动资产合计	52	负债合计	41
固定资产			
土地和建筑	40	股东资本	50
机器和设备	13	利润留存	11
在建工程	0	年度净利	3
固定资产合计	53	所有者权益合计	64
总资产	105	负债及所有者权益总计	105

(二)企业的经营成果

1. 企业经营成果概念

企业经营成果是指一定时期内企业生产经营活动所创造的有效劳动成果的总和。企业统计一般从实物量和价值量两个方面反映企业经营成果。企业经营的实物量可以归纳为实物产品和服务产品的数量、品种和质量三个方面。社会对企业、对产品使用的基本要求是企业生产的产品数量多、品种全、质量好。这三者是辩证统一的,不可偏颇。

企业经营成果的价值量一般从生产经营的总产出、净产出、纯收益三个层次加以说明。指标包括总产值、增加值、销售产值、销售收入、营业收入、利润和税金等。

2. 利润表

(1)利润表概念。利润表是反映企业在一定会计期间经营成果的报表。例如,反映1月1日至12月31日经营成果的利润表,由于它反映的是某一期间的情况,所以,又称为动态报表。有时,利润表也称为损益表、收益表。

(2)利润表的作用。通过利润表可以反映企业一定会计期间的收入实现情况,即实现的主营业务收入有多少、实现的其他业务收入有多少、实现的投资收益有多少、实现的营业外收入有多少等;可以反映一定会计期间的费用耗费情况,即耗费的主营业务成本有多少、主营业务税金有多少、营业费用、管理费用、财务费用各有多少、营业外支出有多少等;可以反映企业生产经营活动的成果,即净利润的实现情况,据以判断资本保值、增值情况;将利润表中的信息与资产负债表中的信息相结合,还可以提供进行财务分析的基本资料,如将赊销收入净额与应收账款平均余额进行比较,可计算出应收账款周转率;将销货成本与存货平均余额进行比较,计算出存货周转率;将净利润与资产总额进行比较,计算出资产收益率等,可以表现企业资金周转情况以及企业的盈利能力和水平,便于会计报表使用者判断企业未来的发展趋势,作出经济决策。

(3)利润表的特征。利润表分项列示了企业在一定会计期间因销售商品、提供劳务、对外投资等所取得的各种收入以及与各种收入相对应的费用、损失并将收入与费用、损失加以对比得出当期的净利润。这一将收入与相关的费用、损失进行对比得出净利润的过程,会计上称为配比。其目的是为了衡量企业在特定时期或特定业务中所取得的成果,以及为取得这些成果所付出的代价,为考核经营效益和效果提供数据。比如分别列示主营业务收入和主营业务成本、主营业务税金及附加并加以对比,得出主营业务利润,从而掌握一个企业主营业务活动的成果。配比是一项重要的会计原则,在利润表中得到了充分体现。

模拟企业在原经营团队将企业移交给新团队时,企业的利润表见表4-3。

表4-3　企业的利润表

项目	本年数	项目	本年数
销售收入	35	支付利息前利润	8
直接成本	12	财务收入/支出	4
毛利	23	额外收入/支出	
综合费用	11	税前利润	4
折旧前利润	12	所得税	1
折旧	4	净利润	3

(三)财务分析

1. 财务分析

财务分析是以财务报表和其他资料为依据和起点,采用专门方法系统分析和评价企业的过去和现在的经营成果、财务状况及其变动,目的是了解过去、评价现在、预测未来,帮助利益集团改善决策。财务分析的最基本功能是将大量的报表数据转换成对特定决策有用的信息,减少决策的不确定性。

2. 财务分析的目的

财务分析的一般目的是评价过去的经营业绩、衡量现在的财务状况、预测未来的发展趋势。财务分析的目的取决于财务报表的使用人，由于财务报表的使用人不同财务分析的目的也不完全相同。

(1)投资人进行财务分析的目的：为决定是否投资，就要分析企业资产的盈利能力；为决定是否转让股份，就要分析盈利状况、股价变动和发展前景；为考察经营者业绩，要分析资产盈利水平、破产风险和竞争能力；为决定股利分派政策，要分析筹资状况。

(2)债权人进行财务分析的目的：为决定是否给企业贷款，要分析贷款的报酬和风险、为了解债务人的偿债能力，要分析其资产的流动状况、盈利状况；为决定是否出让债权，要评价其价值。

(3)经理人员分析的目的：为改善财务决策而进行财务分析，其分析的内容涉及企业的各个方面，分析最全面。

(4)供应商分析的目的：通过分析看企业是否能长期合作，了解其信用水平，决定是否应对企业延长付款期。

(5)政府分析的目的：通过分析了解纳税情况；遵守政府法规和市场秩序情况、职工收入和就业状况。

(6)雇员和工会分析的目的：要通过分析判断企业盈利与雇员收入保险福利之间是否相适应。

(7)中介机构(会计师事务所、咨询人员)的目的：通过财务分析可以确定审计的重点。

3. 基本的财务比率

基本的财务比率可分为四大类：变现能力比率、负债比率、资产管理比率、盈利能力比率。

变现能力是企业产生现金的能力，它取决于可以在近期转变为现金的流动资产的多少。主要指标有：流动比率和速动比率。

(1)流动比率。

$$流动比率 = 流动资产 \div 流动负债$$

流动比率可以反映短期偿债能力。一般认为流动比率越高，企业偿还短期债务的能力越强；反之，则越差。企业能否偿还短期债务还要看短期债务的多少以及有多少可变现偿债的流动资产。营运资金的多少可以反映偿还短期债务的能力，但它是一个绝对数。如果企业之间的规模相差很大，绝对数相比的意义很有限。流动比率是个相对数，排除了企业规模不同的影响，更适合企业之间以及本企业不同历史时期的比较。一般情况下，影响流动比率的主要因素有营业周期、流动资产中的应收账款和存货的周转速度。一般认为生产企业合理的最低流动比率为2。

(2)速动比率。

$$速动比率 = (流动资产 - 存货 - 待摊费用) \div 流动负债$$

流动资产扣除存货后的差额称为速动资产。之所以要扣除存货，其主要原因是：存货的变现速度最慢；部分存货已损失报废但尚未处理；部分存货已抵押给某债权人；存货估价还存在成本与合理市价相差悬殊的问题。通常认为正常的速动比率为1。

以上是一般看法，行业不同，速动比率会有很大差别，没有统一标准的速动比率。影响速动比率可信性的重要因素是应收账款的变现能力。由于行业之间存在差别，在计算速动比率时除扣除存货外，还可以从流动资产中减去与当期现金流量无关的项目如待摊费用等，以计算更进一步的变现能力。

负债比率是指债务和资产、净资产的关系，它反映企业偿付债务本金和支付债务利息的能力。

（1）资产负债率也叫举债经营比率，是负债总额除以资产总额的百分比，反映在总资产中有多大比例是通过举债来筹资的，也可以衡量企业清算时保护债权人利益的程度。

资产负债率 =（负债总额 ÷ 资产总额）×100%

公式中的负债总额包括长期负债和短期负债。资产总额是扣除累计折旧后的净额。

（2）有形净值债务率是企业负债总额与有形净值的百分比。有形净值是股东权益减去无形资产净值后的净值。

有形净值债务率 =［负债总额/（股东权益-无形资产净值）］×100%

有形净值债务率是更为谨慎、保守地反映企业清算时债务人投入的资本受到股东权益保障的程度。从长期偿债能力来讲，其比率应是越低越好。

（3）已获利息倍数也叫利息保障倍数，是指企业息税前利润与利息费用的比率，用以衡量偿付借款利息的能力。（运用该公式的前提是本金已经能够归还，讨论归还利息的能力）。

已获利息倍数 = 息税前利润 ÷ 利息费用

公式中的利息费用既包括计入财务费用中的利息，也包括计入固定资产成本的资本化利息。已获利息倍数指标反映了企业息税前利润为所需支付债务利息的倍数，倍数越大，偿付债务利息的能力越强；在确定已获利息倍数时，应本着稳健性原则，采用指标最低年度的数据来确定，以保证最低的偿债能力；另外，也可以结合这一指标测算长期负债与营运资金的比率，长期债务会随时间延续不断转化短期负债，并需要动用流动资产来偿还，为了使债权人感到安全有保障，应保持长期债务不超过营运资金。

资产管理比率是用来衡量公司在资产管理方面效率的财务比率。包括营业周期、存货周转率、应收账款周转率、流动资产周转率和总资产周转率。

（1）营业周期：营业周期是指从取得存货开始到销售存货并收到现金为止的这段时间。

营业周期 = 存货周转天数 + 应收账款周转天数

一般情况下，营业周期短说明资金周转速度快，反之则慢。

（2）存货周转率：存货的流动性直接影响企业的流动比率，它一般用存货的周转速度指标（即存货周转率或存货周转天数）来反映。

存货周转率（次数）= 销售成本 ÷ 平均存货

存货周转天数 =（平均存货 ×360）÷ 销售成本 =360 ÷ 存货周转率

存货周转速度越快，存货的占用水平越低，流动性越强，存货转换为现金或应收账款的速度越快。

（3）应收账款周转率：反映应收账款周转速度的指标是应收账款周转率，也就是年度内应收账款转为现金的平均次数。它说明应收账款流动的速度。

应收账款周转率（次数）= 销售收入 ÷ 平均应收账款

应收账款周转天数（平均收现期）=360/应收账款周转率 =（平均应收账款 ×360）/销售收入

(4)流动资产周转率:流动资产周转率是销售收入与全部流动资产的平均余额的比值。

流动资产周转率 = 销售收入 ÷ 平均流动资产

流动资产周转率反映流动资产的周转速度。周转速度快会相对节约流动资产,增强企业的盈利能力;反之,周转速度慢,需要补充流动资产参加周转,降低企业的盈利能力。

(5)总资产周转率:总资产周转率是销售收入与平均资产总额的比值。

总资产周转率 = 销售收入 ÷ 平均资产总额

该指标反映资产总额的周转速度,周转越快反映销售能力越强。

企业的盈利能力只涉及正常经营的状况。在分析企业的盈利能力时需要排除:证券买卖等非正常项目、已经或将要停止的项目、重大事故或法律更改等特别项目、会计准则和财务制度变更带来的累积影响等因素。主要指标有:

(1)销售净利率。

销售净利率 =(净利润 ÷ 销售收入)×100%

净利润在中国是指税后利润。销售净利率指标反映一元的销售收入带来的净利润是多少,表达销售收入的收益水平。销售净利率能够分解成为销售毛利率、销售税金率、销售成本率、销售期间费用率。其中,销售毛利率 =(销售收入-销售成本)÷ 销售收入 ×100%

(2)资产净利率。

资产净利率 =(净利润 ÷ 平均资产总额)×100%

该指标的分析:把企业一定时期的净利润和企业的资产相比较,可以反映企业资产利用的综合效果。指标高表明资产的利用效率越高,说明企业在增加收入和节约资金使用等方面取得了良好的效果,否则相反。

资产净利率是一个综合指标,净利润的多少由企业资产的多少、资产的结构、经营管理水平有着密切的关系。影响该指标的主要因素有产品的价格、单位成本、产品产量和销售数量、资金占用量。利用该指标可以反映企业在经营管理中存在的问题。

(3)净资产收益率。该指标也叫净值报酬率和权益报酬率。

净资产收益率 = 净利润 ÷ 平均净资产 ×100%

该指标中的平均净资产也可以使用年末净资产,中国证券监督委员会规定上市公司分析时应采用:

净资产收益率 = 净利润 ÷ 年度末股东权益 ×100%

四、公司发展及股东期望

从企业财务状况的分析来看,企业在上一年度实现销售收入3 500万元,但是利润只有300 万元。市场单一、产品结构单一、生产线工艺相对落后等因素制约了企业的发展。为了适应公司长远的技术发展需要,公司全体股东及董事会研究决定将企业交给一批拥有管理及技术优势的新人(模拟经营着)去经营管理。

期望最新的管理层能投资新产品的开发,使公司的市场地位得到进一步提升;开发本地市场以外的其他新市场,进一步拓展市场领域;扩大生产规模,采用现代化生产手段,获取更多的利润。要顺应时代发展的要求,满足技术进步的需要,将该公司 P 产品从产品研发、生产工艺、库存管理、营销策划等方面有较大突破,取得较好的经营成果。

五、模拟企业物理盘面状态设置

（一）状态设置有关规则

1. 原材料

原材料由不同颜色的彩币表示，分别为红色彩币表示 R1 原材料；橙色彩币表示 R2 原材料；蓝色彩币表示 R3 原材料；绿色彩币表示 R4 原材料；每一单位的原材料价值 100 万元（1M）。

2. 资金

资金由灰色彩币表示，每一个灰色彩币代表 100 万元（M）。

3. 固定资产

固定资产的剩余净值由灰币表示，在相应的位置放置相应数量的灰币来表示目前固定资产净值。

4. 产成品和在制品

产成品和在制品由不同组合的原材料彩币和相应的加工费用构成，放置在塑料空桶内表示，产成品放置在产成品库里，在制品放置在生产线相应生产周期上。

不同产品的组成情况如下：

$$P1 = R1 + 1M$$

$$P2 = R1 + R2 + 1M$$

$$P3 = 2R2 + R3 + 1M$$

$$P4 = R2 + R3 + 2R4 + 1M$$

5. 订单与贷款

订单与贷款都用空桶表示：订单在盘面中用一个空桶表示一个原材料订单；每个空桶表示企业贷款量2 000万元。在操作中有时出现订单量大或贷款数量巨大时，为了方便可以将订单数或贷款额写在便条上，放入一个空桶放在相应位置表示。

6. 账期

长期贷款是以年度为期限，其他业务都是以季度作为期间基本单位，用大写字母“Q”表示。参照运行规则可以知道不同业务的账期长短；在订货会拿到产成品订单后，产成品订单上对商品销售款的收回账期也作了说明。

（二）生产中心物理沙盘摆放

如图 4－14 所示，企业拥有自主产权的大厂房一间，价值 40M。厂房中拥有 4 条生产线，其中手工生产线 3 条，半自动生产线 1 条，3 条手工生产线上分别有处在第 1、2、3 周期的 P1 在制品各 1 个，每个价值 2M，共计 6M；半自动生产线的第二期有一个 P1 在制品，价值 2M。3 条手工生产线原值各为 5M，现在剩余的净值各为 3M；半自动生产线原值 8M，现在剩余的净值为 4M；设备价值共计 13M。现有的 4 条生产线都是生产 P1 产品，盘面上用 P1 标识牌标识。

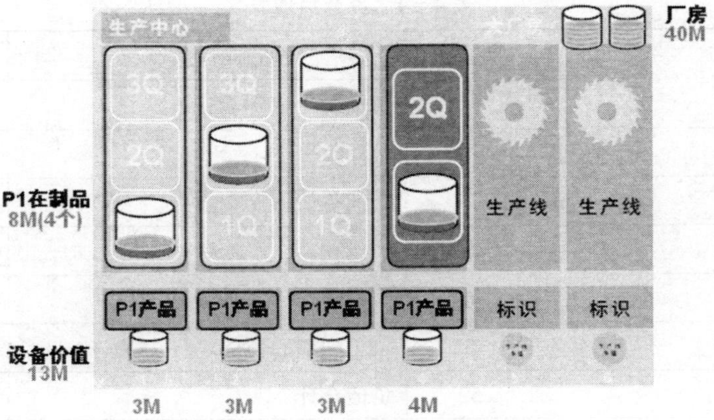

图 4－14　模拟企业生产中心沙盘盘面图

(三)采购中心物理沙盘摆放

如图 4－15 所示,采购中心的原料库有 3 个 R1 原料,每个价值 1M,共计 3M;成品库有 3 个 P1 产品已完工, 每个价值 2M,共计 6M。以下 R1 原料订单 2 个,用放在相应位置的空桶表示。

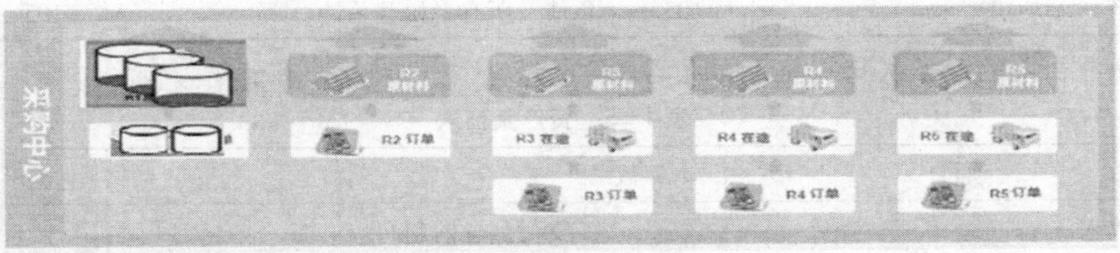

图 4－15　模拟企业采购中心沙盘盘面图

(四)财务中心物理沙盘摆放

如图 4－16 所示,有四、五年的长期负债 40M, 放置 2 个空桶来表示;有 3 账期应收款为 15M;有现金资产 20M。

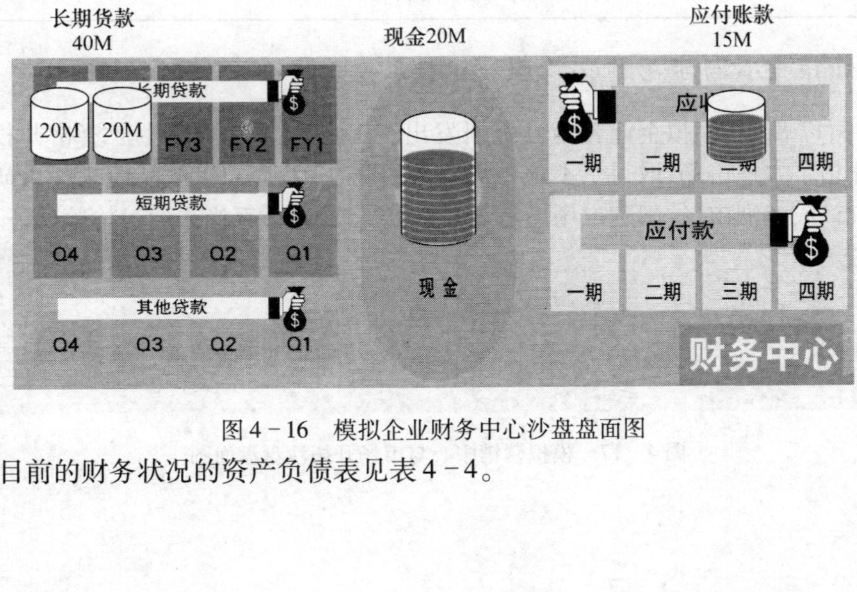

图 4－16　模拟企业财务中心沙盘盘面图

企业目前的财务状况的资产负债表见表 4－4。

表4-4 资产负债表

资　产	期末数	负债和所有者权益	期末数
流动资产：		负债：	
现金	20	长期负债	40
应收款	15	短期负债	0
在制品	8	应付款	0
成品	6	应交税	1
原料	3	一年到期的长贷	0
流动资产合计	52	负债合计	41
固定资产			
土地和建筑	40	股东资本	50
机器和设备	13	利润留存	11
在建工程	0	年度净利	3
固定资产合计	53	所有者权益合计	64
总资产	105	负债及所有者权益总计	105

企业目前的财务状况的资产负债表见表4-5。

表4-5 资产负债表

项目	本年数	项目	本年数
销售收入	35	支付利息前利润	8
直接成本	12	财务收入/支出	4
毛利	23	额外收入/支出	
综合费用	11	税前利润	4
折旧前利润	12	所得税	1
折旧	4	净利润	3

(五)营销中心与市场开拓物理沙盘摆放

如图4-17所示,模拟企业目前已经研发出了P1产品取得P1生产资格并投入生产。目前已经开拓了本地市场,取得了本地市场准入资格。P2、P3、P4产品尚未投入研发,区域市场、国内市场、亚洲市场、国际市场还需要开拓,质量认证体系尚未通过检验认证。

图4-17 模拟营销中心与市场开拓沙盘盘面图

为了更方便地在教学中快速设置企业初始状态，我们还可以按照企业资产负债表上各项目的排列顺序将企业资源分布状况复原到沙盘上，从资产负债表上可以看出，模拟企业总资产为1.05亿，因此各组目前拥有105个单位为1百万的币值（灰币）。

1. 流动资产52M

流动资产包括现金、应收账款、存货等，其中存货又细分为在制品、成品和原料。

（1）现金20M。请财务总监拿出一满桶灰币（共计20M）放置于现金库位置。

（2）应收账款15M。为获得尽可能多的客户，企业一般采用赊销策略，即允许客户在一定期限内缴清货款而不是货到即付款。应收账款是分账期的，请财务总监拿一个空桶，装15个灰币，置于应收账款3账期位置。

提示：账期的单位为季度。离现金库最近的为1账期，最远的为4账期。

（3）在制品8M。在制品是指处于加工过程中尚未完工入库的产品。大厂房中有三条手工生产线、一条半自动生产线，每条生产线上各有一个P1产品。手工生产线有三个生产周期，靠近原料库的为第一周期，三条手工生产线上的三个P1在制品分别位于第一、二、三周期。半自动生产线有两个生产周期，P1在制品位于第一周期。

每个P1产品成本由两部分构成：R1原料费1M和人工费1M。取一个空桶放置一个R1原料（红色彩币）和一个人工费（灰币）构成一个P1产品。由生产总监、采购总监与财务总监配合制作四个P1在制品并摆放到生产线上的相应位置。

（4）成品6M。P1成品库中有3个成品，每个成品同样由一个R1原料费1M和人工费1M构成。由生产总监、采购总监与财务总监配合制作三个P1成品并摆放到P1的成品库中。

（5）原料3M。R1原料库中有三个原料，每个价值1M。由采购总监取三个空桶，每个空桶中分别放置一个R1原料，并摆放到R1原料库。除以上需要明确表示的价值之外，还有已向供应商发出的采购订货，预定R1原料两个，采购总监将两个空桶放置到R1原料订单处。

2. 固定资产53M

固定资产包括土地及厂房、生产设施等。

（1）大厂房40M。企业拥有自主厂房——大厂房，价值40M。请财务总监将等值资金用桶装好放置于大厂房价值处。

（2）设备价值13M。企业创办3年来已购置了3条手工生产线和1条半自动生产线，扣除折旧，目前手工生产线账面价值为3M，半自动生产线账面价值为4M。请财务总监取四个空桶，分别置入3M、3M、3M、4M，并放置于生产线下方的“生产线净值”处。

3. 负债41M

负债包括短期负债、长期负债及各项应付款。

（1）长期负债40M。企业有40M长期借款，长期借款分别于第四年和第五年到期。我们约定每个空桶代表20M，请财务总监将两个空桶分别置于第四年和第五年位置。

提示：对长期借款来说，沙盘上的纵列代表年度，离现金库最近的为第1年期，依此类推。对短期借款来说，沙盘上的纵列代表季度，离现金库最近的为第1季度。如果以高利贷方式融资，可用倒置的空桶表示，于短期借款处放置。

(2)应付税1M。企业上一年税前利润4M，按规定需交纳1M税金。税金是下一年度交纳，此时没有对应操作。

初始状态设置完成后，学生可以在教师的指导下进行起始年(又称教学年)的运营，通过起始年的运行，学生可以了解ERP沙盘模拟的基本情况，熟悉沙盘模拟推演的运行规则，明确各自的角色定位和工作分工，经营团队可以进行初步的磨合。

在起始年的运行中需要注意以下事项：

(1)其初状态中，除了按照资产负债表上的价值分布定位后，还有两个R1原材料订单。

(2)应收账款为三期15M。

(3)长期贷款为4年期20M、5年期20M，共计40 M。

(4)起始年运行时，年初支付1M广告费，不申请任何贷款；每季度下1个R1原料订单；不进行任何投资与开发；不进行任何投资(包括产品开发和市场开发)。

(5)长期贷款年利率为10%，短期为5%。

本章小结

"沙盘"一词源自军事学，采用各种沙盘工具和模型将战场地形、战争各方局势、战争参与者武装力量的布置情况，结合战略、战术的变化情况进行模拟推演。

企业经营ERP沙盘模拟是通过道具和流程的模拟，分组建立若干模拟公司，围绕形象直观的沙盘教具，理论联系实际，实战演练模拟企业的经营管理与市场竞争。

企业ERP沙盘模拟经营实验是以沙盘教具为载体的。每一个沙盘盘面代表一家模拟企业，盘面按照制造企业的基本职能设置划分营销与规划中心、生产中心、物流中心、财务中心。

电子沙盘是创业者企业模拟经营系统的简称，是实现了选单、经营过程、报表生成、后期分析等活动全自动化的系统。

在实际的沙盘操作之前，必须做好各项准备工作，充分的准备工作是取得卓越的经营成果的前提之一，需要在基础知识、经营心态、推演流程等方面做好准备。

复习思考题

1. 什么是"沙盘"？
2. 手工沙盘和电子沙盘有什么区别和特点？
3. 沙盘模拟前的准备工作包括哪些？
4. 如何进行模拟运营的团队及人员分工？
5. 如何模拟企业盘面的初始状态？

第五章　ERP 沙盘模拟运行

学习目标

☞掌握企业经营的本质；
☞熟悉模拟企业运行的市场规则；
☞熟悉掌握模拟企业运行的基本规则；
☞熟练编制模拟企业运营财务报表；
☞熟悉电子沙盘操作步骤和运行的流程。

第一节　ERP 沙盘模拟运营规则

企业是社会经济的基本单位，企业的发展要受自身条件和外部环境的制约。企业的生存与企业间的竞争不仅要遵守国家的各项法规及行政管理规定，还要遵守行业内的各种约定。在开始模拟竞争之前，管理层必须了解并熟悉这些规则，才能做到合法经营，才能在竞争中求生存、求发展。

一、企业经营的本质

企业是指从事商品生产、流通和服务等活动，为满足社会需要和盈利，进行自主经营、自负盈亏，具有法人资格的经济组织。

经营是指企业以市场为对象，以商品生产和商品交换为手段，为了实现企业的目标，使企业的投资、生产、销售等经济活动与企业的外部环境保持动态均衡的一系列有组织的活动。

企业是一个以盈利为目的的组织。企业管理的目标可概括为生存、发展、盈利。

（一）企业生存

企业在市场上生存下来的基本条件：一是以收抵支；二是到期还债。这从另一个角度告诉我们，如果企业出现以下两种情况，就将宣告破产。

(1)资不抵债。如果企业所取得的收入不足以弥补其支出,导致所有者权益为负时,企业破产。

(2)现金断流。如果企业的负债到期,无力偿还,债权人会来敲你的门,企业就会破产。

在模拟经营中一旦破产条件成立,请指导教师裁夺。一般可能有三种处理方式:其一,如果企业盘面能让股东/债权人看到一线希望,股东可能增资,债权人可能债转股;其二,企业联合或兼并;其三,破产清算。

需要注意的是,求发展的前提是求生存。

(二)企业盈利

企业经营的本质是股东权益最大化,即盈利。从利润表中的利润构成中不难看出盈利的主要途径一是扩大销售(开源),二是控制成本(节流)。

(1)扩大销售。利润主要来自于销售收入,而销售收入由销售数量和产品单价两个因素决定。提高销售数量有以下方式:扩张现有市场,开拓新市场;研发新产品;扩建或改造生产设施,提高产能;合理加大广告投放力度,进行品牌宣传。提高产品单价受很多因素制约,但企业可以选择价较高的产品进行生产。

(2)控制成本。产品成本分为直接成本和间接成本。

①降低直接成本。直接成本主要包括构成产品的原料费和人工费。在 ERP 沙盘模拟课程中,原料费由产品的 BOM 结构决定,在不考虑替代材料的情况下没有降低的空间;用不同生产线生产同一产品的加工费也是相同的,因此在 ERP 沙盘模拟课程中产品的直接成本是固定的。

②降低间接成本。从节约成本的角度,不妨把间接成本区分为投资性支出和费用性支出两类。投资性支出包括购买厂房、投资新的生产线等。这些投资是为了扩大企业的生产能力而必须发生的。费用性支出包括营销广告、贷款利息等,通过有效筹划是可以节约一部分的。

二、市场规则

企业的生存和发展离不开市场这个大环境。谁赢得市场,谁就赢得了竞争。市场是瞬息万变的,变化增加了竞争的对抗性和复杂性。

(一)市场划分与市场准入

企业目前在本地市场经营。

新市场包括区域、国内、亚洲、国际市场,不同市场投入的费用及时间不同见表 5 - 1,只有市场投入全部完成后方可接单,所有已进入的市场,每年最少需投入 1M 维持,否则视为放弃了该市场。

表 5-1 开发不同市场所需的时间和资金投入

市场	开拓费用	持续时间	说 明
区域	1M	1 年	市场开发投资按年度支付,允许同时开发多个市场,但每个市场每年最多投资为 1M,不允许加速投资,但允许中断。市场开发完成后持开发费用到指导教师处领取市场准入证,之后才允许进入该市场竞单
国内	2M	2 年	
亚洲	3M	3 年	
国际	4M	4 年	

注:电子沙盘运行中本地市场也是需要开发的,需要 1M,一年时间开发完成。

(二)商业情报分析

这是由一家权威的市场调研机构对未来六年里各个市场需求的预测,应该说这一预测有着很高的可信度。但根据这一预测进行企业的经营运作,其后果将由各企业自行承担。

P1 产品是目前市场上的主流技术,P2 作为对 P1 的技术改良产品,也比较容易获得大众的认同。

P3 和 P4 产品作为 P 系列产品里的高端技术,各个市场上对他们的认同度不尽相同,需求量与价格也会有较大的差异。

(1)本地市场将会持续发展,客户对低端产品的需求可能要下滑。伴随着需求的减少,低端产品的价格很有可能会逐步走低。后几年,随着高端产品的成熟,市场对 P3、P4 产品的需求将会逐渐增大。同时随着时间的推移,客户的质量意识将不断提高,后几年可能会对厂商是否通过了 ISO 9000 认证和 ISO 14000 认证有更多的要求。

(2)区域市场的客户对 P 系列产品的喜好相对稳定,因此市场需求量的波动也很有可能会比较平稳。产品需求量的走势可能与本地市场相似,价格趋势也应大致一样。该市场的客户比较乐于接受新的事物,因此对于高端产品也会比较有兴趣,但由于受到地域的限制,该市场的需求总量非常有限。并且这个市场上的客户相对比较挑剔,因此在后几年客户会对厂商是否通过了 ISO 9000 认证和 ISO 14000 认证有较高的要求。

(3)国内市场因 P1 产品带有较浓的地域色彩,估计国内市场对 P1 产品不会有持久的需求。但 P2 产品因为更适合于国内市场,所以估计需求会一直比较平稳。随着对 P 系列产品新技术的逐渐认同,估计对 P3 产品的需求会发展较快,但这个市场上的客户对 P4 产品却并不是那么认同。当然,对于高端产品来说,客户一定会更注重产品的质量保证。

(4)亚洲市场上的客户喜好一向波动较大,不易把握,所以对 P1 产品的需求可能起伏较大,估计 P2 产品的需求走势也会与 P1 相似。但该市场对新产品很敏感,因此估计对 P3、P4 产品的需求会发展较快,价格也可能不菲。另外,这个市场的消费者很看中产品的质量,所以在后几年里,如果厂商没有通过 ISO 9000 和 ISO 14000 的认证,其产品可能很难销售。

(5)进入国际市场可能需要一个较长的时期。有迹象表明,目前这一市场上的客户对 P1 产品已经有所认同,需求也会比较旺盛。对于 P2 产品,客户将会谨慎地接受,但仍需要一段时间才能被市场所接受。对于新兴的技术,这一市场上的客户将会以观望为主,因此对于 P3 和 P4 产品的需求将会发展极慢。因为产品需求主要集中在低端,所以客户对于 ISO 的要求并不如其他几个市场那么高,但也不排除在后期会有这方面的需求。

(三)销售会议与订单争取

1. 销售会议

每年初各企业的销售经理与客户见面并召开销售会议,根据市场地位、产品广告投入、市场广告投入和市场需求及竞争态势,按顺序选择订单。

2. 市场地位

首先,由上年在该市场的订单价值决定市场领导者,并由其最先选择订单;其次,按产品的广告投入量的多少,依次选择订单。若在同一产品上有多家企业的广告投入相同,则按该市场上全部产品的广告投入量决定选单顺序;若市场的广告投入量也相同,则按上年订单销售额的排名决定顺序;否则通过招标方式选择订单。

3. 广告投放

广告分市场、分产品投放,投入 1M 有一次选订单的机会,以后每多投 2M 增加一次选单机会。如投入 7M 表示准备拿 4 张订单,但是否能有 4 次拿单机会则取决于市场的需求、竞争态势等。投入 2M 准备拿一张订单,只是比投入 1M 的优先拿到订单。

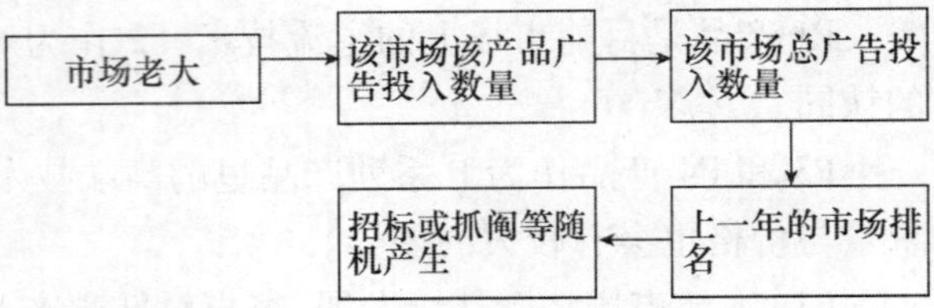

图 5-1 选单顺序图示

当然投放广告的前提是市场必须已经开发,如果尚未开发完成,系统将不允许投放广告,该市场名称显示为红色。

选单顺序如图 5-1 所示。

4. 市场竞单实际操作

市场竞单是按照市场、按产品登记广告费用的,以 P3 为例的"竞单表"见表 5-2。

表 5-2 P3 "竞单表"

第 4 年——A 组(本地)					
产品	广告	总额	数量	9000	14000
P1					
P2					
P3	2	23	3	1	
P4					
第 4 年——B 组(本地)					
产品	广告	总额	数量	9000	14000
P1					
P2					
P3	5	32 + 17	4 + 2	1	
P4					

续表

第4年——C组(本地)					
产品	广告	总额	数量	9000	14000
P1					
P2					
P3	1	18	2		1
P4					

第4年——A组(本地)					
产品	广告	单额	数量	9000	14000
P1	3	18	4		
P2	5	32+12	6	1	
P3					
P4	1	8	1		

(区域)					
产品	广告	单额	数量	9000	14000
P1	1				
P2				1	1
P3	3	14	2		
P4					

注意：

竞单表中设有9000代表“ISO 9000”，14000代表“ISO 14000”两栏，这两栏中的投入不是认证费用，而是取得认证之后的宣传费用，该投入对整个市场所有产品有效。

如果希望获得标有“ISO 9000”或“ISO 14000”的订单时必须在相应的栏目中投入1M广告费。

广告投入最大者选第一张订单，次大者选第二张，余此类推。

5. 客户订单

广告投放完毕，双击参加订货会，系统出现“等待订货会开始”字样，同时可以查询市场中其他企业本年度广告投放情况。当所有队伍广告均投放完毕，裁判将开始订货会。选单过程分为若干个回合，依次为(本地，P1)、(本地，P2)、(本地，P3)、(本地，P4)、(区域，P1)、(区域，P2)……(国际，P3)、(国际，P4)最多20回合，每回合选单可能有若干轮，每轮选单中，各队按照排定的顺序，依次选单，但只能选一张订单。当所有队都选完一轮后，若还有订单，开始进行第二轮选单，依次类推，直到所有订单被选完或所有队退出选单为止，本回合结束。

当轮到某一企业选单时，“系统”以倒计时的形式，给出本次选单的剩余时间。在倒计时内必须选单，否则系统视为放弃本回合。

提示：当屏幕显示的倒计时时间小于等于5秒时，有可能造成选单无效。

单击欲选订单，确认后选中。若无合适订单，可以放弃本回合选单。无论是主动放弃还是被动放弃本回合选单，都不影响以后回合选单。

系统将按照以下规则自动排定选单顺序，只有拥有选单权限企业可以选择订单。

(1)上年本市场销售排名第一的企业，如在该市场没有违约记录，则在本年该市场投入广告的产品中，优先选单。

提示：若有几队并列销售第一，则由系统随机决定市场老大，也可能无市场老大。

(2)按照各企业在本市场某一产品上投放的广告费的多少，排定选单顺序。

(3)如果在一个产品投入的广告费用相同,按照投入本市场的广告费总合(即 P1、P2、P3 和 P4 的广告费之和),排定选单顺序。

(4)如果本市场的广告总额也一样,按照上年本企业在该市场上实现的销售额排名,排定选单顺序。

(5)如果上年实现的销售额也相同,则先投广告者先选。

市场需求用客户订单卡片的形式表示,卡片上标注了市场、产品、产品数量、单价、订单价值总额、账期、特殊要求等要素。订单有五个要素:

(1)数量——要求各企业一次性按照规定数量交货,不得多交,不得少交,也不得拆分交货。

(2)总价——交货后企业将获得一定的应收款或现金。

(3)交货期——是交货的最后期限,可以在该交货时限之前进行交货,但不得延后。如订单规定 3Q 交货,则表示在当年的第 1 季、第 2 季或者第 3 季交货均可。

(4)账期——在交货后过若干季度收到现金。如账期为 2Q,实际在第 3 季度完成交货,则将在下一年第 1 季度更新应收款时收到现金。

提示:收现时间从实际交货季度算起,而非订单上规定的交货期。

(5)ISO 要求——分别有 ISO 9000 及 ISO 14000 两种认证,企业必须有具备相应认证方可获得有认证要求的订单,系统将自动判定企业是否拥有该认证。

提示:无须对 ISO 单独投放广告。

各企业应根据相应产能、设备投资计划选取订单,避免接单不足导致设备闲置或盲目接单,无法按时交货。可在系统中双击"订单信息"查询。

6. 按订单交货

营销总监检查各成品库中的成品数量是否满足客户订单要求,满足则按照客户订单交付约定数量的产品给客户。客户检查数量和交货期是否满足订单要求,满足则收获,并按订单上列明的条件支付货款,若为现金(0 账期)付款,营销总监直接将现金置于现金库,财务总监做好现金收支记录;若为应收账款,营销总监将现金置于应收款相应账期处。在系统中双击按订单交货,选择要交货的订单,系统将自动减少成品库存,增加相应现金或应收款。如果库存不足或交货期已过,系统就不允许交货。

提示:必须按订单整单交货;交货必须在订单规定的交货期或之前。

(四)厂房购买、出售与租赁

企业目前拥有自主厂房,大厂房,价值 40M;另有小厂房可供选择使用。有关各厂房购买、租赁、出售的相关信息见表 5-3。

表 5-3 厂房购买、出售与租赁

厂房	买价	租金	售价	容量
大厂房	40M	5M/年	40M(4Q)	6 条生产线
小厂房	30M	3M/年	30M(4Q)	4 条生产线

(1)如果企业已租或已购买了厂房,可以进行如下处理:

①如果已购买的厂房中没有安装生产线,可卖出,增加 Q4 账期应收款;

②如果已购买的厂房中有生产线,卖出后增加 Q4 账期应收款,并自动转为租用,从现金中扣除一年租金,记下起租的季度。

(2)如果租用的厂房已满一年,可以进行如下处理:

①不论是否有生产线,均可支付现金,转为购买(租转买),此时,只需要按厂房的购买价格(大厂房 40M,小厂房 30M)扣除足量现金即可;

②如果厂房中没有生产线,可以选择退租;

③对已租用的厂房继续租用时,可以不执行任何操作,"系统"将自动判定交下一年租金的时间,当季结束时自动从现金中扣除。

提示:年底决定厂房是购买还是租赁,如果年底出售了厂房则要租用厂房(不能露天生产),出售厂房计入 4Q 应收款,购买后将购买价放在厂房价值处,厂房不提折旧。租赁厂房每年末支付租金,出售厂房计入应收款。

(五)生产线购买、转产与维修、出售

企业目前有三条手工生产线和一条半自动生产线,另外可供选择的生产线还有全自动生产线和柔性生产线。不同类型生产线的主要区别在于生产效率和灵活性。生产效率是指单位时间生产产品的数量;灵活性是指转产生产新产品时设备调整的难易性,如图 5-2 所示。有关生产线购买、转产与维修、出售的相关信息见表 5-4。

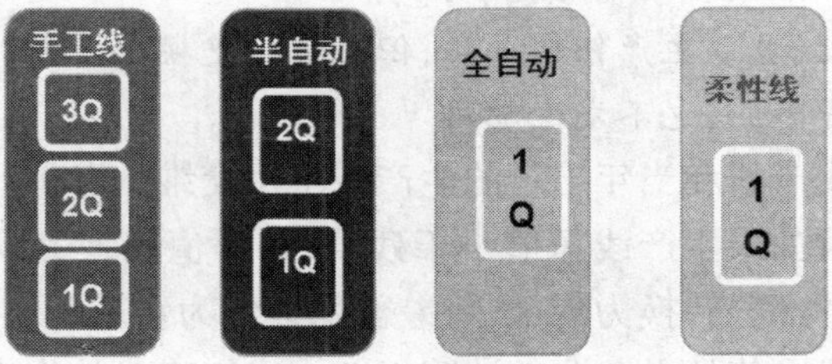

图 5-2 四种生产线

表 5-4 生产线购买、转产与维修、出售相关信息

生产线	购买价格	安装周期	生产周期	转产周期	转产费用	维护费用	出售残值
手工线	5 M	无	3Q	无	无	1M/年	1M
半自动	8 M	2Q	2Q	1Q	1M	1M/年	2M
全自动	16M	4Q	1Q	2Q	4M	1M/年	4M
柔性线	24M	4Q	1Q	无	无	1M/年	6M

所有生产线都能生产所有产品,所需支付的加工费相同,1M/产品。

购买:投资新生产线时按安装周期平均支付投资,全部投资到位的下一个季度领取产品标识,开始生产,如图 5-3 所示。

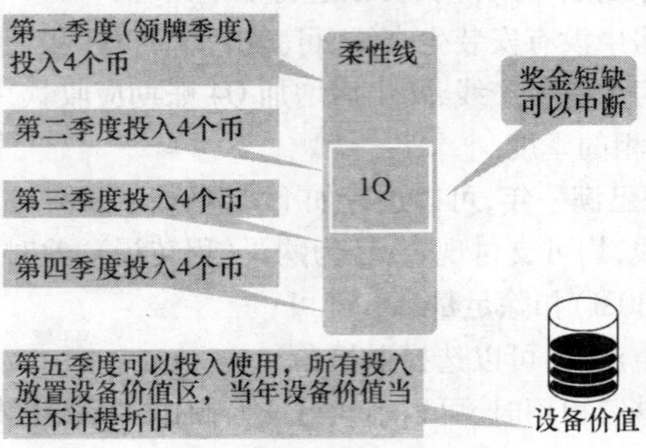

图 5-3　生产线购买步骤

转产：生产线转产是指生产线转产生产其他产品。不同生产线类型转产所需要的调整时间和资金投入是不同的。如果需要转产且该生产需要一定的转产周期及转产费用，请生产总监翻转生产线标识，领取新的产品标识，按季度向财务总监申请并支付转产费用放于生产线标识上，停工满足转产周期要求并支付全部转产费用后，再次翻转生产线标识，开始新的生产。财务总监做好现金收支，并将转产费放于盘面相应位置处。

在系统中双击生产线转产，选择需要转产的生产线及转产后生产产品并确认，系统会在当季开始时自动判定转产是否完成。

以自动线为例，转产需要一个周期，共 2M 转产费，在第一季度开始转产，投资 2M 转产费，第二季度完成转产，可以生产新产品。

提示：手工线、柔性线可以生产任何产品，但若需要更换生产产品，在系统中仍需要进行转产操作，但不需要花费时间，也不发生费用。

维护：当年在建的生产线和当年出售的生产线不用交维护费。

出售：出售生产线时如果生产线净值小于残值，将净值转换为现金；如果生产线净值大于残值，将相当于残值的部分转换为现金，将差额部分作为费用处理（综合费用或其他）。

折旧：每年按生产线净值的 1/3 取整计算折旧。当年建成的生产线不提折旧，当生产线净值小于 3M 时每年提 1M 折旧。

（六）产品的生产和原材料的采购

生产：开始生产时按产品结构要求将原料放在生产线上并支付加工费，各条生产线生产产品的加工费有所不同，见表 5-5。

表 5-5　不同生产线不同产品加工费

产品	手工线加工费	半自动加工费	全自动/柔性线加工费
P1	1M	1M	1M
P2	2M	1M	1M
P3	3M	2M	1M
P4	4M	2M	1M

采购：根据上季度所下采购订单接受相应原料入库，并按规定付款或计入应付款，用空

桶表示原材料订货，将其放在相应的订单上，R1、R2 订购必须提前一个季度，R3、R4 订购必须提前两个季度。货物到达企业时必须照单全收，并按规定支付原料费或计入应付账款，见表5－6。

表 5－6　不同采购量采购政策

	原料采购（每个原材料 R 价格 1M）	账期
每次采购某个品种原材料	5 个以下	现金交易
	6～10 个	1Q
	11～15 个	2Q
	16～20 个	3Q
	20 个以上	4Q

各线不能同时生产两个产品；空生产线才能上线生产，一条生产线只能生产一个产品；上线生产必须有原料，否则必须"停工待料"。

（七）产品研发与国际认证体系

企业目前可以生产并销售 P1 产品。根据预测，另有技术含量依次递增的 P2、P3、P4 的三种产品有待开发。

1. 产品研发

不同技术含量的产品，需要投入的研发时间和研发投资是有区别的。新产品研发投资可以同时进行，按季度平均支付或延期，资金短缺时可以中断，但必须完成投资后方可接单生产，见表5－7。

表 5－7　产品研发需要投入的时间及研发费用

产品	P2	P3	P4	备注说明
研发时间	6Q	6Q	6Q	各产品可同步研发；接研发周期平均支付研发投资；资金不足时可随时中断或终止；全部投资完成的下一周期方可开始生产
研发投资	6M	12M	18M	某产品研发投入完成后，可领取产品生产资格证

研发投资计入综合费用，研发投资完成后持全部投资换取产品生产资格证后放置在相应位置，表示已取得相应产品生产资格，如图 5－4 所示。

图 5－4　生产资格标识放置区域

2. ISO 认证

随着中国加入世界贸易组织，客户的质量意识及环境意识越来越清晰。经过一定时间的市场孕育，最终会反映在客户订单中。新市场开拓 ISO 资格投资只有在每年第四季才允许操作。企业要进行ISO认证，需要经过一段时间并花费一定费用，见表5－8。

表5－8　国际认证需要投入的时间及认证费用

ISO认证体系	ISO 9000质量认证	ISO 14000质量认证	说明
持续时间	≥2年	≥3年	两项认证可以同时进行 资金短缺的情况下，投资随时可以中断 认证完成后可以领取相应ISO资格证
认证费用	2M	3M	

(八)融资贷款与贴现

资金是企业的血液，是企业任何活动的支撑。在ERP沙盘模拟课程中，企业尚未上市，因出其融资渠道只能是银行借款、高利贷和应收账款贴现。下面对比几种融资方式列于表5－9中。

表5－9　企业可能的各项融资手段及财务费用

贷款类型	贷款时间	贷款额度	年息	还款方式
长期贷款	每年年末	权益的2倍	10%	年底付息，到期还本
短期贷款	每季度初	权益的2倍	5%	到期一次还本、付息
高 利 贷	任何时间		20%	到期一次还本、付息
资金贴现	任何时间	视应收款额	1∶6	变现时贴息

提示：

(1)无论长期贷款、短期贷款还是高利贷均以20M为基本贷款单位。长期贷款最长期限为5年，短期借款及高利贷期限为1年，不足1年的按1年计息，贷款到期后返还。

(2)应收账款贴现随时可以进行；金额必须是7的倍数；不考虑应收账款的账期，每7M的应收款交纳1M的贴现费用，其余6M作为现金放入现金库。

(九)综合费用与折旧、税金

综合费用：行政管理费、市场开拓、产品研发、ISO认证、广告费、生产线转产、设备维修、厂房租金等计入综合费用。

折旧：设备折旧按余额递减法计算，每年按生产线净值的1/3取整计算折旧。当年建成的生产线不提折旧，当生产线净值小于3M时，每年提1M折旧。

税金：每年所得税计入应付税金，在下一年初交纳。

第二节　手工沙盘起始年运行

新团队组建，深入了解了企业的基本情况后即将受命经营企业，但是对企业运作的规则和流程可能并没有完全理解，需要老团队“扶上马，送一程”，因此起始年就是新团队的教学年，在教学年里新团队没有太多自主权，主要是在企业经营的原有基础上熟悉运作流程和规则。起始年在教师的统一组织下进行。

一、起始年运营规则

起始年里，新团队需要遵守的运营规则主要有：不进行任何贷款；不投资新的生产线；不进行产品研发；不购买新厂房；不开拓新市场；不进行ISO认证；每季度下1个R1原料的采购订单；生产持续进行。

模拟企业每年运行都有运营表，按照流程逐步进行，并在沙盘盘面上进行相应的操作。需要注意的是运营表中的流程都是从上到下、从左到右的顺序进行，不可跳跃流程步骤。

二、起始年运行

在运营表（表5-10）中按照流程运行起始年，一年是按照四个季度（即4Q）为单位运行的，图表中阴影部分表示该项业务在该季度不进行。比如，新年度规划会议、参加订货会/登记销售订单、制订新年度计划、支付应付税等业务在每年度开始的第一季操作完成后，第二、三、四季度是不操作的；支付利息/更新长期贷款/申请长期贷款、支付设备维护费、支付租金/购买厂房、计提折旧、新市场开拓/ISO认证投资及结账等业务只有在每年度末即第四季度才进行的。

表5-10 运营表格

企业经营流程	每执行完一项操作，团队成员请在相应的方格内打勾，并在方格中填写现金收支情况。			
新年度规划会议				
参加订货会/登记销售订单				
制订新年度计划				
支付应付税				
季初现金盘点（请填余额）				
更新短期贷款/还本付息/申请短期贷款（高利贷）				
更新应付款/归还应付款				
原材料入库/更新原料订单				
下原料订单				
更新生产/完工入库				
投资新生产线/变卖生产线/生产线转产				
向其他企业购买原材料/出售原材料				
开始下一批生产				
更新应收款/应收款收现				
出售厂房				

续表

企业经营流程	每执行完一项操作，团队成员请在相应的方格内打勾，并在方格中填写现金收支情况。			
向其他企业购买成品/出售成品				
按订单交货				
产品研发投资				
支付行政管理费				
其他现金收支情况登记				
支付利息/更新长期贷款/申请长期贷款				
支付设备维护费				
支付租金/购买厂房				
计提折旧				(　　)
新市场开拓/ISO资格认证投资				
结账				
现金收入合计				
现金支出合计				
期末现金对账(请填余额)				

(一)年初要做的几项工作

1. 新年度规划会议

新的一年开始之际，企业管理团队要制订(调整)企业战略，进行经营规划、设备投资规划、营销策划方案等。具体来讲，需要进行销售预算和可承诺量的计算。

常言道“预则立，不预则废”。预算是企业经营决策和长期投资决策目标的一种数量表现，即通过有关的数据将企业全部经济活动的各项目标具体地、系统地反映出来。销售预算是编制预算的关键和起点，主要是对本年度要达成的销售目标的预测，销售预算的内容是销售数量、单价和销售收入等。

可承诺量的计算：参加订货会之前需要计算企业的可接单量。企业可接单量主要取决于现有库存和生产能力，因此产能计算的准确性直接影响到销售交付。

2. 参加订货会/支付广告费，登记销售订单

参加订货会：各企业派销售主管参加订货会，按照市场地位、广告投放、竞争态势、市场需求等条件分配客户订单。广告投放实际是企业与竞争对手博弈的过程，信息是否对称对企业的广告决策影响极大，为获取相对充分的竞争对手信息，企业可以派出商业间谍人员搜集其他企业信息。研究决定广告投放组合后，填制《广告登记表》，见表5-11。统一上交，参加订货会。

表5-11　广告登记表

第4年——　　组(本地)						(区域)					
产品	广告	单额	数量	9000	14000	产品	广告	单额	数量	9000	14000
P1						P1					
P2						P2					
P3						P3					
P4						P4					

提示:争取客户订单前,应以企业的产能、设备投资计划等为依据,避免接单不足,设备闲置或盲目接单,无法按时交货,引起企业信誉降低。

支付广告费:财务主管将广告费放置在沙盘上的“广告费”位置;会计主管记录支出的广告费。

登记销售订单:客户订单相当于与企业签订的订货合同,需要进行登记管理。销售主管领取订单后,负责将订单登记在“订单登记表”中,记录每张订单的订单号、所属市场、所订产品、产品数量、订单销售额、应收账期等,见表5-12。

表5-12　订单登记表

订单号											合计
市场											
产品											
数量											
账期											
销售额											
成本											
毛利											
未售											

按照订单交货完成,在表中填写成本、毛利及未售情况。

3. 制订新年度计划

在明确今年的销售任务后,需要以销售为龙头,结合企业对未来的预期编制生产计划、采购计划、设备投资计划并进行相应的资金预算。将企业的供产销活动有机结合起来,使企业各部门的工作形成一个有机的整体。

4. 支付应付税

依法纳税是每个企业及公民的义务。请财务主管按照上一年度利润表的“所得税”一项的数值取出相应的现金放置于沙盘上的“税金”处,会计主管做好现金收支记录。

（二）每季度要做的工作

1. 季初现金盘点

财务总监盘点当前现金库中的现金，会计主管在企业经营记录表（1）中记录现金余额。其他主管各自盘点所管理的实物，并将数量记录在企业经营记录表（2）中。

2. 更新短期贷款，还本付息，申请短期贷款

更新短期贷款：如果企业有短期贷款，请财务主管将空桶向现金库方向移动一格。移至现金库时，表示短期贷款到期。

还本付息：短期贷款的还款规则是利随本清。短期贷款到期时，每桶需要支付1M（20M×5%）的利息，因此，本金与利息共计21M。财务总监从现金库中取现金，其中20M还给银行，1M放置于沙盘上的“利息”处，会计主管做好现金收支记录。

申请短期贷款：短期贷款只有在这一时点上可以申请，财务主管到银行办理贷款手续。可以申请的最高额度为：

本年可贷款额＝上一年所有者权益×2－已有短期贷款

提示：企业随时可以向银行申请高利贷，高利贷贷款额度视企业当时的具体情况而定。如果贷了高利贷，可以用倒置的空桶表示，并与短期借款同样管理。

3. 更新应付款/归还应付款

请财务主管将应付款向现金库方向推进一格。到达现金库时从现金库中取现金付清应付款，会计主管做好现金收支记录。

4. 原材料入库，更新原料订单

供应商发出的订货已运抵企业时，企业必须无条件接受货物并支付原料款。采购主管将原料订单区中的空桶向原料库方向推进一格，到达原料库时向财务主管申请原料款，支付给供应商，换取相应的原料，在企业经营记录表中登记入库的原料数量。如果用现金支付，会计主管要做好现金收支记录。如果启用应付账款，在沙盘上做相应标记。

5. 下原料订单

采购主管根据年初制订的采购计划，决定采购的原料的品种及数量，每个空桶代表一批原料，将相应数量的空桶放置于对应品种的原料订单处。

6. 更新生产/完工入库

由生产主管将各生产线上的在制品上推进一格。产品下线表示产品完工，将产品放置于相应的产成品库，在企业经营记录表中登记入库的产品数量。

7. 投资新生产线，变卖生产线/生产线转产

投资新生产线：投资新设备时，生产主管向指导老师领取新生产线标识，翻转放置于某厂房相应位置，其上放置与该生产线安装周期相同的空桶数，每个季度向财务主管申请建设资金，额度＝设备总购买价值/安装周期，会计主管做好现金收支记录。在全部投资完成后的下一季度将生产线标识翻转过来，领取产品标识，可以开始投入使用。

变卖生产线：当生产线上的在制品完工后可以决定是否变卖生产线。生产线按净值出售，财务主管直接将生产线净值转为现金，会计主管做好现金收支记录。

生产线转产：生产线转产是指某生产线转而生产其他产品。不同生产线类型转产所需的调整时间及资金投入是不同的。如果需要转产且该生产线需要一定的转产周期及转产费用，请生产主管翻转生产线标识，按季度向财务主管申请并支付转产费用，停工满足转产周期要求并支付全部的转产费用后，再次翻转生产线标识，领取新的产品标识，开始新的生产。会计主管做好现金收支记录。

提示：生产线一旦建设完成，不得在各厂房间随意移动。

8. 向其他企业购买原材料，出售原材料

新产品上线时，原料库中必须备有足够的原料，否则需要停工待料。这时采购主管可以考虑向其他企业购买。如果按原料的原值购入，购买方视同"原材料入库"处理，出售方采购主管从原料库中取出原料，向购买方收取同值现金，放入现金库并做好现金收支记录。如果高于原料价值购入，购买方将差额（支出现金-原料价值）记入利润表中的其他支出；出售方将差额记入利润表中的其他收入，会计主管做好现金收支记录。双方采购主管登记出入库的材料数量。

9. 开始下一批生产

当更新生产/完工入库后，某些生产线的在制品已经完工，可以考虑开始生产新产品。由生产主管按照产品结构从原料库中取出原料，并向财务主管申请产品加工费，将上线产品放到离原料库最近的生产周期，在企业经营记录表中登记在制的产品数量。采购主管登记出库的原料数量。

10. 更新应收款/应收款收现

财务主管将应收款向现金库方向推进一格，到达现金库时即成为现金，会计主管做好现金收支记录。

提示：在资金出现缺口且不具备银行贷款的情况下，可以考虑应收款贴现。应收款贴现随时可以进行，财务主管按 7 的倍数取应收账款，其中 1/7 作为贴现费用置于沙盘上的"贴息"处，6/7 放入现金库，会计主管做好现金收支记录。应收账款贴现时不考虑账期因素。

11. 出售厂房

资金不足时可以出售厂房，厂房按购买价值出售，但得到的是 4 账期应收账款。

12. 向其他企业购买成品/出售成品

如果产能计算有误，有可能本年度不能交付客户订单，这样不仅信誉尽失，且要接受订单总额的 25% 的罚款。这时销售主管可以考虑向其他企业购买产品。如果以成本价购买，买卖双方正常处理；如果高于成本价购买，购买方将差价（支付现金-产品成本）记入直接成本，出售方将差价记入销售收入，财务主管做好现金收支记录。双方的销售主管登记出入库的产品数量。

13. 按订单交货

销售主管检查各成品库中的成品数量是否满足客户订单要求，满足则按照客户订单交付约定数量的产品给客户，并在订单登记表中登记该批产品的成本。客户按订单收货，并按订单上列明的条件支付货款，若为现金（0账期）付款，财务主管直接将现金置于现金库，会计主管做好现金收支记录；若为应收账款，销售主管将现金置于应收账款相应账期处，并在企业经营记录表中登记出库的产品数量。

提示：必须按订单整单交货。

14. 产品研发投资

按照年初制订的产品研发计划，研发主管向财务主管申请研发资金，置于相应产品生产资格位置。会计主管做好现金收支记录。

提示：产品研发投资完成，领取相应产品的生产资格证。

15. 支付行政管理费

管理费用是企业为了维持运营发放的管理人员工资、必要的差旅费、招待费等。财务主管取出1M摆放在“管理费”处，会计主管做好现金收支记录。

16. 其他现金收支情况登记

除以上引起现金流动的项目外，还有一些没有对应项目的，如应收账款贴现、高利贷利息，未交订单罚款等，可以直接记录在该项中。

17. 现金收入合计

会计主管统计本季度现金收入总额。其他业务主管登记本季度入库的原料/产品/在制品的数量。

18. 现金支出合计

会计主管统计本季度现金支出总额。第四季度的统计数字中包括第四季度本身的和年底发生的。其他业务主管登记本季度出库的原料/产品/在制品的数量。

19. 期末现金对账

财务主管盘点现金余额，会计主管做好登记。其他业务主管盘点所管理的要素的数量并登记。

（三）每年年末需要做的工作

1. 支付利息/更新长期贷款/申请长期贷款

支付利息：长期贷款的还款规则是每年付息，到期还本。如果当年未到期，每桶需要支付2M（20M×10%）的利息，财务主管从现金库中取出长期借款利息置于沙盘上的“利息”处，会计主管做好现金收支记录。长期贷款到期时财务主管从现金库中取出现金归还本金及当年的利息，会计主管做好现金收支记录。

更新长期贷款：如果企业有长期贷款，请财务主管将空桶向现金库方向移动一格；当移至现金库时，表示长期贷款到期。

申请长期贷款：长期贷款只有在年末可以申请。

可以申请的额度为：

本年可贷款额＝上一年所有者权益×2－已有长期贷款

2. 支付设备维修费

在用的每条生产线需支付 1M 的维护费,生产主管向财务主管提出设备维修申请,财务主管取相应现金置于沙盘上的“维修费”处,会计主管做好现金收支记录。

3. 支付租金/购买厂房

大厂房为自主厂房,如果本年在小厂房中安装了生产线,此时要决定该厂房是购买还是租用。如果购买,财务主管取出与厂房价值相等的现金置于沙盘上的厂房价值处;如果租赁,财务主管取出与厂房租金相等的现金置于沙盘上的“租金”处,无论购买还是租赁,会计主管都应做好现金收支记录。

4. 计提折旧

厂房不提折旧,设备按平均年限法计提折旧,在建工程及当年新建设备不提折旧。财务主管从生产线净值中取折旧费放置于沙盘上的“折旧”处。在使用年限最后一年,将剩余折旧全部提足。

提示:计提折旧时只可能涉及生产线净值和其他费用两个项目,与现金流无关,因此在企业运营流程中标注了“(　　)”以示区别,计算现金收支合计时不应考虑该项目。

5. 新市场开拓/ISO 资格认证投资

新市场开拓:市场主管向财务主管申请市场开拓费,财务主管取出现金放置在要开拓的市场区域,会计主管做好现金支出记录。市场开发完成,从指导教师处领取相应市场准入证。

ISO 资格认证投资:人力资源主管向财务主管申请 ISO 认证费用,财务主管取出现金放置在要认证的项目上,会计主管做好现金支出记录。认证完成后从指导老师处领取 ISO 资格证。

6. 结账

会计主管需要编制产品核算统计表、综合管理费用明细表、利润表和资产负债表。年度结束之后,指导教师将会取走沙盘上企业已支出的各项成本,为来年做好准备。

起始年运行结束后,结果见表 5-13。

表 5-13　起始年运行结果

企业经营流程	每执行完一项操作,团队成员请在相应的方格内打勾,并在方格中填写现金收支情况。			
新年度规划会议	√			
参加订货会/登记销售订单	1			
制订新年度计划	√			
支付应付税	1			
季初现金盘点(请填余额)	18	14	10	22
更新短期贷款/还本付息/申请短期贷款(高利贷)	√	√	√	√
更新应付款/归还应付款	×	×	×	×
原材料入库/更新原料订单	2	1	1	1

续表

企业经营流程	每执行完一项操作，团队成员请在相应的方格内打勾，并在方格中填写现金收支情况。			
下原料订单	√	√	√	√
更新生产/完工入库	√	√	√	√
投资新生产线/变卖生产线/生产线转产	√	√	√	√
向其他企业购买原材料/出售原材料	×	×	×	×
开始下一批生产	1	2	1	2
更新应收款/应收款收现	√	√	15	32
出售厂房	×	×	×	×
向其他企业购买成品/出售成品	×	×	×	×
按订单交货	×	√	×	×
产品研发投资	×	×	×	×
支付行政管理费	1	1	1	1
其他现金收支情况登记	×	×	×	×
支付利息/更新长期贷款/申请长期贷款				4
支付设备维护费				4
支付租金/购买厂房				×
计提折旧				（4）
新市场开拓/ISO资格认证投资				×
结账				×
现金收入合计	0	0	15	32
现金支出合计	4	4	3	12
期末现金对账（请填余额）	14	4	22	42

填制产品核算统计表，见表5－14。

表5－14 产品核算统计表

	P1	P2	P3	P4	合计
数量	6				6
销售额	32				32
成本	12				12
毛利	20				20

填制综合管理费用明细表,见表 5-15。

表 5-15 综合管理费用明细表 单位:百万

项 目	金 额	备 注
管理费	4	
广告费	1	
保养费	4	
租 金		
转产费		
市场准入开拓		□区域 □国内 □亚洲 □国际
ISO 资格认证		□ISO 9000 □ISO 14000
产品研发		P2( ) P3( ) P4( )
其 他		
合 计	9	

根据经营情况编制财务报表,见表 5-16 及表 5-17。

表 5-16 利润表

项 目	上 年 数	本 年 数
销售收入	35	32
直接成本	12	12
毛利	23	20
综合费用	11	9
折旧前利润	12	11
折旧	4	4
支付利息前利润	8	7
财务收入/支出	4	4
其他收入/支出		
税前利润	4	3
所得税	1	1
净利润	3	2

表 5-17 资产负债表

资 产	期初数	期末数	负债和所有者权益	期初数	期末数
流动资产:			负债:		
现金	20	42	长期负债	40	40
应收款	15	0	短期负债		
在制品	8	8	应付账款		
成品	6	6	应交税金	1	1

续表

资产	期初数	期末数	负债和所有者权益	期初数	期末数
原料	3	2	一年内到期的长期负债		
流动资产合计	52	58	负债合计	41	41
固定资产:			所有者权益:		
土地和建筑	40	40	股东资本	50	50
机器与设备	13	9	利润留存	11	14
在建工程	0	0	年度净利	3	2
固定资产合计	53	49	所有者权益合计	64	66
资产总计	105	107	负债和所有者权益总计	105	107

提示:本年度的利润留存为上年度年度净利与利润留存之和。

(四)模拟经营最终结束后的评分

完成预先规定的经营年限,将根据各队的最后权益、生产能力、资源状态等进行综合评分,分数高者为优胜。总分计算公式如下。

$$总分 = 最终权益 \times (1 + A/100)$$

综合得分 A 为表 5-18 所示各项得分分数之和。

表 5-18　评分项目表

项目	分值
手工生产线	+5/条
半自动生产线	+7/条
全自动/柔性线	+10/条
区域市场开发	10
国内市场开发	10
亚洲市场开发	10
国际市场开发	10
ISO 9000	10
ISO 14000	10
P1 产品开发	10
P2 产品开发	10
P3 产品开发	10
P4 产品开发	10

第三节 电子沙盘运营指南与操作提示

一、经营前准备

(一)学生

角色到位——总经理、财务总监、生产总监、营销总监、采购总监;
每队一张盘面——代表一家虚拟企业;
每队灰币若干——代表创业资金;
每队联网至少电脑一台——输入经营决策;
任务清单(分角色)、会计报表、预算表、产品核算统计表等若干。

(二)管理员(教师)

服务器安装、网络连接、投影仪等到位;
银行、客户、原料供应商等辅助角色到位;

二、系统初始化

打开 IE,键入 http://服务器 IP/manage,输入默认系统管理员账号及密码(均为 admin)。

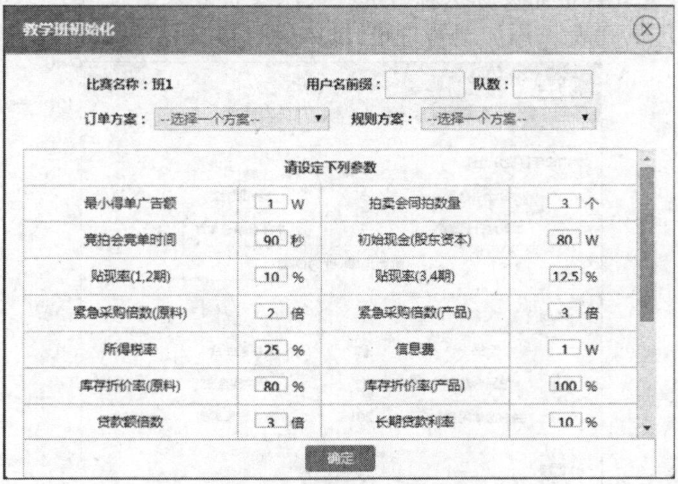

图 5-5 系统初始化界面图

(一)设置系统参数

可以根据训练需要修改经营参数,也可以接受默认值。双击"系统参数",修改相应参数,并确认。

确定分组方案。“商战”企业模拟经营系统支持2～99队经营，管理员可根据分组情况选择，双击“数据初始化”，选择分组方案，并为各队命队为A、B、C……初始状态设为NEW，经营时间设为第1年第1季。如图5－6所示。

最小得单广告额	1 W	拍卖会同拍数量	3 个
竞拍会竞单时间	90 秒	初始现金(股东资本)	8000 W
贴现率(1,2期)	10.0 %	贴现率(3,4期)	12.5 %
紧急采购倍数(原料)	2 倍	紧急采购倍数(产品)	3 倍
所得税率	25.0 %	信息费	1 W
库存折价率(原料)	80.0 %	库存折价率(产品)	100.0 %
贷款额倍数	3 倍	长期贷款利率	10.0 %
最大长贷年限	5 年	管理费	1 W
订单首选补时	15 秒	是否存在市场老大	无 有
订会市场同开数量	2 个	订货会选单时间	45 秒
违约扣款百分比	20.0 %	短期贷款利率	5.0 %
厂房数	4 个		

图5－6　“商战”企业模拟经营系统参数设置界面图

提示：本教程引用规则及参数均为系统默认；经营初始状态只有现金，即各企业的创业资金，这也是系统名称来历；经营过程中不可以修改系统参数；以上工作时学生端不可进入系统。

(二)过程管理

运行管理员负责查看企业资源状态(图5－7)、发布公共信息(图5－8)、订单管理等日常事务。双击“管理员列表”，添加新管理员，输入管理员账号、密码。

第2年订货会管理			
合计回合数	33	剩余回合数	24
本年合计订单数	70	本年剩余订单数	63
重新选单 计时恢复			

本地			
产品	P1	当前回合	8
总回合数	11	剩余回合数	3
当前选单用户	201	剩余选单时间	23

区域			
产品	P2	当前回合	1
总回合数	11	剩余回合数	10
当前选单用户	201	剩余选单时间	11

图5－7　企业资源状态界面图

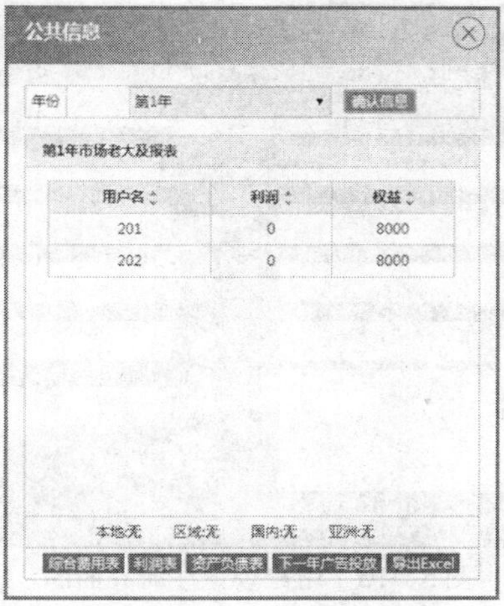

图 5-8　公共信息界面图

（三）组间交易

各队之间协商一致后，可以到管理员处进行组间交易，管理员双击组单交易按钮，选择出货方（卖方）、入货方（买方）、交易产品、数量及总价，确认即完成组间交易，如图 5-9 所示。

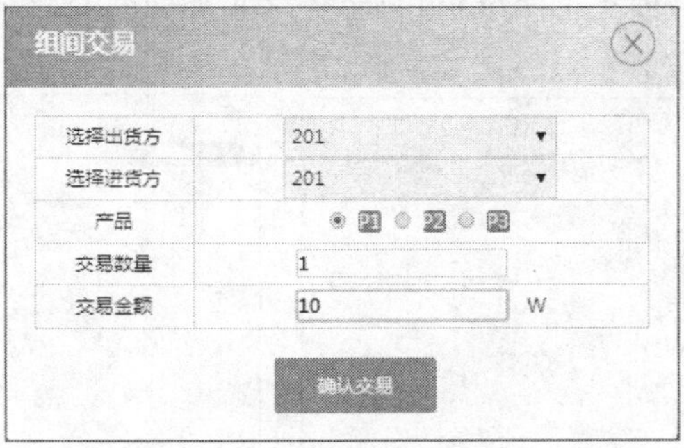

图 5-9　组间交易界面图

提示：出货方（卖方）账务处理视同销售，入货方视同紧急采购；只允许现金交易，并且只能交易产成品（P1，P2，P3，P4）；管理员需要判断双方系统时间是否符合逻辑，是否存在合谋；交易双方必须在同一年份。

打开新 IE 窗口，以运营管理员登录系统。

三、企业登录注册

各队系统操作人员登录前台，在 IE 地址栏中键入 http://服务器 IP/Member/Login. asp，以管理员为其分配的队名（A、B、C……）和初始密码（均为“1”）登录系统；

用户登记。首次进入系统需要修改密码、填写公司名称、宣言及各角色姓名，如图 5-10 所示。

提示：每一项均必填。

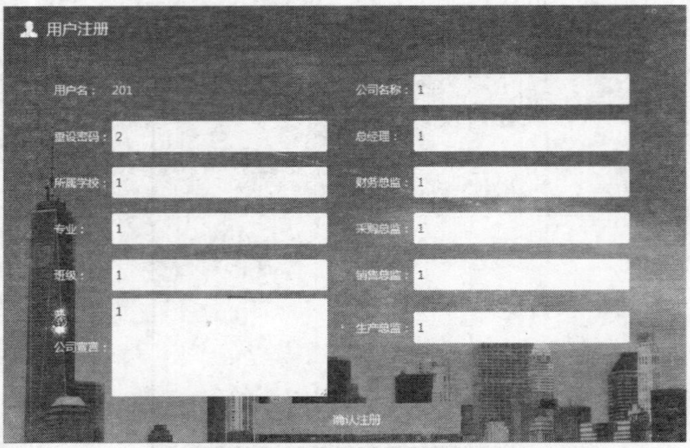

图 5－10　用户登记注册界面图

四、企业经营

（一）申请贷款

申请长短贷：支持企业以贷款的形式获取充足的资金发展企业。长贷最短年限为 1 年，短贷采用固定的贷款时间，为 4 个季度，可贷金额受企业所有者权益影响，如图 5－11、图 5－12 所示。

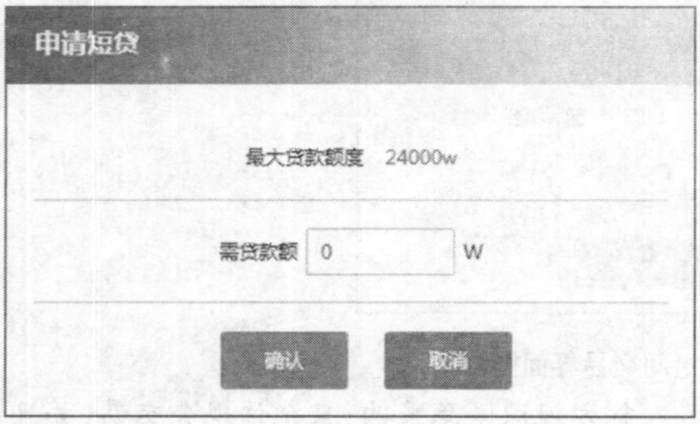

图 5－11　申请短贷界面图

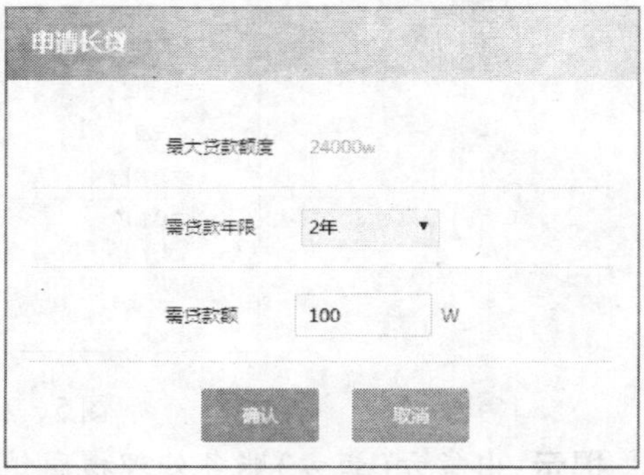

图 5－12　申请长贷界面图

（二）购租厂房、建生产线

模拟制造业建立厂房以及厂房变卖、租用等经营形式。规则中规定了购买和租用的价格，建造生产线的前提是购买或租用厂房。厂房没有建设周期，当厂房租期满一年后可以选择是否租转买等操作，如图 5－13、图 5－14 所示。

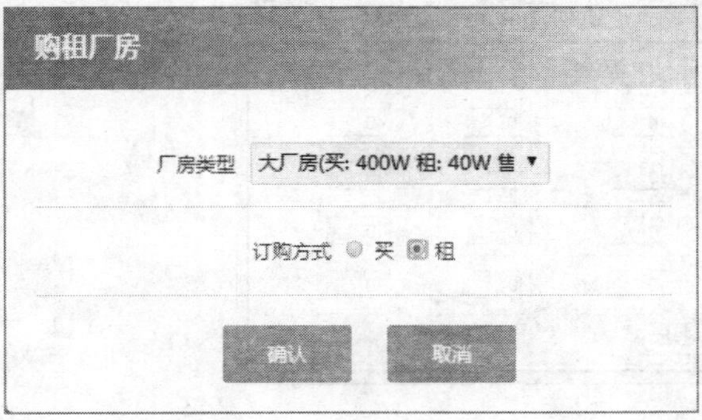

图 5－13 购租厂房界面图

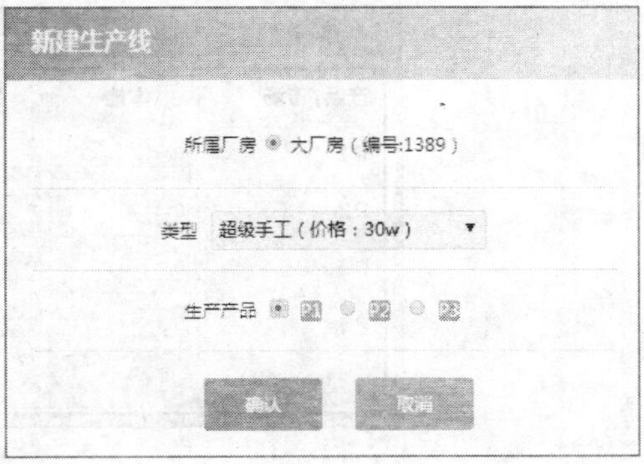

图 5－14 新建生产线界面图

（三）产品研发、市场开拓、ISO 投资

研发认证：模拟企业产品研发（图 5－15）、市场开拓（图 5－16）、ISO 投资（图 5－17）等过程。在系统中，研发需要投入时间、资金，研发高级产品或高级资质或更大市场，投入的时间资金也相应多些。只有投资期达到后，企业才能获得相应资格，也可以间断投资。

图 5－15 企业产品研发界面图

图 5－16 企业市场开拓界面图

图 5－17 企业 ISO 投资界面图

（四）广告投放

各队在对市场预测研究的基础上，按市场、产品组合投入广告，并确认（红色表示该市场未开发完成），如图 5－18 所示；双击参加订货会，进入等待订货会页面，如图 5－19 所示。双击参加竞单会，进入等待竞单会界面，如图 5－20 所示。

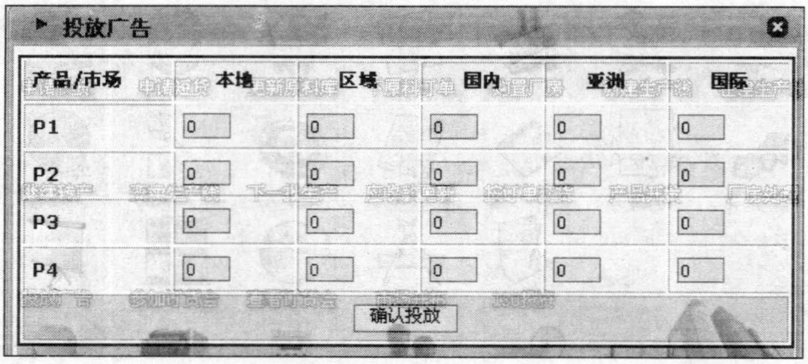

图 5－18　投放广告界面图

ID	用户	产品广告	市场广告	销售额	次数
1	201	22	44	0	4

编号	总价	单价	数量	交货期	账期	ISO	操作
S211_02	112	56.00	2	4	2	-	-
S211_08	154	51.33	3	4	1	-	-
S211_09	216	54.00	4	4	2	-	-
S211_11	117	58.50	2	4	0	-	-
S211_12	161	53.67	3	3	1	-	-
S211_13	197	49.25	4	3	2	-	-

图 5－19　订货会界面图

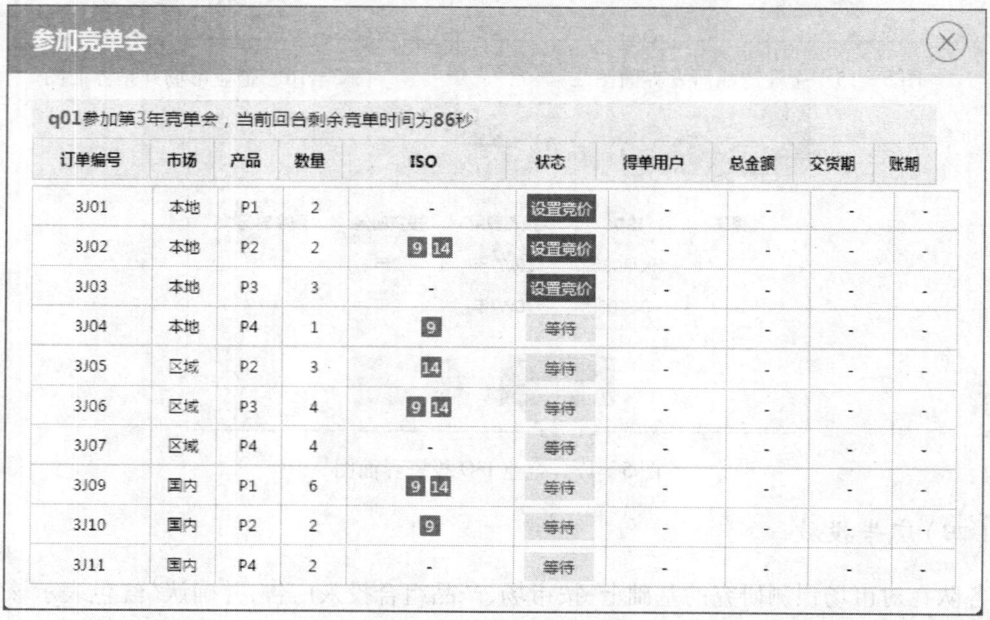

订单编号	市场	产品	数量	ISO	状态	得单用户	总金额	交货期	账期
3J01	本地	P1	2	-	设置竞价	-	-	-	-
3J02	本地	P2	2	9 14	设置竞价	-	-	-	-
3J03	本地	P3	3	-	设置竞价	-	-	-	-
3J04	本地	P4	1	9	等待	-	-	-	-
3J05	区域	P2	3	14	等待	-	-	-	-
3J06	区域	P3	4	9 14	等待	-	-	-	-
3J07	区域	P4	4	-	等待	-	-	-	-
3J09	国内	P1	6	9 14	等待	-	-	-	-
3J10	国内	P2	2	9	等待	-	-	-	-
3J11	国内	P4	2	-	等待	-	-	-	-

图 5－20　竞单会界面图

提示：若一个市场都未开发，也需要确认投放（系统认为投放金额为0）；

0竞单从第2年开始，第1年是基本建设年；

市场预测表中第1年需求量及价格数据仅仅起占位作用，实际有效预测数据从第2年开始。

（五）订单管理

管理员等待所有队伍均投放完广告可开始订货会。双击后台订单管理，出现如图5－21所示界面，单击开始选单即可。

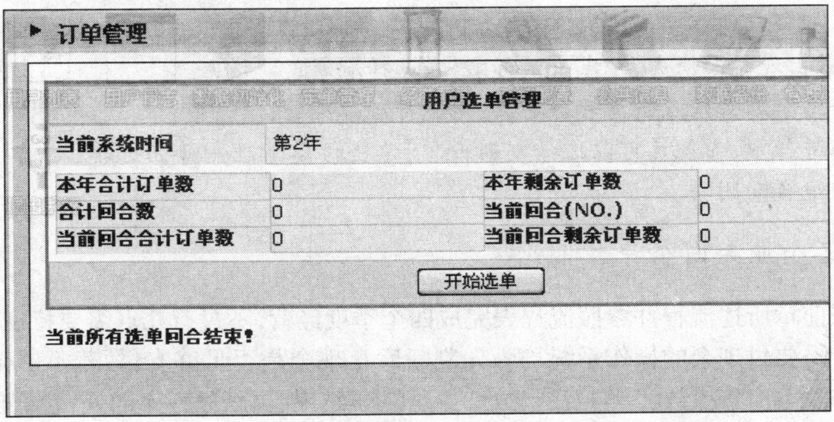

图5－21 订单管理界面图(1)

若有队伍未投放广告，则订单管理出现如下界面，无法开始订货会。如图5－22所示，A、B队广告已经投放完毕，等待订货会开始。C、D未投放广告。

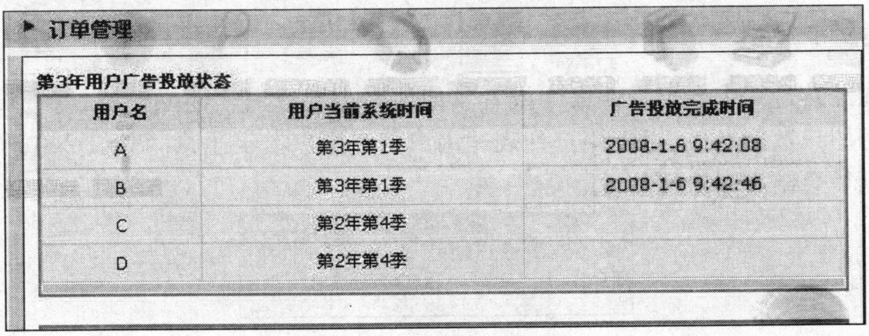

图5－22 订单管理界面图(2)

若管理员想强行开始订货会，需将未投放广告队伍取消参赛资格。单击用户列表，单击用户名，将其状态由“operation”改成“bankrupt”。

各队竞单。管理员开单后，各队可以在本地客户端选单（规则参照前章所述）。如图5－23所示。

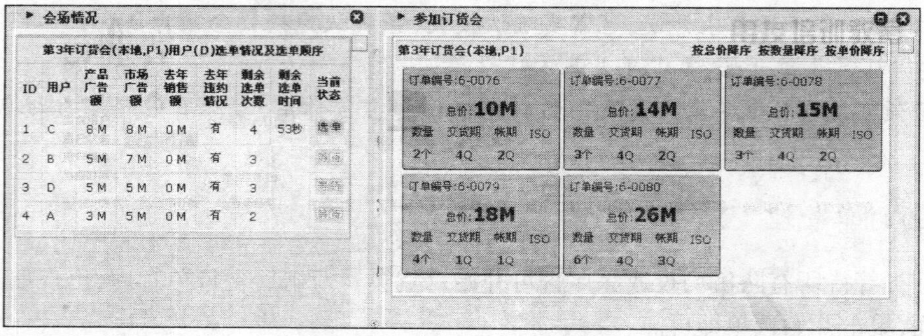

图5-23　会场情况及参加订货会界面图

提示:若出现界面消失,可点击鼠标右键,选择刷新;

订货会结束后必须点击离开会场,方能进行后续经营;

论货会进行中,管理员可以选择重新开单,单击订单管理—开始选单,之前已经选中的本年订单系统自动删除。

(六)各企业年内经营

可参照前章所述流程并参照流程表完成四个季度经营,不过有几点需要特别提示。

每一步需要付现金的操作系统均为先判断库存现金是否足够支付,若不够系统则不允许操作,并提示;广告投放完毕、当季开始、当季(年)结束、更新原料库四处,系统自动检测已有现金加上最大贴现及出售所有库存及厂房贴现是否足够支付,如果不够则破产退出系统,需联系裁判;当年结束,若权益为负,则破产退出系统,需联系裁判。更新原料库及更新应收款两个操作,是其他操作之开关;对操作顺序并无严格要求;可通过IM与裁判联系。

(七)还原处理

各队在经营过程中会出现误操作或者其他原因需要取消当前操作的,管理员可以根据实际情况将用户数据还原,点击用户列表—用户名—用户本年还原(图5-24),可将用户数据还原至订货会结束时状态。

图5-24　用户数据还原界面图

提示:还原点设置时间为订货会结束时刻;

本年订货会结束至下一年订货会开始之间任一时刻可以还原某队数据至本年订货会结束;

进行订货会时千万不要进行还原操作,否则可能出错;

管理员可对还原队伍进行一定惩罚(如扣现金)。

(八)数据备份

可在任意时刻将当前比赛数据进行备份。系统中只能同时有一套比赛数据。

(九)管理员职责

当在规定时间内完成当年经营(系统中完成"当年结束"),要求各队将当年报表交至管理员处核对。管理员可点击左上角该队名称,随时查看其报表与资源状况。当所有企业均完成经营,可通过1M公布上一年市场老大状况及综合报表情况(可通过公共信息查询)。各队在研判上一年市场情况及竞争态势后需在规定时间内投放下一年广告,开始新一年经营。

(十)赛后评分

完成预先规定的经营年限将根据各队的最后权益、生产能力、资源状态等进行综合评分,分数高者为优胜。总分计算公式为:

$$总分 = 最终权益 \times (1 + A/100) - 罚分$$

综合得分A为表5-18所示各项得分分数之和。

[最终权益×(1+A/100)]可在系统排行榜中查询。

(十一)罚分

罚分可以由管理员自行定夺。主要因素有:报表准确性;关账是否及时;广告投放是否及时;盘面与系统数据是否一致;是否有影响比赛的不良行为。

下面是2007年第三届用友杯全国大赛的扣分规则,仅供参考。

1. 运行超时扣分

运行超时是指不能按时提交报表的情况。处罚:超时10分钟之内的,按总分1分/分钟(含1分钟内)计算罚分;超过10分钟时将按2分/分钟扣罚,但最多只允许再超时5分钟,如果到15分钟后还不能提交报表时系统自动封账。被强行封账的参赛队按自动退出比赛处理。

上报的报表必须是账实相符的报表,如果上交的报表与"系统"提供的状况有误(如销售统计与利润表不符、资产负债表不平等),在总得分中扣罚10分/次,并以"系统"提供的报表为准修订沙盘状态。

2. 违规扣分

在运行过程中下列情况属违规:在每年后的公开查访时段,盘面与"系统"提供的状态不符;对裁判正确的判罚不服从;在比赛期间擅自到其他赛场走动;其他严重影响比赛正常进行的活动。

如有以上行为者,视情节轻重,扣除该队总得分的20~50分。

(十二)破产处理

若是现金断流,管理员可增加其库存现金,增加部分记入该队当年损益,并将其经营状态由"bankrupt"改为"operation";若是权益为负,可修改其经营状态。以上处理后,该队可继续经营。

五、操作任务汇总表

为了便于迅速掌握操作,将任务清单中所有操作特点列出以便于查询。见表5-19。

表 5-19 操作任务汇总表

手工操作流程	系统操作对应按钮	系统操作要点	系统操作次数限制
投放广告	投放广告	输入广告费确认	1次/年
参加订货会选订单/登记订单	参加订货会	选单	1次/年
支付应付税	投放广告	系统自动	1次/年
支付长期贷款利息	投放广告	系统自动	1次/年
更新长期贷款/长期贷款还款	投放广告	系统自动	1次/年
申请长期贷款	申请长贷	输入贷款数额并确认	不限
季初盘点(请填余额)	当季开始	产品下线,生产线完工(自动)	1次/季
更新短期贷款/短期贷款还本付息	当季开始	系统自动	1次/季
申请短期贷款	申请短贷	输入贷款数额并确认	1次/季
原材料入库/更新原料订单	更新原料库	需要确认金额	1次/季
下原料订单	下原料订单	输入并确认	1次/季
购买/租用——厂房	购置厂房	选择并确认,自动扣现金	不限
更新生产/完工入库	当季开始	系统自动	1次/季
新建、在建、转产、变卖——生产线	新建,在建,转产,变卖生产线	选择并确认	在建——1次/季
紧急采购(随时进行)	紧急采购	随时进行输入并确认	不限
开始下一批生产	下一批生产	选择并确认	不限
更新应收款/应收款收现	应收款更新	需要输入到期金额	1次/季
按订单交货	按订单交货	选择交货订单确认	不限
产品研发投资	产品研发	选择并确认	1次/季
厂房——出售(买转租)/退租/租转买	厂房处理	选择确认,转应收款	不限
新市场开拓/ISO资格投资	市场开拓,ISO投资	仅第四季允许操作	1次/年
支付管理费/更新厂房租金	当季(年)结束	系统自动	1次/季
出售库存	出售库存	输入并确认(随时进行)	不限
厂房贴现	厂房贴现	随时进行	不限
应收款贴现	贴现	输入并确认(随时进行)	不限
—	间谍	确认(随时进行)	不限
缴纳违约订单罚款	当年结束	系统自动	1次/年
支付设备维修费	当年结束	系统自动	1次/年
计提折旧	当年结束	系统自动	1次/年
新市场/ISO资格换证	当年结束	系统自动	1次/年
结账	当年结束	系统自动	1次/年

六、电子沙盘模拟重要经营规则

(1)生产线。

表 5-20 生产线类别表

生产线	购置费	安装周期	生产周期	总转产费	转产周期	维修费	残值
手工线	5M	无	3Q	0M	无	1M/年	1M
半自动	10M	2Q	2Q	1M	1Q	1M/年	2M
自动线	15M	3Q	1Q	2M	1Q	1M/年	3M
柔性线	20M	4Q	1Q	0M	无	1M/年	4M

不论何时出售生产线,价格为残值,净值与残值之差计入损失;只有空生产线方可转产;当年建成生产线需要交维修费。

(2)折旧(平均年限法)。

表 5-21 生产线折旧标准表

生产线	购置费	残值	建成第 1 年	建成第 2 年	建成第 3 年	建成第 4 年	建成第 5 年
手工线	5M	1M	0M	1M	1M	1M	1M
半自动	10M	2M	0M	2M	2M	2M	2M
自动线	15M	3M	0M	3M	3M	3M	3M
柔性线	20M	4M	0M	4M	4M	4M	4M

(3)融资。

表 5-22 贷款类型表

贷款类型	贷款时间	贷款额度	年息	还款方式
长期贷款	每年年初	所有长短贷之和不超过上年权益 3 倍	10%	年初付息,到期还本,10 倍数
短期贷款	每季度初		5%	到期一次还本付息,20 倍数
资金贴现	任何时间	视应收款额	12.5 %(3 季,4 季),10 %(1 季,2 季)	变现时贴息
库存拍卖	100 %(产品) 80 %(原料)			

（4）厂房 。

表 5－23　厂房类型表

厂房	买价	租金	售价	容量	
	40M	5M/年	40M	6	厂房出售得到 4 个账期的应收款，紧急情况下可厂房贴现直接得到现金
	30M	3M/年	30M	4	

厂房租入后一年后可作租转买、退租等处理，续租系统自动处理。

（5）市场准入。

表 5－24　市场类型表

市场	开发费	时间	
本地	1M/年	1 年	开发费用按开发时间在年末平均支付，不允许加速投资 市场开发完成后，领取相应的市场准入证
区域	1M/年	1 年	
国内	1M/年	2 年	
亚洲	1M/年	3 年	
国际	1M/年	4 年	

（6）资格认证。

表 5－25　资格认证类别表

认证	ISO 9000	ISO 14000	
时间	2 年	2 年	平均支付，认证完成后可以领取相应的 ISO 资格证，可中断投资
费用	1M/年	2M/年	

（7）产品物料清单。

表 5－26　产品物料清单

名称	开发费用	开发周期	加工费	直接成本	产品组成
P_1	1M/季	2 季	1M/个	2M/个	R_1
P_2	1M/季	4 季	1M/个	3M/个	R_2+R_3
P_3	1M/季	6 季	1M/个	4M/个	$R_1+R_3+R_4$
P_4	2M/季	6 季	1M/个	5M/个	$R_2+R_3+2R_4$

(8)原料设置。

表 5－27　原料设置表

名称	购买价格	提前期
R_1	1M/个	1 季
R_2	1M/个	1 季
R_3	1M/个	2 季
R_4	1M/个	2 季

(9)紧急采购。付款即到货,原材料价格为直接成本的 2 倍;成品价格为直接成为的 3 倍。

(10)选单规则。上年本市场销售额最高(无违约)优先;其次看本市场本产品广告额;再看本市场广告总额;再看市场销售排名;如仍无法决定,先投广告者先选单。

(11)破产标准。现金断流或权益为负。

(12)第一年无订单。

(13)交单可提前,不可推后,违约收回订单。

(14)取整项目。违约金扣除——向下取整;库存拍卖所得现金——向下取整;贴现费用——向上取整;扣税——向下取整。

(15)记入损失的项目。库存折价拍卖,生产线变卖,紧急采购,订单违约记入损失。

表 5－28　重要参数

违约扣款百分比	20%	最大长贷年限	5 年
库存折价率(产品)	100%	库存折价率(原料)	80%
长期贷款利率	10%	短期贷款利率	5%
贷款额倍数	3 倍	初始现金(股东资本)	60M
贴现率(1,2 期)	10%	贴现率(3,4 期)	12.5%
管理费	1M/季	信息费	0M/次
紧急采购倍数(原料)	2 倍	紧急采购倍数(产品)	3 倍
所得税率	25%	最大经营年限	7 年
选单时间	40 秒	选单补时时间	25 秒
竞单时间	40 秒	竞单同拍数	2
间谍有效时间	600 秒	间谍使用间隔	3000 秒

本章小结

企业是指从事商品生产、流通和服务等活动,为满足社会需要和盈利,进行自主经营,自负盈亏,具有法人资格的经济组织。

经营是指企业以市场为对象，以商品生产和商品交换为手段，为了实现企业的目标，使企业的投资、生产、销售等经济活动与企业的外部环境保持动态均衡的一系列有组织的活动。

企业经营的本质是股东权益最大化，即盈利。而从利润表中的利润构成中不难看出盈利的主要途径一是扩大销售（开源），二是控制成本（节流）。

企业的生存和发展离不开市场这个大环境。谁赢得市场，谁就赢得了竞争。市场是瞬息万变的，变化增加了竞争的对抗性和复杂性。

模拟企业每年运行都有运营表，按照流程逐步进行，并在沙盘盘面上进行相应的操作。需要注意的是运营表中的流程都是从上到下，从左到右的顺序进行，不可跳跃流程步骤。

电子沙盘运营指南与操作提示包括经营前准备、系统初始化、企业登录注册、企业经营、操作任务汇总表、电子沙盘模拟重要经营规则。

复习思考题

1. 什么是企业？什么是经营？
2. 企业经营的本质有哪些？
3. 简要介绍模拟企业运行的基本规则。
4. 如何编制模拟企业运营财务报表？
5. 电子沙盘操作步骤和运行的流程包括哪些内容？

第六章 ERP 沙盘模拟运营策略

学习目标

☞熟悉模拟企业战略选择时需注意的问题；
☞明确运行规则的重要性；
☞理解团队管理中的注意事项；
☞理解沙盘模拟的典型策略。

第一节 ERP 沙盘模拟运营的注意事项

一、模拟企业的战略决策与选择①

企业经营犹如在波涛汹涌的大海中航行。航船要驶向希望的彼岸就离不开罗盘和舵柄。

企业要在瞬息万变的竞争环境里生存和发展，也离不开企业战略的指引，因此，在制订发展战略时一定要注意控制发展速度。此举并非是提倡墨守成规、停滞不前，而是要注意发展的速度要与企业权益和财务状况平衡，这样企业的发展才能相得益彰。这也是管理的精髓之一，是“适度”的问题。

一些实训团队在制订企业发展战略时豪情万丈，气吞山河，大有扫平天下之势。一上阵就拼命铺设全自动和柔性生产线，研发全系列产品，开发全部市场，融资用到了极限。结果导致财务、研发、市场开拓等费用支出巨大，再加上生产线折旧等问题，公司权益下降迅速，甚至权益为负或现金断流，最后不得不宣告破产。

企业发展要注意以下问题。

(一)公司的定位问题

公司规模大还是小？生产产品是多品种还是少品种？市场开拓是许多市场还是少量市场？是努力成为市场领导者还是追随者？例如，某模拟公司拟采取全部市场 + 有限产品的

---

①刘平：《企业经营沙盘模拟实训手册》，清华大学出版社 2010 年版。

策略，所以，第一年只在本地市场投了2M广告费，销售了部分P1产品。在随后的第二年，模拟公司仍然只生产P1产品，并用较低的广告费用售出了一部分P1产品。模拟公司第一时间开发了所有市场，却并没有开发新产品。正当人们认为其发展滞后时，模拟公司在第三年年初跳过P2、P3产品，直接开发了P4产品，并开建一条P1产品的全自动生产线，保留一条P1产品的半自动生产线。在第三年第四期变卖了手工生产线，开始投资建设四条P4产品的全自动生产线，在第四年第二期与P4产品的研发同步完成，第三期开始生产P4。从第四年开始，由于其独家生产P4产品，包揽了P4产品的市场。第五年，由于有四条全自动生产线全力生产P4产品，该模拟公司在本地、区域、国内和亚洲四个有P4产品需求的市场上，均以3M广告费实现了重复选单，该模拟公司P4产品席卷了各个市场，并进行了P1产品向国际市场的转移。由于其P1产品的储备和仍保留的产能，在国际市场实现了P1产品的多次选单，抢占了国际市场的老大地位。第六年发展更是锦上添花。由于国际市场P1的利润率很高，其余各市场P4的利润率也很可观，该公司的权益大幅攀升。最终该公司用三年的时间实现了大逆转，赢得了竞赛。

（二）公司的市场定位

在资源有限的约束条件下，在很多情况下放弃比不计代价的掠取更明智。不可能做到全面开花、面面俱到，因此就要选取重点市场和重点产品。例如，A公司第一年在本地市场投放了8M广告费，夺得了市场老大的地位，早早地确立了自己的“主战场”。由于本地市场是综合需求量最大的一个市场，于是，A公司在随后的发展过程中变卖了手工生产线，在大厂房里新置了五条全自动生产线，开发了P2、P3产品，跳过区域市场，又开发了国内和亚洲市场，实现了产能与市场之间的平衡，持续稳健地发展。在企业融资和广告费用等方面节约了大量成本，健康发展到第六年，最终取得了第一的成绩。

又如，F公司第一年以5M的平均广告费投入获得了平均销量。第二年研发了P2产品，投资了两条P2全自动生产线，并开发了全部市场。第三年开发了P3产品，变卖了两条手工生产线，新建了两条P3全自动生产线。第四年开始大规模销售P2、P3产品，并取得了亚洲市场的老大地位。然而，此时由于各公司均大量生产P2、P3产品而趋于饱和，广告费竞争也非常激烈，于是F公司在这一年决定开辟新的市场——研发P4产品。F公司从第五年开始低成本销售P4产品，同时放弃一些利润率低的产品市场。6年经营结束，F公司凭借这种始终灵活转变的策略，最终赢得了竞赛的胜利。

放弃也是一种美，有时放弃比占有更重要。打完江山后，自然要保江山。这句话本身无可厚非，但值得注意的是要保有价值的江山。对于那些竞争激烈、利润空间小的市场要敢于放弃，依据自己的产品组合和竞争状况寻找新的市场，不断地“丢芝麻，捡西瓜”。

（三）公司的产能定位

生产线是产品加工的载体。本沙盘有手工、半自动、全自动和柔性四种生产线。不同的生产线，其购置价格、生产效率、折旧费用以及转产的灵活性都各不相同，因此，生产总监应会同财务总监、营销总监及CEO依据本公司的发展经营战略和财务状况选择恰当的时机投资恰当的生产线。具体来说，为了有效扩大生产能力，需要思考并回答“购置什么样的生产线？什么时候购买和购买多少？”的问题。为此，需要考虑以下几方面因素。

(1)生产线的安装周期。如果计划在第二年1Q生产P3产品,则应在第一年1Q开始投资建设柔性生产线,或在第一年2Q开始投资建设全自动生产线。

(2)产品研发周期。如P3、P4产品研发周期需要6Q,为避免生产线闲置可将该P3产品全自动生产线调整在第一年4Q开始投资。第二年2Q,生产线安装和产品研发同时完成,3Q开始生产。

(3)生产线的折旧。生产线的折旧影响公司的权益,而权益又决定了公司融资规模的大小和是否破产等。因此,生产线的折旧直接影响着公司的财务状况。由于当年建成的生产线,当年不提折旧,所以,应考虑生产线的建成时机,尽量增加新生产线建成当年的使用时间,特别是在财务状况紧张的时候。

(4)生产线的种类组合需要考虑产品研发的种类及市场开拓的情况。一般来讲,如果采取积极扩张的战略,则倾向于全自动和柔性的生产性;如果采取稳健发展的策略,则可考虑半自动和全自动生产线,并控制生产线的数量。

在实际操作中,柔性生产线是一把"双刃剑",它的优点在于可以灵活快速地调整企业的产品生产组合,方便营销总监接取订单。然而,缺点亦在其中。首先,其投资成本较高和折旧费用较大;其次,柔性生产线的存在对于原材料的采购、生产的组织等都产生了一定的影响。

因此,生产线组合及安装的前提是制订合理、详细的企业发展战略,在此框架的指导下做好企业的现金预算分析,这样才能保证生产线选择的合理性。

(四)公司的融资策略

现金流是企业生存的命脉,企业失去现金流将意味着企业的倒闭破产。融资的方式有很多,如长期贷款、短期贷款、应收款贴现、出售厂房和设备、拆借等,还有高利贷。但高利贷方式应尽量避免使用。每种融资方式的特点和适用性都有所不同,要根据企业的发展规划做好融资计划。

二、关于企业运行规则

了解规则并用好规则是模拟企业顺利有效经营的基础。运行规则并不是只要CEO掌握就行了,其实每个人都应该熟练掌握,特别是涉及自身所负责业务部分的规则。对于规则,要彻底弄懂,而不是想当然的似懂非懂。在实训过程中,容易出错的几点有:市场老大的作用和地位;广告和选单的关系;新生产线的折旧与维护费;贷款的更新与利息;新产品的上市与广告的顺序;不同产品的成本核算;原材料的订货与采购等。实际操作中不同角色的用表填法也不同。CEO的用表主要是控制企业按流程运行,在完成每项工作后画勾即可;财务总监的企业运行流程表中,主要填写的是现金流入、流出的数字,不涉及现金流入、流出的项目不填写数字,画勾、叉或星号;在资产负债表中,产成品和在制品科目需填产成品和在制品的价值金额,而不是个数;营销总监用表填写的是产成品的数量;生产总监用表填的是在制品的数量;采购总监填写的是原材料订货和采购的数量;COO的用表与CEO相同,主要是监督企业按流程运行,在团队成员完成每项工作后画勾;专门的情报人员使用营销总监的用表。

应严格按照模拟企业运行流程一步步运作,不能跳跃式运行。短期贷款每个季初都能贷，而长期贷款只有年底（电子沙盘在年初）才能贷。在现金流运行到年底时就要决定是不是要增加长期贷款，而不是等到结完账后，甚至是下一年已经开始运行时才想要长期贷款。

三、团队管理注意事项

（一）团队协作精神

1. 团队精神

所谓团队精神，简单来说就是大局意识、协作精神和服务精神的集中体现。团队精神的基础是尊重个人的兴趣和成就。核心是协同合作，最高境界是全体成员的向心力、凝聚力，反映的是个体利益和整体利益的统一，并进而保证组织的高效率运转。团队精神的形成并不要求团队成员牺牲自我，相反，挥洒个性、表现特长保证了成员共同完成任务目标，而明确的协作意愿和协作方式则产生了真正的内心动力。团队精神是组织文化的一部分，良好的管理可以通过合适的组织形态将每个人安排至合适的岗位，充分发挥集体的潜能。如果没有正确的管理文化，没有良好的从业心态和奉献精神，就不会有团队精神。

2. 团队精神的作用

（1）目标导向功能。团队精神的培养使店内员工齐心协力，朝着一个目标努力。对单个营业员来说，团队要达到的目标即是自己所努力的方向，团队整体的目标顺势分解成各个小目标，在每个员工身上得到落实。

（2）凝聚功能。任何组织群体都需要一种凝聚力，传统的管理方法是通过组织系统自上而下的行政指令淡化了个人感情和社会心理等方面的需求，而团队精神则通过对群体意识的培养，通过员工在长期的实践中形成的习惯、信仰、动机、兴趣等文化心理来沟通人们的思想，引导人们产生共同的使命感、归属感和认同感，反过来逐渐强化团队精神，产生一种强大的凝聚力。

（3）激励功能。团队精神要靠员工自觉地要求进步，力争与团队中最优秀的员工看齐。通过员工之间正常的竞争可以实现激励功能，而且这种激励不是单纯停留在物质的基础上，还能得到团队的认可，获得团队中其他员工的尊敬。

（4）控制功能。员工的个体行为需要控制，群体行为也需要协调。团队精神所产生的控制功能，是通过团队内部所形成的一种观念的力量、氛围的影响去约束规范，控制职工的个体行为。这种控制不是自上而下的硬性强制力量，而是由硬性控制向软性内化控制；由控制职工行为转向控制职工的意识；由控制职工的短期行为，转向对其价值观和长期目标的控制。因此，这种控制更为持久有意义，而且容易深入人心。

3. 团队精神建设的重要性

（1）团队精神能推动团队运作和发展。在团队精神的作用下，团队成员产生了互相关心、互相帮助的交互行为，显示出关心团队的主人翁责任感，并努力自觉地维护团队的集体荣誉，自觉地以团队的整体声誉为重来约束自己的行为，从而使团队精神成为公司自由而全面发展的动力。

（2）团队精神培养团队成员之间的亲和力。一个具有团队精神的团队能使每个团队成员显示高涨的士气，有利于激发成员工作的主动性，由此而形成的集体意识、共同的价值观、高涨的士气、团结友爱,团队成员才会自愿地将自己的聪明才智贡献给团队,同时也使自己得到更全面的发展。

(3)团队精神有利于提高组织整体效能。通过发扬团队精神,加强建设能进一步节省内耗。如果总是把时间花在怎样界定责任、应该找谁处理,让客户、员工团团转,这样就会减少企业成员的亲和力,损伤企业的凝聚力。

4. 打造团队精神

(1)营造相互信任的组织氛围。有一家知名银行,其管理者特别放权给自己的中层雇员,一个月尽管去花钱营销。有人担心那些人会乱花钱,可事实上员工并没有乱花钱,反而维护了许多客户,其业绩成为业内的一面旗帜。相比之下,有些管理者把钱看得很严,生怕别人乱花钱,自己却大手大脚,结果员工在暗中也想尽一切办法谋一己私利。还有一家经营环保材料的合资企业,总经理的办公室跟普通员工的一样,都在一个开放的大厅中,每个普通雇员站起来都能看见总经理在做什么。员工出去购买日常办公用品时,除了正常报销之外,公司还额外付给一些辛苦费,这个举措杜绝了员工弄虚做假的心思。通过这两个案例可以认识到相互信任对于组织中每个成员的影响,尤其会增加雇员对组织的情感认可。而从情感上相互信任是一个组织最坚实的合作基础,能给雇员一种安全感,雇员才可能真正认同公司,把公司当成自己的,并以之作为个人发展的舞台。

(2)态度并不能决定一切。赢得利润不仅仅靠态度,更要依靠才能。那些重视态度的管理者一般都是权威感非常重的人,一旦有人挑战自己的权威,内心就不太舒服。所以,认为态度决定一切的管理者,首先要反思一下自己的用人态度,在评估一个人的能力时是不是仅仅考虑了自己的情感需要而没有顾及雇员,是不是觉得自己的权威受到了人才的挑战而不能从内心接受。

(3)在组织内慎用惩罚。从心理学的角度,如果要改变一个人的行为,有两种手段:惩罚和激励。惩罚导致行为退缩,是消极的、被动的,法律的内在机制就是惩罚。激励是积极的、主动的,能持续提高效率。适度的惩罚有积极意义,过度惩罚是无效的,滥用惩罚的企业肯定不能长久。惩罚是对雇员的否定,一个经常被否定的雇员,有多少工作热情也会荡然无存。雇主的激励和肯定有利于增加雇员对企业的正面认同,而雇主对于雇员的频繁否定会让雇员觉得自己对企业没有用,进而雇员也会否定企业。

(4)建立有效的沟通机制。理解与信任不是一句空话,往往一个小误会就会给管理带来无尽的麻烦。没有很好的沟通机制就没有沟通的条件和渠道。

(二)团队沟通

1. 什么是团队沟通

团队最基本的定义是一群人有共同目标,如果一班人只是偶然走在一起乘电梯,那只不过是一群人在一起,并不是一个通过共同合作来达到共同目标的团队。如果电梯突然坏了,而这班人要尽快逃离电梯,这一班人由于有了共同目标而变成团队,很多团队动态的理论也开始适用。虽然本质上团队围绕共同目标而建立,但并不等于有了共同目标成员便能够自动朝着目标来工作。首先,在极简单的环境中结合而成的团队往往容易找到共同和清晰的目标,但在略为复杂一点的情况下,目标的明确性已可以很不同,比如"两个和尚抬水吃、三个和尚没水吃"的故事。两个和尚的目标明确,就是找水并生存下去,换到三个和尚则大家怀有私心、互相推诿责任,无法达到目标明确。其实在大型公司和团队中,也由于太多个人或小组的利益冲突,团队往往面临更多危机。

另外,团队成员还要能够很好地沟通和协调,有共同的词汇表达,有共同方式去解决工作上的问题(如延期)。共同词汇并不是指沟通所用的是不是同一种语言,而是当一人谈起与工作有关的词汇:需求已交递、设计已完成、集成可开始和测试已成功,其他团队成员会清晰地明白且理解为同一个意思。有两个缺乏共同语言、靠别人来翻译的团队,但由于两队人有共同目标且早已定义了清晰易明的共同词汇,结果合作得非常好。在美国也常见同是讲英文,有人说编码完成,团队成员以为已集成及系统测试了,有成员则以为是已单位测试了,结果是连编译器也过不了。

团队需要团队精神,这是一种文化及感情,能产生信任和凝聚力。每个团队都期望寻找具有合作精神的成员,但不能保证可以找到。所以,不要强调去控制人的精神灵魂,关键是要教成员学会去进行自我评判和承诺,也就是促使成员学会自我管理。只有做好自我能力的判断,才能在团队成员间建立一种信任,让人知道不会开空头支票。

2. 提高团队沟通技巧

提高沟通能力主要通过两方面实现:一是提高理解别人的能力,二是增加别人理解自己的可能性。

(1)要开列沟通情境和沟通对象清单。这一步非常简单。闭上眼睛想一想,自己都在哪些情境中与人沟通,比如学校、家庭、工作单位、聚会以及日常的各种与人打交道的情境。再想一想,需要与哪些人沟通,比如朋友、父母、同学、亲戚、邻居、陌生人等。开列清单的目的是使自己清楚自己的沟通范围和对象,以便全面地提高自己的沟通能力。

(2)要评价自己的沟通状况,在这一步里,问自己如下问题:对哪些情境的沟通感到愉快?对哪些情境的沟通感到有心理压力?最愿意与谁保持沟通?最不喜欢与谁沟通?是否经常与多数人保持愉快的沟通?是否常感到自己的意思没有说清楚?是否常误解别人,事后才发觉自己错了?是否与朋友保持经常性联系?是否经常懒得给人写信或打电话?

客观、认真地回答上述问题,有助于了解自己在哪些情境中、与哪些人的沟通状况较为理想,在哪些情境中、与哪些人的沟通需要着力改善。

(3)要评价自己的沟通方式,考虑自己是主动与别人沟通还是被动沟通。主动沟通者与被动沟通者的沟通状况往往有明显差异。研究表明,主动沟通者更容易与别人建立并维持广泛的人际关系,更可能在人际交往中获得成功。在表达自己的意图时一定要注意使自己被人充分理解。沟通时的言语、动作等信息如果不充分,则不能明确地表达自己的意思;如果信息过多,出现冗余,也会引起信息接受方的不舒服。在与别人沟通时保持高度的注意力,有助于了解对方的心理状态,并能够较好地根据反馈来调节自己的沟通过程。没有人喜欢自己的谈话对象总是左顾右盼、心不在焉。

(4)在沟通中要注重身体语言的改善。一般认为沟通中语言要素只占到信息传递的7%,主要的信息是靠表情、动作等身体语言传递的。身体语言比口头语言能够表达更多的信息,因此,理解别人的身体语言是理解别人的一个重要途径。从他人的目光、表情、身体运动与姿势以及彼此之间的空间距离中,能够感知到对方的心理状态。了解了对方的喜怒哀乐就能够有的放矢地调整与其的交往行为。

理解别人的身体语言最重要的是要从别人的角度上来考虑问题。要用心去体验他人的情感状态,也就是心理学上常讲的要注意“移情”。当别人对你表情淡漠,很可能是由于对方遇到了不顺心的事,因此不要看到别人淡漠就觉得对方不重视你。事实上,这样的误解在年轻人中最容易出现,也最容易导致朋友、恋人之间的隔阂。站在别人的角度,替别人着想,才能使交往更富有人情味儿,使交往更深刻。

改变不良的身体语言,消除无助于沟通反而使沟通效率下降的不良的身体语言习惯。有人在与人谈话时常有梳理头发、打响指等习惯,有的人还有掏耳朵、挖鼻孔的小动作,这些都会给他人留下不好的印象,有时会让人觉得很不礼貌。同时,这些无意义的身体语言会分散对方的注意力,会影响沟通的效果。

第二节 典型经营策略分析

ERP 沙盘模拟可以采用的策略较多,此处主要介绍三种比赛中常用的整体策略供大家参考。

一、力压群雄——霸王策略

策略介绍:在开赛初,筹到大量资金用于扩大产能,保证产能第一,以高广告策略(后面有详细介绍)夺取本地市场老大,并随着产品开发的节奏。成功实现 P1 向 P2、P2 向 P3 的主流产品过渡。在竞争中始终保持主流产品销售量和综合销售量第一。后期用高广告策略争夺主导产品的最高价市场的老大,保持权益最高,使对手望尘莫及,难以超越,最终直捣黄龙,夺得头筹。

运作好此策略关键有两点:一是资本运作,使自己有充足的资金用于产能扩大,并能抵御强大的还款压力,使资金运转正常,所以此策略对财务总监要求很高。二是精确的产能测算与生产成本预算。如何安排自己的产能扩大节奏?如何实现零库存?如何进行产品组合与市场开发?这些将决定着最终的成败。

评述:采取霸王策略的团队要有相当的魄力,谨小慎微者不宜采用。此策略的劣势在于如果资金或广告在某一环节出现失误,则会使自己陷于十分艰难的处境,过大的还款压力可能将自己逼至破产,像霸王那样自刎乌江,所以此策略风险很高。

二、忍辱负重——越王策略

策略介绍:采取此策略者通常有很大的产能潜力,但由于期初广告运作失误,导致权益过低,处于劣势地位。所以在第二、三年不得不靠 P1 维持生计,延缓产品开发计划,或进行 P2 产品开发,积攒力量,渡过危险期。在第四年时,突然推出 P3 或 P4 产品,配以精确广告策略(后面有详细介绍),出其不意地攻占对手们的薄弱市场。在对手忙于应对时,自己早已把 P3、P4 的最高价市场把持在手,并抓住不放,不给对手机会,最终称霸中原。

运作要点:此策略制胜的关键点在于广告运作和现金测算上,因为要采取精确广告策略,所以一定要仔细分析对手情况,找到其在市场中的薄弱环节,以最小的代价夺得市场,减少成本。其次,现金测算,因为要出奇兵(P3 或 P4),但这些产品对现金要求很高,所以现金测算必须准确,因为到时现金断流倒在其次,关键是完不成订单、遭罚,那将前功尽弃、功亏一篑。

评述:越王策略不是一种主动的策略,多半是在不利的情况下采取的,所以团队成员要有很强的忍耐力与决断力,不要为眼前一时的困境所压倒,并学会“好钢用在刀刃上”,节约开支,降低成本,先图生存,再想夺占!

三、见风使舵——渔翁策略

策略介绍:当市场上有两家实力相当的企业争夺第一时,渔翁策略就派上用场了。首先在产能上要努力跟随前两者的开发节奏,同时内部努力降低成本,在每次新市场开辟时均采用低广告策略,规避风险,稳健经营,在双方两败俱伤时立即占领市场。

运作要点:此策略的关键在于一个“稳”字,即经营过程中一切按部就班,广告投入、产能扩大都是循序渐进,逐步实现,稳扎稳打。其次要利用好时机,因为时机是稍纵即逝的,对对手一定要仔细分析。

评述:渔翁策略在比赛中是常见的,但要成功一定要做好充分准备,只有这样才能在机会来临时一下抓住,从而使对手无法超越。

本章小结

企业要在瞬息万变的竞争环境里生存和发展,也离不开企业战略的指引。在制定发展战略时,一定要注意控制发展速度。

生产线是产品加工的载体。本沙盘由手工、半自动、全自动和柔性四种生产线。不同的生产线,购置价格、生产效率、折旧费用以及转产的灵活性都各不相同。

了解规则并用好规则,是模拟企业顺利有效经营的基础。

所谓团队精神,简单来说就是大局意识、协作精神和服务精神的集中体现。团队精神的基础是尊重个人的兴趣和成就。核心是协同合作,最高境界是全体成员的向心力、凝聚力,反映的是个体利益和整体利益的统一,并进而保证组织的高效率运转。

采取霸王策略的团队要有相当的魄力,敢于破釜沉舟,谨小慎微者不宜采用。

越王策略制胜的关键点在于广告运作和现金测算上,以最小的代价夺得市场,减少成本,现金测算必须准确。

渔翁策略在比赛中是常见的,但要成功一定要做好充分准备,只有这样才能在机会来临时,一下抓住,从而使对手无法超越。

复习思考题

1. 模拟企业战略选择应注意的问题是什么?
2. 运行规则有什么重要作用?
3. 团队管理中的注意事项包括哪些?
4. 分析沙盘模拟的典型策略。

第七章　ERP 沙盘模拟运营评价

学习目标

☞理解市场分析的几个方面；
☞明确市场占有率分析的重要性；
☞掌握财务分析的方法；
☞理解企业综合评价的典型方法及其优缺点。

第一节　市场分析

谁拥有市场、谁就拥有经营的主动权，市场的获得又与各企业对市场的分析与规划有关，这些可通过市场预测与竞争对手分析得到。在 ERP 沙盘模拟实战上市场分析主要体现在市场开拓和广告投放上。本节主要通过广告投入分析和市场占有率分析两个方面来评价各模拟企业的市场策略能力。

一、广告投入产出分析

广告投入产出分析是评价广告投入的收益率的指标，其计算公式为：

广告投入产出比 = 订单销售额/广告投入

广告投入产出分析主要是用来比较各企业同期在广告投入上带来的订单销售额的差异，同一企业不同时期广告投入的收益差异及其他方面等。

（一）同一时期企业间对比分析

图 7 - 1 为第 1 年各模拟企业的广告投入产出比对比图。从图中可以看出，某企业的广告投入产出比最大为 6，即每投入 1M 的广告将产出 6M 的销售收入。

从某种意义上来讲，该企业的广告策略确实不错。但是仔细分析一下第 1 年各企业的广告费与销售订单的详细数据，见表 7 - 1。可以看出，该企业只售出一个产品，单价为 6，销售额为 6，存在销售收入过少、产品严重积压，虽然单位成品的毛利最大，但是企业的总利润可能会最小。因此在进行广告投入产出分析时要综合考虑后再评价其市场经营能力的好坏。

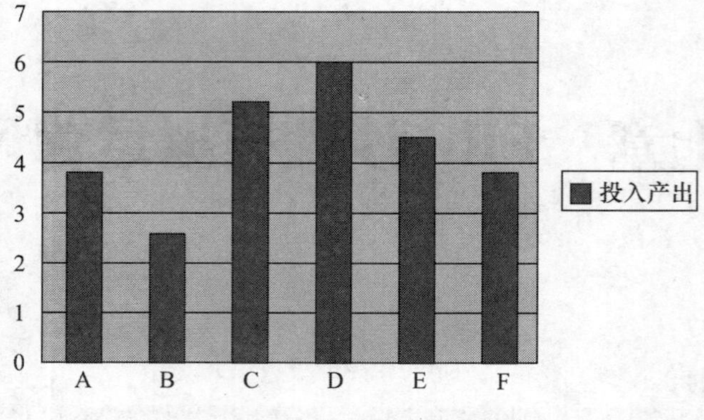

图7-1　第一年各企业广告投入产出比

表7-1　第一年各组广告投入与相应订单销售收入

	A	B	C	D	E	F
广告量	1	2	5	7	4	3
销售额	6	11	30	36	22	15
产品数	1	2	5	7	4	3
单价	6	5.5	6	5.1	5.5	5

（二）企业间不同时期累计对比分析

图7-2为各企业6年的累计广告投入产出比对比图。从图中可以看出，A企业在市场分析能力、制订营销计划上具有一定的实力，其广告投入产出比在总体上具有绝对的优势。但是还要结合详细数据按产品、按市场及财务分析综合考虑其营销能力，才能最终作出好坏的评价。

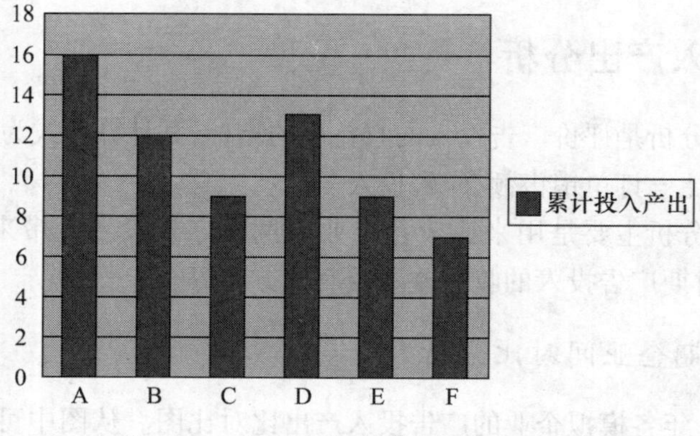

图7-2　6年各企业累计广告投入产出比

（三）同一企业不同时期的趋势分析

图7-3为A企业1~6年经营年度的广告投入产出比趋势分析图。从图中可以看出，A

企业在1~6年经营年度的广告投入产出比总体呈现上升趋势,但是第2年出现了下降的趋势,因此要综合考虑各种因素进一步分析其原因,为以后的广告投入提供可供参考的方法与决策依据。

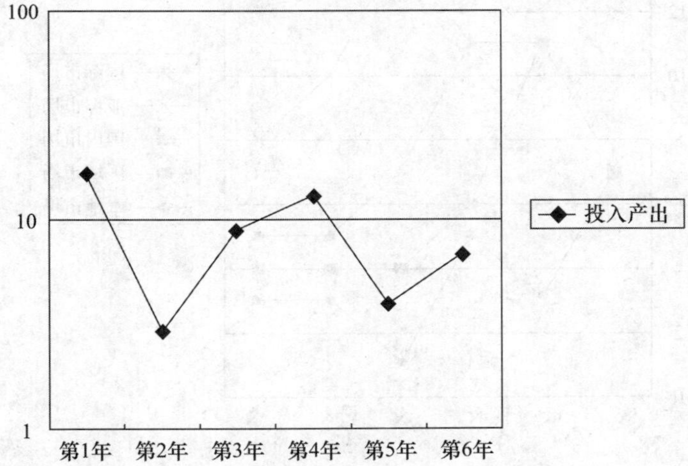

图7-3 A企业1~6年广告投入产出比

（四）同一企业同一产品不同时期的对比分析

同一企业同一产品不同时期的对比分析主要包括按市场对比分析和累计对比分析。图7-4为A企业同一产品的累计广告投入产出比趋势分析图。从图7-4中可以看出,A企业在P1产品上的广告投入存在很大的波动性,在此分析的基础上,再对P1产品在各个市场上的广告投入产出比进行明细分析,如图7-5所示,然后再结合P1产品、各个市场情况及相应的竞争对手信息进行综合分析,最终得出结论。

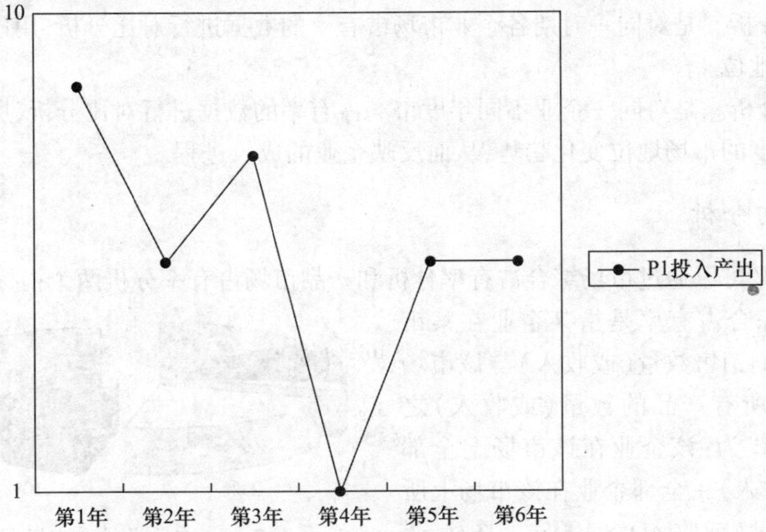

图7-4 A企业1~6年P1广告投入产出比

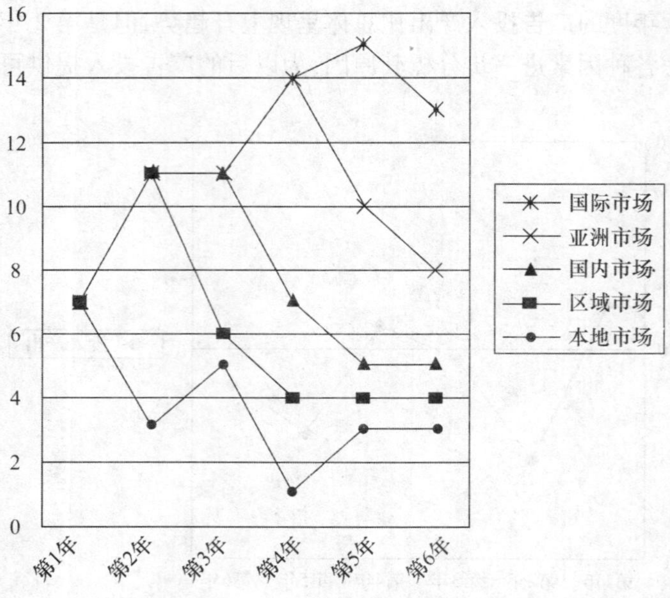

图7-5　A企业1~6年P1产品各市场广告投入产出比

二、市场占有率分析

通过广告投入产出比分析只能初步看出各企业的广告营销能力，但是对企业的市场收益能力的判断还要作进一步分析，一般主要通过市场占有率指标来分析。

市场占有率是企业能力的一种体现，它主要是按销售数量、销售收入来进行统计分析的，这两个指标综合评定了企业在市场中销售产品的能力和获得利润的能力。一般通过横向和纵向两个方面进行分析。

(1)横向分析。是对同一时期各企业市场占有率的数据进行对比分析，用以确定某企业本年度的市场地位。

(2)纵向分析。是对同一企业不同年度市场占有率的数据进行对比分析，用以反映同一企业在不同年度的市场地位变化趋势，从而反映企业的成长进程。

(一)横向分析

横向分析又可以通过市场综合占有率分析和产品市场占有率分析两个指标进行。

(1)市场综合占有率是指某企业在某市场上全部产品的销售数量(或收入)与该市场上全部企业的所有产品的数量(或收入)之比。其计算公式为：该企业在该市场上全部产品数量(或收入)÷全部企业在该市场上所有产品销售数量(或收入)×100%。图7-6为各企业在本地市场上综合占有率结构图(以销售收入为依据)。从图7-6中可以看出，D企业第1年在本地市场拥有最大的市场份

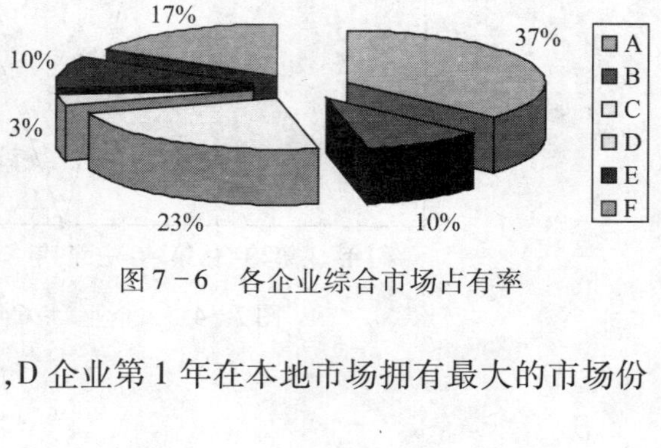

图7-6　各企业综合市场占有率

额，成为市场领导者。

(2)产品市场占有率。在了解各企业的市场综合占有率的基础上，进一步确认各企业生产的各产品在本市场的占有率，它对企业分析市场、确立竞争优势具有重要作用。

产品市场占有率的计算公式为：

$$\text{产品市场占有率}=\frac{\text{该企业在市场销售该类商品总数}}{\text{市场上该类商品总销售额}}\times 100\%$$

图 7-7 为各企业第 3 年 P2 产品各企业的市场占有率结构图(以销售收入为依据)。通过图 7-7 可以看出，C 企业在 P2 产品市场上具有绝对的市场地位。

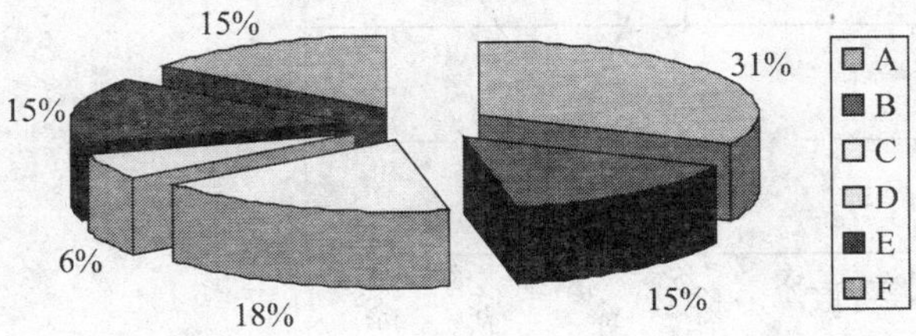

图 7-7 产品市场占有率

(二)纵向分析

在企业间横向分析的基础上，还要从企业内部详细分析其市场地位的变化，从而在外部分析的基础上，对企业内部因素进行纵向分析。

(1)综合占有率分析。图 7-8 为 A 企业 1~6 年的市场综合占有率趋势图。从图 7-8 中可以看出，A 企业的市场综合占有率总体呈现上升趋势，但是在第 4 年和第 5 年出现了一定的波动，需要综合各种因素进行详细分析。

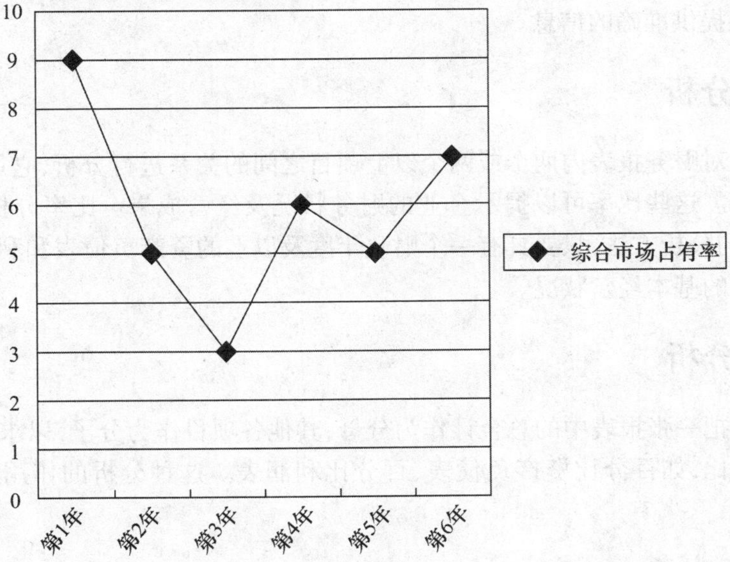

图 7-8 A 企业 1~6 年综合市场占有率

(2)产品市场占有率。图 7-9 为 A 企业 P2 产品市场占有率趋势图。从图 7-9 中可以看出，A 企业产品的市场占有率具有先上升后下降的趋势，并且在第 2 年出现了急速下降，需要结合市场战略及企业内外因素进行详细分析，然后得出相应的结论。

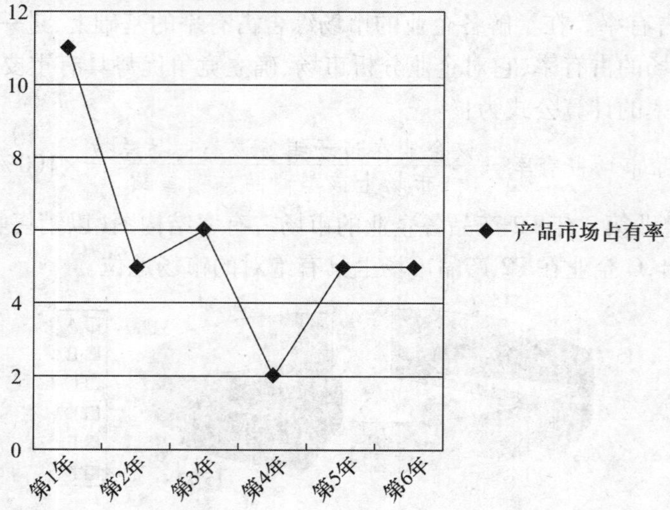

图7－9　A企业产品市场占有率

第二节　财务分析

财务分析是以会计核算和报表资料及其他相关资料为依据，采用一系列专门的分析技术和方法对企业等经济组织过去和现在有关筹资活动、投资活动、经营活动的偿债能力、盈利能力和营运能力状况等进行分析与评价，为企业的投资者、债权者、经营者及其他关心企业的组织和个人提供准确的信息。

一、比率分析

比率分析是对财务报表内两个或两个以上项目之间的关系进行分析，它用相对数表示，又称为财务比率。这些比率可以揭示企业的财务状况及经营成果。比率分析是一种简单、方便、广为应用的分析方法，只要具有一个财政年度及以上的资产负债表和利润表就能完整地分析一家公司的基本经营状况。

二、结构分析

结构分析是把一张报表中的总合计作为分母，其他各项目作为分子，以求出每一项目在总合计中的百分比，如百分比资产负债表、百分比利润表。这种分析的作用是要发现异常项目。

三、比较分析

比较分析是将本期报表数据与本企业预算或标杆企业或行业平均水平作对比，以找出实际与预算差异或与先进企业的差距。比较分析的作用是要发现企业自身的问题。

四、趋势分析

趋势分析是将三个年度以上的数据就相同的项目进行多年度高低走向的观察，以判断企业的发展趋向。

(一)五力分析

近年来，人们常用五力分析来综合评价一个企业，五力包括：收益力、成长力、安定力、活动力、生产力五方面。如果企业的上述五项能力处于优良水平，就说明企业的业绩优良。财务上讲求定量分析，下面我们把五力分析具体到可以量化的指标。

1. 收益力

收益力表明企业是否具有盈利的能力。对收益力可从四个指标入手进行定量分析，它们是毛利率、销售利润率、总资产收益率、净资产收益率。

(1)毛利率。毛利率是经常使用的一个指标。在“ERP 沙盘模拟”课程中，它的计算公式为：

毛利率 =(销售收入-直接成本)/销售收入

毛利率说明了什么问题呢？理论上讲，毛利率说明了每 1 元销售收入所产生的利润。更进一步思考，毛利率是获利的初步指标，但利润表反映的是企业所有产品的整体毛利率，不能反映每个产品对整体毛利的贡献，因此还应该按产品计算毛利率。

(2)销售利润率。销售利润率是毛利率的延伸，是毛利减掉综合费用后的剩余。在“ERP 沙盘模拟”课程中，它的计算公式为：

销售利润率 = 折旧前利润/销售收入 =(毛利-综合费用)/销售收入

本指标代表了主营业务的实际利润，反映企业主业经营的好坏。两个企业可能在毛利率一样的情况下，最终的销售利润率不同，原因就是三项费用不同。

(3)总资产收益率。总资产收益率是反映企业资产盈利能力的指标，它包含了财务杠杆概念的指标，它的计算公式为：

总资产收益率 = 息税前利润/资产合计

(4)净资产收益率。净资产收益率反映投资者投入资金的最终获利能力，它的计算公式为：

净资产收益率 = 净利润/所有者权益合计

这项指标是投资者最关心的指标之一，也是公司的总经理向公司董事会年终交卷时关注的指标。它涉及企业对负债的运用。根据负债的多少可以将经营者分为激进型、保守型。

负债与净资产收益率的关系是显而易见的。在总资产收益率相同时，负债的比率对净资产收益率有着放大和缩小的作用。例如，有 A、B 两公司总资产相同，负债不同，假定负债年利率为 10%，所得税率 30%，比较计算相关指标见表 7-2。

表 7-2　总资产收益率相同负债不同的两个企业相关指标计算对比

企业	总资产	息税前利润	总资产收益率	负债	所有者权益	净利润	净资产收益率
A	100	20	20%	60	40	9.8	24.5%
B	100	20	20%	40	60	11.2	18.7%

2. 成长力

成长力表示企业是否具有成长的潜力,即持续盈利能力。成长力指标由三个反映企业经营成果增长变化的指标组成:销售收入成长率、利润成长率和净资产成长率。

(1)销售收入成长率。销售收入成长率是衡量产品销售收入增长的比率指标,以衡量经营业绩的提高程度,指标值越高越好。计算公式为:

销售收入成长率 =(本期销售收入-上期销售收入)/上期销售收入

(2)利润成长率。利润成长率是衡量利润增长的比率指标,以衡量经营效果的提高程度,越高越好。计算公式为:

利润成长率 =[本期(利息前)利润-上期(利息前)利润]/上期(利息前)利润

(3)净资产成长率。净资产成长率是衡量净资产增长的比率指标,以衡量股东权益提高的程度。对于投资者来说,这个指标是非常重要的,它反映了净资产的增长速度,其公式为:

净资产成长率 =(本期净资产-上期净资产)/上期净资产

3. 安定力

这是衡量企业财务状况是否稳定、会不会有财务危机的指标,由 4 个指标构成,分别是流动比率、速动比率、固定资产长期适配率和资产负债率。

(1)流动比率的计算公式为:

流动比率 = 流动资产/流动负债

这个指标体现企业偿还短期债务的能力。流动资产越多,短期债务越少,则流动比率越大,企业的短期偿债能力越强。一般情况下,运营周期、流动资产中的应收账款数额和存货的周转速度是影响流动比率的主要因素。

(2)速动比率更能体现企业短期偿还债务的能力。其计算公式为:

速动比率 = 速动资产/流动负债 =(流动资产-在制品-产成品-原材料)/流动负债

从公式中可以看出,在流动资产中尚包括变现速度较慢且可能已贬值的存货,因此将流动资产扣除存货再与流动负债对比,以衡量企业的短期偿债能力。一般低于 1 的速动比率通常被认为是短期偿债能力偏低。影响速动比率可信性的重要因素是应收账款的变现能力,账面上的应收账款不一定都能变现,也不一定非常可靠。

(3)固定资产长期适配率的计算公式为:

固定资产长期适配率 = 固定资产/(长期负债 + 所有者权益)

这个指标说明固定资产的购建应该使用还债压力较小的长期贷款和股东权益,这是因为固定资产建设周期长,且固化的资产不能马上变现。如果用短期贷款来购建固定资产,由于短期内不能实现产品销售而带来现金回笼,势必造成还款压力。

(4)资产负债率反映债权人提供的资本占全部资本的比例,该指标也被称为负债经营比率。其公式为:

资产负债率 = 负债/资产

负债比率越大,企业面临的财务风险越大,获取利润的能力也越强。如果企业资金不足,依靠欠债维持,导致资产负债率特别高,偿债风险就应该特别注意了。资产负债率在60% ~70% 比较合理、稳健;当达到85% 及以上时应视为发出预警信号,应引起企业足够的注意。资产负债率指标不是绝对指标,需要根据企业本身的条件和市场情况判定。

4. 活动力

活动力是从企业资产的管理能力方面对企业的经营业绩进行评价的,主要包括4 个指标:应收账款周转率、存货周转率、固定资产周转率和总资产周转率。

(1)应收账款周转率(周转次数)是在指定的分析期间内应收账款转为现金的平均次数,指标越高越好。其公式为:

应收账款周转率(周转次数) = 当期销售净额/当期平均应收账款 = 当期销售净额/[(期初应收账款 + 期末应收账款)/2]

应收账款周转率越高,说明其收回越快。反之,说明营运资金过多呆滞在应收账款上,影响正常资金周转及偿债能力。周转率可以以年为单位计算,也可以以季、月、周为单位计算。

(2)存货周转率是反映存货周转快慢的指标,它的计算公式为:

存货周转率 = 当期销售成本/当期平均存货

= 当期销售成本[(期初存货余额 + 期末存货余额)/2]

从指标本身来说,销售成本越大说明因为销售而转出的产品越多。销售利润率一定,赚的利润就越多。库存越小,周转率越大。这个指标可以反映企业中采购、库存、生产、销售的衔接程度。衔接得好,原材料适合产品生产的需要,没有过量的原料,产成品(商品)适合销售的需要,没有积压。

(3)固定资产周转率的计算公式为:

固定资产周转率 = 当期销售净额/当期平均固定资产

= 当期销售净额/[(期初固定资产余额 + 期末固定资产余额)/2]

如果是制造业和交通运输业,要计算固定资产周转率。这项指标的含义是固定资产占用的资金参加了几次经营周转,赚了几次钱,用以评价固定资产的利用效率,即产能是否充分发挥。资产周转率越高,企业资金周转越快,赚钱的速度越快,赚的钱就越多。

(4)总资产周转率指标用于衡量企业运用资产赚取利润的能力。经常和反映盈利能力的指标一起使用,以全面评价企业的盈利能力。其计算公式为:

总资产周转率 = 当期销售收入/当期平均总资产

= 销售收入/[(期初资产总额 + 期末资产总额)/2]

该项指标反映总资产的周转速度,周转越快说明销售能力越强。企业可以采用薄利多销的方法,加速资产周转,带来利润绝对额的增加。

5. 生产力

生产力是衡量人力资源的产出能力的指标,可通过计算以下两个指标衡量。

人均利润 = 当期利润总额/当期平均职工人数

= 当期利润总额/[(期初职工人数 + 期末职工人数)/2]

人均利润指标衡量人力投入与利润之间的关系。指标越大越好。

人均销售收入 = 当期销售净额/当期平均职工人数

= 当期销售净额/[(期初职工人数 + 期末职工人数)/2]

人均销售收入指标衡量人力投入与销售收入之间的关系。指标数值越大越好。

生产力指标旨在说明企业规模扩大,员工数量增加,增加的这些员工生产是否有效率。

经营业绩综合评价的主要目的是与行业或特定的对手相比,发现自己的差距,以便在日后的经营中加以改进。在模拟训练中,一般参加训练的多个公司是同一个行业,所进行的分析可以理解为同行业中的对比分析,以发现自己公司与行业的平均水平之间的差别。

计算出了企业的各项经营比率后,各项单个的数据给人的印象是散乱的,令人无法判断企业整体的经营在同行业中处于一种什么样的位置。而通过图表可以清晰地反映出数据的各种特征,雷达图是专门用来进行多指标体系分析的专业图表。

雷达图通常由一组坐标轴和三个同心圆构成。每个坐标轴代表一个指标。同心圆中最小的圆表示最差水平或是平均水平的1/2;中间的圆表示标准水平或是平均水平;最大的圆表示最佳水平或是平均水平的1.5倍。其中中间的圆与外圆之间的区域称为标准区,如图7－10所示。在雷达图上,企业的各项经营指标比率分别标在相应的坐标轴上,并用线段将各坐标轴上的点连接起来。图中坐标1值为行业的平均值,如果某项指标位于平均线以内,说明该指标有待改进。而对于接近甚至低于最小圆的指标,则是危险信号,应分析原因,抓紧改进。如果某项指标高于平均线,说明该企业在相应方面具有优势。各种指标越接近外圆越好。

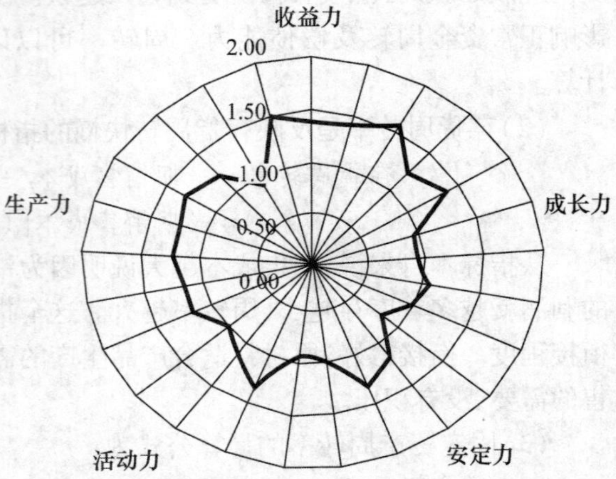

图7－10　多指标分析雷达图

(二)杜邦分析

财务管理是企业经营管理的核心之一,而如何实现股东财富最大化或公司价值最大化是财务管理的中心目标。任何一个公司的生存与发展都依赖于该公司能否创造价值。出于向投资者(股东)揭示经营成果和提高经营管理水平的需要,公司需要一套实用、有效的财务指标体系,以便据此评价和判断企业的经营绩效、经营风险、财务状况、获利能力和经营成果。杜邦财务分析体系就是一种比较实用的财务比率分析体系。这种分析方法最早由美国杜邦公司使用,故名杜邦分析法。

杜邦分析法利用几种主要的财务比率之间的关系来综合分析企业的财务状况,用来评价公司盈利能力和股东权益回报水平。它的基本思想是将企业净资产收益率(OE)逐级分解为多项财务比率乘积,这样有助于深入分析比较企业经营业绩。

如图 7－11 所示,净资产收益率是杜邦分析的核心指标。这是因为任何一个投资人投资某一特定企业,其目的都在于该企业能给他带来更多的回报。因此,投资人最关心这个指标。同时,这个指标也是企业管理者制订各项财务决策的重要参考依据。通过杜邦分析,将影响这个指标的三个因素从幕后推向前台,从而令人能够目睹它们的庐山真面目。所以在分析净资产收益率时就应该从构成该指标的三个因素的分析入手。

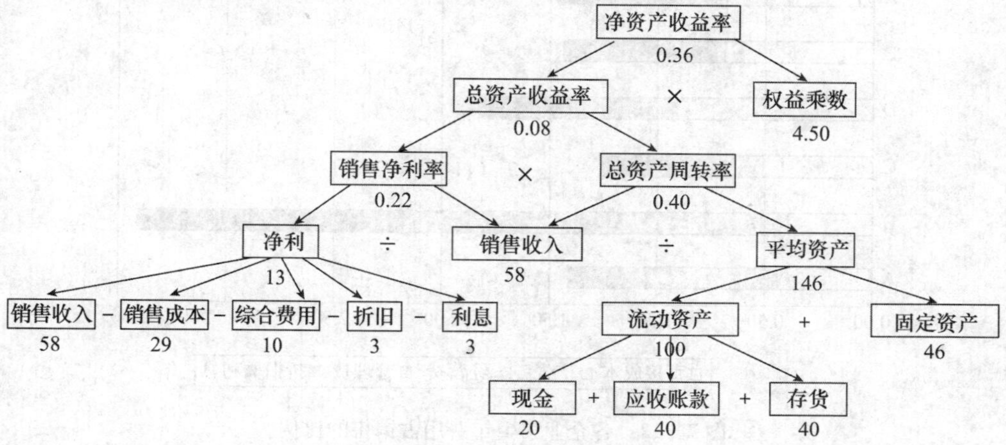

图 7－11　杜邦分析图

为了找出销售利润率及总资产周转率水平高低的原因,可将其分解为财务报表有关项目,从而进一步发现问题产生的原因。销售利润率及总资产周转率与财务报表有关项目之间的关系从杜邦分析图中一目了然。有了这张图,可以非常直观地发现是哪些项目影响了销售利润率,或者是哪个资产项目扯了资产周转率的后腿。

总资产收益率水平高低的原因可类似进行指标分解。总资产收益率低的原因可能在于销售利润较低,也可能在于总资产周转率较低。如果属于前一种情况,则需要在开源节流方面挖掘潜力;倘若属于后一种情况,则需要提高资产的利用效率,减少资金闲置,加速资金周转。

权益乘数反映企业的负债能力。这个指标越高,说明企业资产总额中的大部分是通过负债形成的,这样的企业将会面临较高的财务风险。而这个指标低,说明企业的财务政策比较稳健负债较少,风险也小,但获得超额收益的机会也不会很多。

杜邦分析既涉及企业获利能力方面的指标(净资产收益率、销售利润率),又涉及营运能力方面的指标(总资产周转率),同时还涉及举债能力指标(权益乘数),可以说杜邦分析法是一个三位一体的财务分析方法。

五、成本分析

企业经营的本质是获取利润,获取利润的途径是扩大销售或降低成本。企业成本由多项费用要素构成,了解各费用要素在总体成本中所占的比例,分析成本结构,从比例较高的那些费用支出项入手,是控制费用的有效方法。

在“ERP 沙盘模拟”课程中,从销售收入中扣除直接成本、综合费用、折旧、利息后得到税前利润。明确各项费用在销售收入中的比例,可以清晰地指明工作方向。费用比例计算公式为：

费用比例 = 费用/销售收入

如果将各费用比例相加，再与 1 相比，则可以看出总费用占销售比例的多少。如果超过 1，则说明支出大于收入，企业亏损，并可以直观地看出亏损的程度，如图 7 - 12 所示。

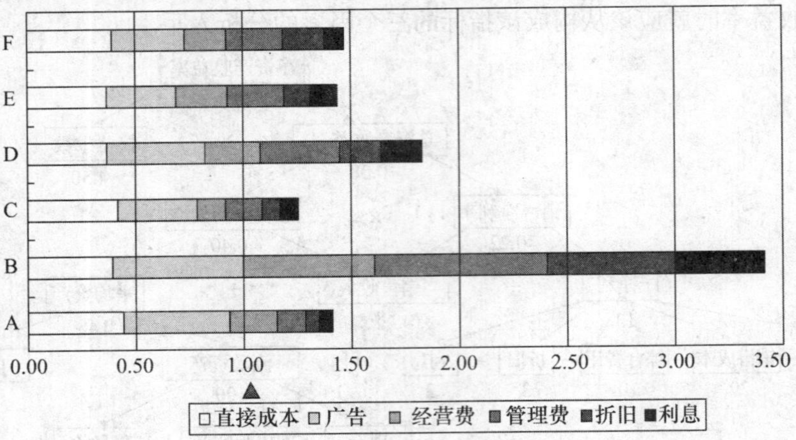

图 7 - 12　各企业第 1 年费用占销售的比例

提示：经营费由经常性费用组成，即扣除开发费用之外的所有经营支出，按下式计算：

经营费 = 设备维修费 + 场地租金 + 转产费 + 其他费用

如果将企业各年成本费用变化情况进行综合分析，就可以通过比例变化透视企业的经营状况，如图 7 - 13 所示为第 1 年费用占销售的比例。

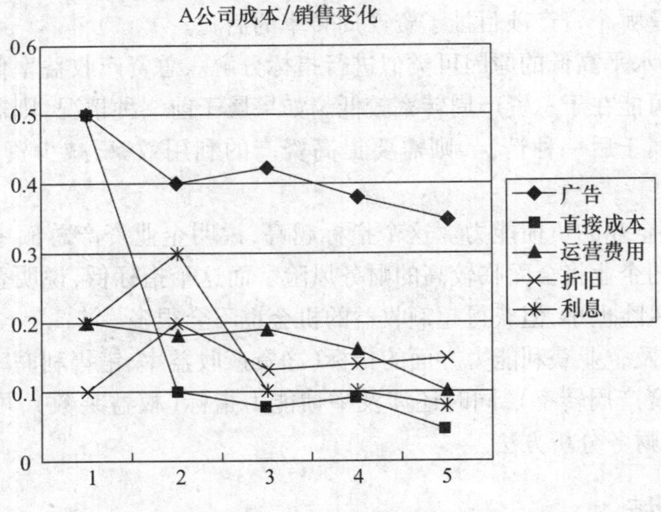

图 7 - 13　成本费用比例的变化

六、产品盈利分析

企业经营的成果可以从利润表中看到，但财务反映的损益情况是公司经营的综合情况，并没有反映具体业务、具体合同、具体产品、具体项目等明细项目的盈利情况。盈利分析就是对企业销售的所有产品和服务分项进行盈利细化核算，核算的基本公式为：

单产品盈利=某产品销售收入-该产品直接成本-分摊给该产品的费用

这是一项非常重要的分析,它可以告诉企业经营者哪些产品是赚钱的,哪些产品是不赚钱的。

在这个公式中,分摊费用是指不能够直接认定到产品(服务)上的间接费用,比如广告费、管理费、维修费、租金、开发费等,都不能直接认定到某一个产品(服务)上,需要在当年的产品中进行分摊。分摊费用的方法有许多种,传统的方法有按收入比例、成本比例等进行分摊,这些传统的方法多是一些不精确的方法,很难谈上合理。本课程中的费用分摊是按照产品数量进行的分摊:

某类产品分摊的费用=分摊费用/各类产品销售数量总和×某类产品销售的数量

按照这样的计算方法得出各类产品的分摊费用,根据盈利分析公式,计算出各类产品贡献利润,再用利润率来表示对整个公司的利润贡献度:

某类产品的贡献利润/该类产品的销售收入=单产品盈利/该类产品的销售收入

其结果以图7-14所示的产品贡献利润和图7-15所示的产品利润率所表示。

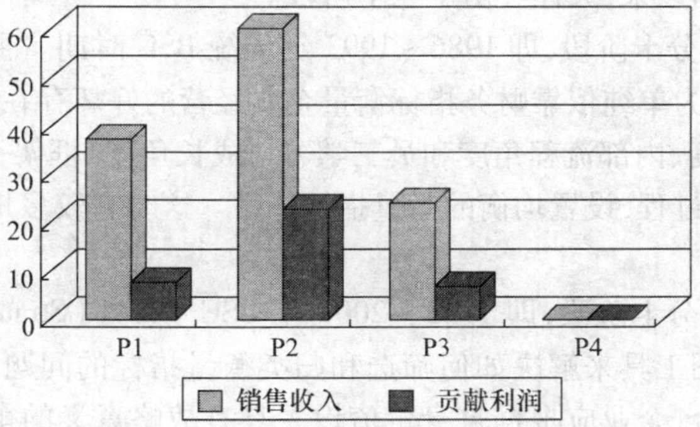

图7-14 产品贡献利润

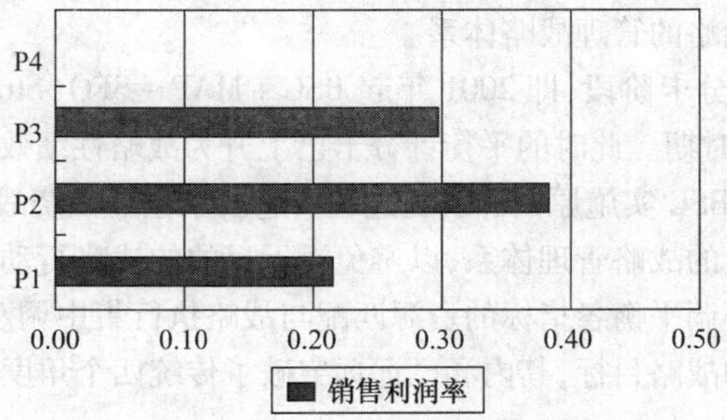

图7-15 产品利润率

尽管分摊的方法有一定的偏差,但分析的结果可以说明哪些产品是赚钱的产品,值得企业大力发展,哪些产品赚得少或根本不赚钱。企业的经营者可以对这些产品进行更加仔细的分析,以确定企业发展的方向。

第三节　企业综合评价

企业的财务指标往往具有滞后性，不能有效分析企业发展的未来，也不能全面分析企业的运营发展的水平，造成了对企业可持续发展能力的评价，需要进行企业综合评价。综合评价比较典型的方法有平衡计分卡法。

一、平衡计分卡

平衡计分卡是一套科学的管理控制体系，一套企业自我诊断的危机预警体系，能通过日常管理培育核心能力，塑造差异化优势。

平衡计分卡是英文 Balanced - Scorecard 翻译而来，英文简称 BSC。由哈佛大学罗伯特·卡普兰教授与复兴方案公司戴卫·诺顿总裁于 1992 年开发出来。

平衡计分卡自提出以来，大体经历了三个阶段。

(1)第一代平衡计分卡阶段，即 1986～1993 年传统 BSC 时期。主要对片面依赖财务指标的观念提出置疑，认为单纯依靠财务指标衡量企业经营的好坏存在问题，并提出四个角度(即财务角度、客户角度、内部流程角度和员工学习与成长角度)框架，建议多方位评估企业，既要看结果，更要注重过程，设置均衡的衡量指标体系。这时它较多地被作为一个绩效评估的改进工具看待。

(2)第二代平衡计分卡阶段，即 1993～2001 年 BSC + MAP(StrategyMap，战略图)时期。这一时期运用了战略图工具来解决如何筛选和归类衡量指标的问题，提出衡量指标要与企业特有的战略意图结合，企业应根据自身价值设置具有战略意义的衡量指标体系。如果不能准确地通过战略图来描述、明晰自身战略就不能通过 BSC 正确地衡量、沟通战略，也就不可能形成有效地执行战略的管理战略体系。

(3)第三代平衡计分卡阶段，即 2001 年起 BSC + MAP + SFO(Strategy - focusedOrganization，战略中心型组织)时期。此时的平衡计分卡已上升为战略性绩效管理体系，作为战略执行工具来使用，并突出 BSC 实施原则和实施过程。它要求企业围绕战略蓝图设计核心指标，并建立基于平衡计分卡的战略管理体系，以避免漫无目的的战略行动，同时把指标集中于正确焦点上，通过沟通、协调平衡各指标的资源匹配与战略执行集中调动人力、物力和财力，协调一致地去达成企业的战略目标，其内涵已远远突破了传统四个角度的概念。

二、平衡计分卡基本理论

实际上，平衡计分卡方法打破了传统的只注重财务指标的业绩管理方法。平衡计分卡认为，传统的财务会计模式只能衡量过去发生的事情(落后的结果因素)，但无法评估组织前瞻性的投资(领先的驱动因素)。在工业时代，注重财务指标的管理方法还是有效的。但在信息社会里，传统的业绩管理方法并不全面的，组织必须通过在客户、供应商、员工、组织流程、技术和革新等方面的投资，获得持续发展的动力。正是基于这样的认识，平衡计分卡方法认为组织应从四个角度审视自身业绩：创新与学习、内部流程、顾客、财务。

平衡计分卡反映了财务、非财务衡量方法之间的平衡、长期目标与短期目标之间的平衡、外部和内部的平衡、结果和过程平衡、管理业绩和经营业绩的平衡等多个方面。所以能反映组织综合经营状况，使业绩评价趋于平衡和完善，利于组织长期发展。

三、平衡计分卡的优缺点

（一）平衡计分卡的优点

平衡计分卡不仅是一种管理手段，也体现了一种管理思想，实施平衡计分卡的管理方法主要有以下优点：克服财务评估方法的短期行为；使整个组织行动一致，服务于战略目标；能有效地将组织的战略转化为组织各层的绩效指标和行动；有助于各级员工对组织目标和战略的沟通和理解；利于组织和员工的学习成长和核心能力的培养；实现组织长远发展。

（二）平衡计分卡的缺点

运用平衡计分卡的难点在于试图使其“自动化”。平衡计分卡中有一些条目是很难解释清楚或者是衡量出来的。财务指标当然不是问题，而非财务指标往往很难建立起来。

确定绩效的衡量指标往往比想象的更难。企业管理者应当专注于战略中的因果关系，从而将战略与其衡量指标有机结合起来。尽管管理者通常明白客户满意度、员工满意度与财务表现之间的联系，平衡计分卡却不能指导管理者怎样才能提高绩效，从而达到预期的战略目标。

当组织战略或结构变更的时候，平衡计分卡也应当随之重新调整，而负面影响也随之而来。因为保持平衡计分卡随时更新与有效需要耗费大量的时间和资源。

平衡计分卡的另外一个缺点是它很难去执行。一份典型的平衡计分卡需要 5 ~ 6 个月去执行，另外再需几个月去调整结构，使其规则化，从而总的开发时间经常需要一年或者更长的时间。衡量指标有可能很难量化，而衡量方法却又会产生太多的绩效衡量指标。

四、平衡计分卡详解

BSC 是一套从四个方面对公司战略管理的绩效进行财务与非财务综合评价的评分卡片，不仅能有效克服传统的财务评估方法的滞后性、偏重短期利益和内部利益以及忽视无形资产收益等诸多缺陷，而且是一个科学的集公司战略管理控制与战略管理的绩效评估于一体的管理系统，其基本原理和流程简述如下。

（1）以组织的共同愿景与战略为内核，运用综合与平衡的哲学思想，依据组织结构将公司的愿景与战略转化为下属各责任部门（如各事业部）在财务（Financial）、顾客（Customer）、内部流程（Internal Processes）、创新与学习（Innovation&Learning）等四个方面的系列具体目标（即成功的因素），并设置相应的四张计分卡，其基本框架如图 7－16 所示。

（2）依据各责任部门分别在财务、顾客、内部流程、创新与学习这四方面可具体操作的目标设置对应的绩效评价指标体系，这些指标不仅与公司战略目标高度相关，而且是以先行（Leading）与滞后（Lagging）两种形式，同时兼顾和平衡公司长期和短期目标、内部与外部利益，综合反映战略管理绩效的财务与非财务信息。

(3)由各主管部门与责任部门共同商定各项指标的具体评分规则。一般是将各项指标的预算值与实际值进行比较,对应不同范围的差异率,设定不同的评分值。以综合评分的形式,定期(通常是一个季度)考核各责任部门在财务、顾客、内部流程、创新与学习等四个方面的目标执行情况,及时反馈,适时调整战略偏差,或修正原定目标和评价指标,确保公司战略得以顺利与正确地实行。BSC 管理循环过程的框架如图 7-17 所示。

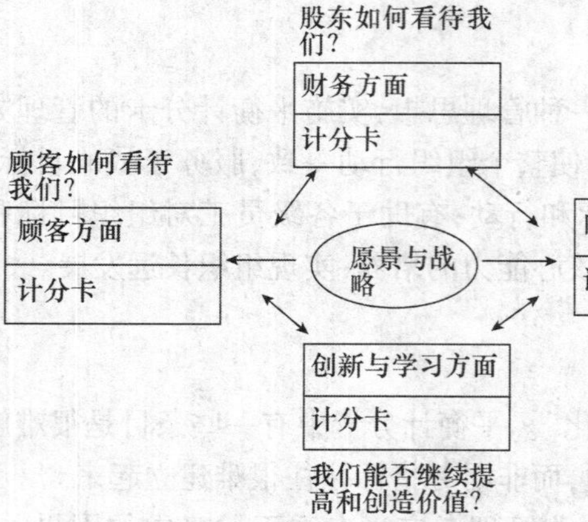

图 7-16　平衡计分卡基本框架

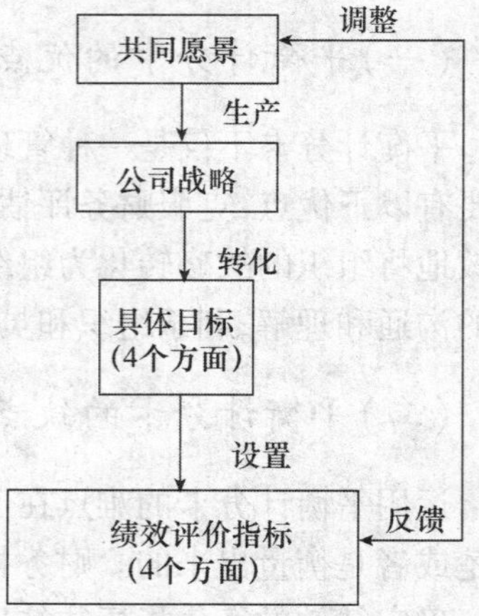

图 7-17　BSC 管理循环过程

五、平衡计分卡的实施

(一)平衡计分卡实施原则

一个结构严谨的平衡计分卡应包含一连串联结的目标和量度,这些量度和目标不仅前后连贯,同时互相强化。就如同飞行仿真器一般,包含一套复杂的变量和因果关系,其包括领先、落后和回馈循环,并能描绘出战略的运行轨道和飞行计划。

建立一个以战略为评估标准的平衡计分卡须遵守三个原则:因果关系、成果量度与绩效驱动因素、与财务连结。此三原则将平衡计分卡与企业战略连结,其因果关系链代表目前的流程和决策会对未来的核心成果造成哪些正面的影响。这些量度的目的是向组织表示新的工作流程规范,并确立战略优先任务、战略成果及绩效驱动因素的逻辑过程,以进行企业流程的改造。

总结成功实施平衡计分卡企业的经验,一般包括以下步骤。

(1)公司的愿景与战略的建立与倡导。公司首先要建立愿景与战略,使每一部门可以采用一些绩效衡量指标去完成公司的愿景与战略;另外,也可以考虑建立部门级战略。同时,成立平衡计分卡小组或委员会去解释公司的愿景和战略,并建立财务、客户、内部流程、学习与成长四个方面的具体目标。

(2)绩效指标体系的设计与建立。本阶段的主要任务是依据企业的战略目标,结合企业长短期发展的需要,为四类具体的指标找出其最具有意义的绩效衡量指标。针对所设计指标要自上而下,从内部到外部进行交流,征询各方面的意见,吸收各方面、各层次的建议。这种沟通与协调完成之后,使所设计的指标体系达到平衡,从而能全面反映和代表企业的战略目标。

(3)加强企业内部沟通与教育。利用各种不同沟通渠道，如定期或不定期的刊物、信件、公告栏、标语、会议等，让各层管理人员知道公司的愿景、战略、目标与绩效衡量指标。

(4)确定每年、每季、每月的绩效衡量指标的具体数字，并与公司的计划和预算相结合。注意各类指标间的因果关系、驱动关系与连接关系。

(5)绩效指标体系的完善与提高。首先对于平衡计分卡在该阶段应重点考察指标体系设计的是否科学，是否能真正反映本企业的实际。其次要关注的是采用平衡计分卡后对于绩效评价中的不全面之处，以便补充新的测评指标，从而使平衡计分卡不断完善。最后要关注的是已设计的指标中的不合理之处，要坚决取消或改进，只有经过这种反复认真地改进才能使平衡计分卡更好地为企业战略目标服务。

本章小结

市场的获得与各企业对市场的分析与规划有关，这些可通过市场预测与竞争对手分析得到，在 ERP 沙盘模拟实战上市场分析主要体现在市场开拓和广告投放上。

广告投入产出分析主要是用来比较各企业同期在广告投入上带来的订单销售额的差异，同一企业不同时期广告投入的收益差异及其他方面等。

市场占有率是企业能力的一种体现，它主要是按销售数量、销售收入来进行统计分析的，这两个指标综合评定了企业在市场中销售产品的能力和获得利润的能力。一般从横向和纵向两个方面进行分析。

比率分析是对财务报表内两个或两个以上项目之间的关系进行分析，它用相对数表示，又称为财务比率。

结构分析是把一张报表中的总合计作为分母，其他各项目作为分子，以求出每一项目在总合计中的百分比。

比较分析是将本期报表数据与本企业预算或标杆企业或行业平均水平作对比，以找出实际与预算的差异或与先进企业的差距。

趋势分析是将三个年度以上的数据，就相同的项目做多年度高低走向的观察，以判断企业的发展趋向。

平衡计分卡是一套科学的管理控制体系，一套企业自我诊断的危机预警体系，能通过日常管理培育核心能力，塑造差异化优势。

复习思考题

1. 什么是市场分析？
2. 如何进行市场占有率分析？
3. 简要介绍收益力、成长力、安定力、活动力、生产力的概念。
4. 如何进行成本分析？
5. 什么是平衡计分卡？其优缺点有哪些？

第八章　ERP沙盘模拟总结

学习目标

☞了解沙盘模拟总结分析的意义；
☞熟悉沙盘模拟总结分析的内容；
☞学会撰写沙盘模拟总结报告。

第一节　总结分析的意义

企业经营ERP沙盘模拟的最后一步是对学员在模拟经营过程中的经验与教训的书面总结，同时记录学员在ERP沙盘模拟经营过程中的心得体会，以进一步加深对ERP及企业经营管理的理解，强化模拟经营效果。

一、强化学员对企业经营流程的理解

ERP沙盘实战包括销售、生产、经营、采购及财务等流程，学员根据企业事先制订的发展规划，制订与实施每一期的市场策略（包括广告策略、市场投放策略等）、产品研发决策、生产决策、采购决策、资金资本筹资、投资及日常运营管理决策等。上述过程的每一环节都要考虑企业内外的资源条件，并进行合理的分析才能执行，通过此总结报告详细地对每一环节进行分析，强化学员的企业经营流程意识及对各环节关键知识点的理解。进一步强化学员对ERP沙盘管理思想的理解，领悟科学的系统管理思维，提升学员自身的管理能力。

二、加强学员的团队合作意识

ERP沙盘模拟实战是融角色扮演、案例分析和专家诊断于一体的“参与式”、“体验式”学习。学员在模拟仿真实际企业经营的过程中一起去寻找与分析市场机会，制订企业经营战略，并执行与实施企业全面经营管理，有效地激发了学员的学习兴趣、增强了学员的学习能力，强化了学员间沟通交流与协作的意识，培养了学员们的集体精神和团队合作意识。通过总结报告进一步加深与强化团队合作的意识。

三、培养学员发现问题、分析问题及解决问题的能力

通过 ERP 沙盘模拟实战，每个模拟企业团队都得到了相应的企业经营成果。通过总结报告让学员对过去进行总结，发现经营过程中存在的问题，针对存在的问题进行主客观分析，并提出未来的相应解决方案，从而培养与强化学员发现问题、分析问题及解决问题的能力。

第二节 总结分析的内容

ERP 沙盘模拟总结主要针对模拟经营过程中涉及的相关知识、角色任务、运营状况、经验教训、存在的问题等方面进行总结，主要涉及以下方面。

一、企业整体战略

企业整体战略是指规划企业目标与达到这一目标所需要的企业内外部资源方案及策略，它是企业为了适应未来环境的变化，寻求长期和稳定发展而制订的总体性和长远性的策略。

在充分分析企业内部资源及外部环境的基础上，着重总结以下内容。

(1)如何分析、选择和制订企业的总体战略，建立以什么市场和产品为主导的经营战略，确定什么样的企业经营范围。

(2)主要采用了哪些市场预测的分析方法与技巧、是否正确得当、怎么把市场预测与企业战略很好地结合起来的。在此基础上分析模拟实战过程中调整了哪些战略、战略调整的原因及如何调整。

(3)在战略目标确定的基础上，企业是如何进行资源(主要包括实物资源、货币资源、人力资源、技术资源等)配置的，如何根据竞争形势和企业内部资源分析实现整体协同的等内容。

二、企业市场营销策略

企业市场营销战略是在企业战略计划下制订和实施市场营销计划的过程，主要包括市场营销环境分析、目标市场分析、市场竞争战略分析、消费者市场分析、产品价格策略、分销渠道策略、促销策略、广告策略等内容。

着重总结以下内容。

(1)竞争对手的情报收集是否有效，与竞争对手的谈判技巧如何。

(2)市场环境分析与预测是否准确。

(3)市场开拓是否合理，是否出现过因市场开拓而造成产品大量积压或产能不足的问题。

(4)市场细分与目标市场定位是否得当。

(5)产品价格分析与广告投入是否得当。

(6)是否因市场开拓或广告投入,造成资金紧张或资金链断裂,该风险是如何防范的。

(7)是否出现过市场开拓计划修改或中断的情况,如何解决的。

三、产品研发与生产策略

产品研发与生产策略是在企业战略和市场营销策略的基础上制订合理的产品研发与生产的方案。主要包括新产品的研发方式和程序、新产品开发方案、生产计划、生产控制计划及生产线的合理配置等。在此基础上着重总结以下内容。

(一)产品研发方面

(1)企业的产品研发策略是否与企业战略相一致,是否与市场预测相吻合,是否与实际市场的需求相结合。

(2)企业的产品研发是否与企业的生产相同步,有无因产品研发提前或滞后于生产环节而导致资金过度占用或延误生产。

(3)所研发的产品是否有效率,研发费用所占用资金的机会成本如何等。

(4)是否因产品研发出现过资金链断裂的情况,该风险是如何防范的。

(5)是否出现过研发计划修改或中断的情况,如何解决的。

(二)产品生产方面

(1)如何根据企业战略及财务状况对生产能力进行选择,是否实现资金的高效使用。

(2)生产线的更新顺序和组合方式是否与市场需求匹配,在保证产能的情况下保证交货期及交货数量。

(3)如何更新与变更生产线,实现与企业战略、产品研发的同步。

(4)厂房的租买策略是否合理,生产线的布局是否得当等。

(5)产能计划安排是否合理,是否与销售相吻合,是否实现了或接近零库存。

四、固定资产投资策略

固定资产投资策略是在市场与生产策略的基础上,合理安排厂房及生产设备的投资计划与调度的策略,主要包括厂房的购租策略、购买类型及时机、生产线的购置类型、购置时机及固定资产的变卖策略等。

着重总结以下内容。

(1)生产线与厂房的取得方式、取得时间是否得当。

(2)如何做好固定资产投资与财务资金之间的平衡,避免出现资金链断裂。

(3)是否出现过因资金链断裂而发生固定资产投资中断或暂停的情况,该风险是如何防范的。

(4)是否选择了性价比比较好的固定资产进行投资。

五、采购策略

采购策略是根据企业的生产策略合理安排原料的采购计划。主要包括原料的采购类型及时间、采购的方式等。

着重总结以下内容。

(1)采购计划是否得当,是否与生产计划吻合。

(2)是否出现过因原料短缺而造成生产中断或大量积压而造成资金大量占用的情况。

(3)是否因采购计划不合理造成大量资金占用而出现资金链断裂的情况。

六、企业财务管理策略

财务管理策略是根据企业的市场营销及生产运作管理策略合理地安排投资、筹资及日常运营管理的计划与策略。主要包括长短期借款、借款方式及时机、投资类型及时机、日常运营管理、全面预算等计划与安排等。

着重总结以下内容。

(1)对现金流的预算是否准确,资金是否出现战略上的大缺口。

(2)对投资的收益分析是否准确。

(3)对资金的来源、取得方式、取得时间、取得的数量及代价如何是否有全面的预计与掌控。

(4)资金的来源与用途是否相匹配,是否存在滥用资金的现象。

(5)销、产、供整个环节的资金控制是否合理,生产过程的成本控制是否得当。

(6)预算的制订流程是否合量,预算与实际的差异是否过大,原因何在。

(7)借助一些财务分析方法,如何进行财务分析的,结果如何。

七、情报策略

在充分考虑企业内部经营环境的基础上,对企业外部竞争对手的有关信息进行收集、整理、分析及筛选的步骤与方法。主要包括在消费者市场、生产经营、广告投放等方面进行情报策略分析。

八、团队合作

企业经营的成败是依靠整个团队的相互沟通与协作,为此必须对团队合作方面进行总结。主要包括团队的目标设置、团队组织机构的设置、分工的依据及职责完成情况及合作中存在问题。

着重总结以下内容。

(1)不同角色间的沟通形式及技巧、信息的共享及协同效果。

(2)角色分工的依据如何,分工是否合理,合作过程中协同的问题是如何解决的。

(3)建立了怎样的决策机制,如何通过规章制度保证其决策机制运行的。

九、总结经验与改进措施

在对上述基本问题进行分析的基础上，总结各种经验成果，并提出相关建议与改进措施。

本章小结

ERP 沙盘实战包括销售、生产、经营、采购及财务等流程。

企业市场营销战略是在企业战略计划下制定和实施市场营销计划的过程。

ERP 沙盘模拟总结主要针对模拟经营过程中涉及的相关知识、角色任务、运营状况，经验教训、存在的问题等方面为主要内容进行总结。

企业整体战略是指规划企业目标与达到这一目标所需要的企业内外部资源方案及策略，它是企业为了适应未来环境的变化，寻求长期和稳定发展而制定的总体性和长远性的策略。

企业市场营销战略是在企业战略计划下制定和实施市场营销计划的过程。

产品研发与生产策略是在企业战略和市场营销策略的基础上，制定合理的产品研发与生产的方案。

固定资产投资策略是在市场与生产策略的基础上，合理安排厂房及生产设备的投资计划与调度的策略。

采购策略是根据企业的生产策略合理安排原料的采购计划。主要包括原料的采购类型及时间、采购的方式等。

财务管理策略是根据企业的市场营销及生产运作管理策略，合理地安排投资、筹资及日常运营管理的计划与策略。

情报策略是在充分考虑企业内部经营环境的基础上，对企业外部竞争对手的有关信息进行收集、整理、分析及筛选的步骤与方法。

企业经营的成败是依靠整个团队的相互沟通与协作，为此必须对团队合作方面进行总结。

复习思考题

1. 如何理解企业经营的流程？
2. 理解沙盘模拟总结分析的意义及内容。
3. 简要撰写一份沙盘模拟总结报告。

附录 1：

企业经营 ERP 沙盘模拟训练

操作记录手册

（总经理）

公司名称：
所在院系：
姓　　名：

企业运营规则

厂房购置与租赁

厂房	买价	售价	租金
大厂房	40M	40M(4Q)	5M/年
小厂房	30M	30M(4Q)	3M/年

市场开发与拓展

市场	持续时间	开拓费用
区域	1 年	1M/年
国内	2 年	1M/年
亚洲	3 年	1M/年
国际	4 年	1M/年

产品 BOM 结构

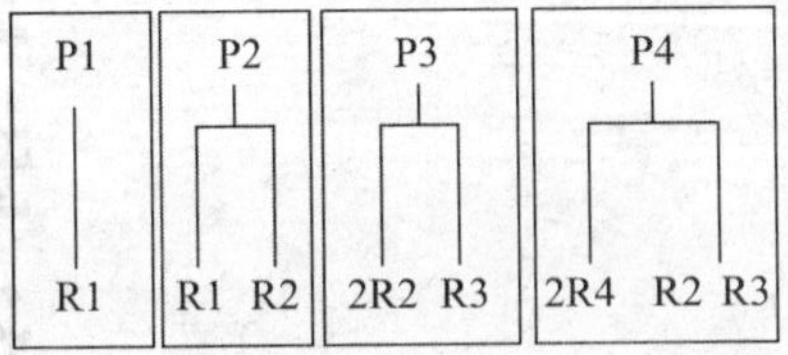

产品研发投资

产品	P2	P3	P4
研发时间	6Q	6Q	6Q
研发投资	1M/Q	2M/Q	3M/Q

ISO 资格认证投资

管理体系	持续时间	所需投资
ISO9000	2 年	1M/年
ISO14000	3 年	1M/年

生产线购置、安装、调整、维护、处置

生产线	购买价格	安装周期	生产周期	转产周期	转产费用	维护费用	出售残值
手工线	5M	无	3Q	—	—	1M/年	1M
半自动	8M	2Q	2Q	1Q	1M	1M/年	2M
全自动	16M	4Q	1Q	2Q	4M	1M/年	4M
柔性线	24M	4Q	1Q	—	—	1M/年	6M

管理费、折旧与税金

管理费	折旧费	所得税
每季度支付 1M	余额递减 折旧率 1/3	弥补以前年度亏损后计税，税率 1/3

生产加工费支出

产品	手工线	半自动	全自动	柔性线
P1	1M	1M	1M	1M
P2	1M	1M	1M	1M
P3	1M	1M	1M	1M
P4	1M	1M	1M	1M

贷款融资与贴现

贷款类型	贷款时间	贷款额度	年利率	还款方式
长期贷款	每年年末	权益 2 倍	10%	每年付息，到期还本
短期贷款	每季度初	权益 2 倍	5%	到期一次还本付息
高利贷	每季度初	银行协商	20%	到期一次还本付息
资金贴现	任何时间	视应收款	1∶6	变现时贴息

业务流程处理

项目 \ 年份	起始年			
	1	2	3	4
年度规划会议				
竞单/登记销售订单				
支付广告费				
制订全年计划				
支付应缴税金				
期初现金盘点(请填余额)				
更新短期贷款/还本付息/申请短期贷款(高利贷)				
更新应付款/归还应付款				
更新原材料/原材料入库/支付原材料款				
下原料订单				
更新生产/完工入库				
投资新生产线/变卖生产线/生产线转产				
向其他企业购买原材料/出售原材料				
开始下一批生产				
更新应收款/应收款收现				
出售厂房				
向其他企业购买成品/出售成品				
按订单交货				
产品研发投资				
支付行政管理费				
其他现金收支(贴现、向其他企业出售、改原材料)				
更新长期贷款/还本付息/申请长期贷款				
支付设备维护费				
支付租金/购买厂房				
计提折旧				
新市场开拓/ISO资格认证投资				
结账				
现金收入总计				
现金支出总计				
期末现金对账(请填余额)				

续表

项目 \ 年份	第1年			
	1	2	3	4
年度规划会议				
竞单/登记销售订单				
支付广告费				
制订全年计划				
支付应缴税金				
期初现金盘点(请填余额)				
更新短期贷款/还本付息/申请短期贷款(高利贷)				
更新应付款/归还应付款				
更新原材料/原材料入库/支付原材料款				
下原料订单				
更新生产/完工入库				
投资新生产线/变卖生产线/生产线转产				
向其他企业购买原材料/出售原材料				
开始下一批生产				
更新应收款/应收款收现				
出售厂房				
向其他企业购买成品/出售成品				
按订单交货				
产品研发投资				
支付行政管理费				
其他现金收支(贴现、向其他企业出售、改原材料)				
更新长期贷款/还本付息/申请长期贷款				
支付设备维护费				
支付租金/购买厂房				
计提折旧				
新市场开拓/ISO 资格认证投资				
结账				
现金收入总计				
现金支出总计				
期末现金对账(请填余额)				

续表

项目 \ 年份	第2年			
	1	2	3	4
年度规划会议				
竞单/登记销售订单				
支付广告费				
制订全年计划				
支付应缴税金				
期初现金盘点(请填余额)				
更新短期贷款/还本付息/申请短期贷款(高利贷)				
更新应付款/归还应付款				
更新原材料/原材料入库/支付原材料款				
下原料订单				
更新生产/完工入库				
投资新生产线/变卖生产线/生产线转产				
向其他企业购买原材料/出售原材料				
开始下一批生产				
更新应收款/应收款收现				
出售厂房				
向其他企业购买成品/出售成品				
按订单交货				
产品研发投资				
支付行政管理费				
其他现金收支(贴现、向其他企业出售、改原材料)				
更新长期贷款/还本付息/申请长期贷款				
支付设备维护费				
支付租金/购买厂房				
计提折旧				
新市场开拓/ISO资格认证投资				
结账				
现金收入总计				
现金支出总计				
期末现金对账(请填余额)				

续表

项目 \ 年份	第3年			
	1	2	3	4
年度规划会议				
竞单/登记销售订单				
支付广告费				
制订全年计划				
支付应缴税金				
期初现金盘点(请填余额)				
更新短期贷款/还本付息/申请短期贷款(高利贷)				
更新应付款/归还应付款				
更新原材料/原材料入库/支付原材料款				
下原料订单				
更新生产/完工入库				
投资新生产线/变卖生产线/生产线转产				
向其他企业购买原材料/出售原材料				
开始下一批生产				
更新应收款/应收款收现				
出售厂房				
向其他企业购买成品/出售成品				
按订单交货				
产品研发投资				
支付行政管理费				
其他现金收支(贴现、向其他企业出售、改原材料)				
更新长期贷款/还本付息/申请长期贷款				
支付设备维护费				
支付租金/购买厂房				
计提折旧				
新市场开拓/ISO资格认证投资				
结账				
现金收入总计				
现金支出总计				
期末现金对账(请填余额)				

续表

项目 \ 年份	第4年			
	1	2	3	4
年度规划会议				
竞单/登记销售订单				
支付广告费				
制订全年计划				
支付应缴税金				
期初现金盘点(请填余额)				
更新短期贷款/还本付息/申请短期贷款(高利贷)				
更新应付款/归还应付款				
更新原材料/原材料入库/支付原材料款				
下原料订单				
更新生产/完工入库				
投资新生产线/变卖生产线/生产线转产				
向其他企业购买原材料/出售原材料				
开始下一批生产				
更新应收款/应收款收现				
出售厂房				
向其他企业购买成品/出售成品				
按订单交货				
产品研发投资				
支付行政管理费				
其他现金收支(贴现、向其他企业出售、改原材料)				
更新长期贷款/还本付息/申请长期贷款				
支付设备维护费				
支付租金/购买厂房				
计提折旧				
新市场开拓/ISO资格认证投资				
结账				
现金收入总计				
现金支出总计				
期末现金对账(请填余额)				

续表

项目＼年份	第5年			
	1	2	3	4
年度规划会议				
竞单/登记销售订单				
支付广告费				
制订全年计划				
支付应缴税金				
期初现金盘点(请填余额)				
更新短期贷款/还本付息/申请短期贷款(高利贷)				
更新应付款/归还应付款				
更新原材料/原材料入库/支付原材料款				
下原料订单				
更新生产/完工入库				
投资新生产线/变卖生产线/生产线转产				
向其他企业购买原材料/出售原材料				
开始下一批生产				
更新应收款/应收款收现				
出售厂房				
向其他企业购买成品/出售成品				
按订单交货				
产品研发投资				
支付行政管理费				
其他现金收支(贴现、向其他企业出售、改原材料)				
更新长期贷款/还本付息/申请长期贷款				
支付设备维护费				
支付租金/购买厂房				
计提折旧				
新市场开拓/ISO资格认证投资				
结账				
现金收入总计				
现金支出总计				
期末现金对账(请填余额)				

续表

项目 \ 年份	第 6 年			
	1	2	3	4
年度规划会议				
竞单/登记销售订单				
支付广告费				
制订全年计划				
支付应缴税金				
期初现金盘点(请填余额)				
更新短期贷款/还本付息/申请短期贷款(高利贷)				
更新应付款/归还应付款				
更新原材料/原材料入库/支付原材料款				
下原料订单				
更新生产/完工入库				
投资新生产线/变卖生产线/生产线转产				
向其他企业购买原材料/出售原材料				
开始下一批生产				
更新应收款/应收款收现				
出售厂房				
向其他企业购买成品/出售成品				
按订单交货				
产品研发投资				
支付行政管理费				
其他现金收支(贴现、向其他企业出售、改原材料)				
更新长期贷款/还本付息/申请长期贷款				
支付设备维护费				
支付租金/购买厂房				
计提折旧				
新市场开拓/ISO 资格认证投资				
结账				
现金收入总计				
现金支出总计				
期末现金对账(请填余额)				

企业战略规划

企业的宗旨与使命

1.

2.

3.

企业3年经营目标与发展方向

1.

2.

3.

4.

5.

6.

此文件为企业战略规划用表，在总裁带领下完成，作为企业各年度经营计划的指导性文件。

年度计划会议

	第1年	第2年	第3年	第4年	第5年	第6年
产品市场						
生产能力						
财务状况						
管理现状						
填表说明：此表主要用于对竞争对手的分析，结合产品市场分析的内容，确定企业竞争策略。						

企业经营 ERP 沙盘模拟训练

操作记录手册

（营销总监）

公司名称：
所在院系：
姓　　名：

业务流程处理

项目 \ 年份	起始年				第1年				第2年				第3年			
	1	2	3	4	1	2	3	4	1	2	3	4	1	2	3	4
年度规划会议																
竞单/登记销售订单																
支付广告费																
制订全年计划																
支付应缴税金																
期初现金盘点(请填余额)																
更新短期贷款/还本付息/申请短期贷款(高利贷)																
更新应付款/归还应付款																
更新原材料/原材料入库/支付原材料款																
下原料订单																
更新生产/完工入库																
投资新生产线/变卖生产线/生产线转产																
向其他企业购买原材料/出售原材料																
开始下一批生产																
更新应收款/应收款收现																
出售厂房																
向其他企业购买成品/出售成品																
按订单交货																
产品研发投资																
支付行政管理费																
其他现金收支(贴现、向其他企业出售、改原材料)																
更新长期贷款/还本付息/申请长期贷款																
支付设备维护费																
支付租金/购买厂房																
计提折旧																
新市场开拓/ISO资格认证投资																
结账																
现金收入总计																
现金支出总计																
期末现金对账(请填余额)																

续表

年份 项目	第4年				第5年				第6年							
	1	2	3	4	1	2	3	4	1	2	3	4	1	2	3	4
年度规划会议																
竞单/登记销售订单																
支付广告费																
制订全年计划																
支付应缴税金																
期初现金盘点(请填余额)																
更新短期贷款/还本付息/申请短期贷款(高利贷)																
更新应付款/归还应付款																
更新原材料/原材料入库/支付原材料款																
下原料订单																
更新生产/完工入库																
投资新生产线/变卖生产线/生产线转产																
向其他企业购买原材料/出售原材料																
开始下一批生产																
更新应收款/应收款收现																
出售厂房																
向其他企业购买成品/出售成品																
按订单交货																
产品研发投资																
支付行政管理费																
其他现金收支(贴现、向其他企业出售、改原材料)																
更新长期贷款/还本付息/申请长期贷款																
支付设备维护费																
支付租金/购买厂房																
计提折旧																
新市场开拓/ISO资格认证投资																
结账																
现金收入总计																
现金支出总计																
期末现金对账(请填余额)																

广告登记表 ______________ 组

第1年（本地）				（区域）				（国内）				（亚洲）				（国际）			
产品	广告	9000	14000	产品	广告	9000	14000	产品	广告	9000	14000	产品	广告	9000	14000	产品	广告	9000	14000
P1				P1				P1				P1				P1			
P2				P2				P2				P2				P2			
P3				P3				P3				P3				P3			
P4				P4				P4				P4				P4			

第2年（本地）				（区域）				（国内）				（亚洲）				（国际）			
产品	广告	9000	14000	产品	广告	9000	14000	产品	广告	9000	14000	产品	广告	9000	14000	产品	广告	9000	14000
P1				P1				P1				P1				P1			
P2				P2				P2				P2				P2			
P3				P3				P3				P3				P3			
P4				P4				P4				P4				P4			

第3年（本地）				（区域）				（国内）				（亚洲）				（国际）			
产品	广告	9000	14000	产品	广告	9000	14000	产品	广告	9000	14000	产品	广告	9000	14000	产品	广告	9000	14000
P1				P1				P1				P1				P1			
P2				P2				P2				P2				P2			
P3				P3				P3				P3				P3			
P4				P4				P4				P4				P4			

广告登记表______________组

第4年（本地）				（区域）				（国内）				（亚洲）				（国际）			
产品	广告	9000	14000	产品	广告	9000	14000	产品	广告	9000	14000	产品	广告	9000	14000	产品	广告	9000	14000
P1				P1				P1				P1				P1			
P2				P2				P2				P2				P2			
P3				P3				P3				P3				P3			
P4				P4				P4				P4				P4			

第5年（本地）				（区域）				（国内）				（亚洲）				（国际）			
产品	广告	9000	14000	产品	广告	9000	14000	产品	广告	9000	14000	产品	广告	9000	14000	产品	广告	9000	14000
P1				P1				P1				P1				P1			
P2				P2				P2				P2				P2			
P3				P3				P3				P3				P3			
P4				P4				P4				P4				P4			

第6年（本地）				（区域）				（国内）				（亚洲）				（国际）			
产品	广告	9000	14000	产品	广告	9000	14000	产品	广告	9000	14000	产品	广告	9000	14000	产品	广告	9000	14000
P1				P1				P1				P1				P1			
P2				P2				P2				P2				P2			
P3				P3				P3				P3				P3			
P4				P4				P4				P4				P4			

市场开发投入登记表

年度	区域市场(1y)	国内市场(2y)	亚洲市场(3y)	国际市场(4y)	完成
第 1 年					
第 2 年					
第 3 年					
第 4 年					
第 5 年					
第 6 年					
总计					

ISO 认证投资

年度	ISO 9000	ISO 14000
第 1 年		
第 2 年		
第 3 年		
第 4 年		
第 5 年		
第 6 年		
总计		

产品开发登记表

年度	P2	P3	P4	总计	完成
第 1 年					
第 2 年					
第 3 年					
第 4 年					
第 5 年					
第 6 年					
总计					

企业经营 ERP 沙盘模拟训练

操作记录手册

(生产总监)

公司名称:
所在院系:
姓　　名:

业务流程处理

年份 项目	起始年				第1年				第2年				第3年			
	1	2	3	4	1	2	3	4	1	2	3	4	1	2	3	4
年度规划会议																
竞单/登记销售订单																
支付广告费																
制订全年计划																
支付应缴税金																
期初现金盘点(请填余额)																
更新短期贷款/还本付息/申请短期贷款(高利贷)																
更新应付款/归还应付款																
更新原材料/原材料入库/支付原材料款																
下原料订单																
更新生产/完工入库																
投资新生产线/变卖生产线/生产线转产																
向其他企业购买原材料/出售原材料																
开始下一批生产																
更新应收款/应收款收现																
出售厂房																
向其他企业购买成品/出售成品																
按订单交货																
产品研发投资																
支付行政管理费																
其他现金收支(贴现、向其他企业出售、改原材料)																
更新长期贷款/还本付息/申请长期贷款																
支付设备维护费																
支付租金/购买厂房																
计提折旧																
新市场开拓/ISO资格认证投资																
结账																
现金收入总计																
现金支出总计																
期末现金对账(请填余额)																

续表

项目 \ 年份	第4年				第5年				第6年							
	1	2	3	4	1	2	3	4	1	2	3	4	1	2	3	4
年度规划会议																
竞单/登记销售订单																
支付广告费																
制订全年计划																
支付应缴税金																
期初现金盘点(请填余额)																
更新短期贷款/还本付息/申请短期贷款(高利贷)																
更新应付款/归还应付款																
更新原材料/原材料入库/支付原材料款																
下原料订单																
更新生产/完工入库																
投资新生产线/变卖生产线/生产线转产																
向其他企业购买原材料/出售原材料																
开始下一批生产																
更新应收款/应收款收现																
出售厂房																
向其他企业购买成品/出售成品																
按订单交货																
产品研发投资																
支付行政管理费																
其他现金收支(贴现、向其他企业出售、改原材料)																
更新长期贷款/还本付息/申请长期贷款																
支付设备维护费																
支付租金/购买厂房																
计提折旧																
新市场开拓/ISO资格认证投资																
结账																
现金收入总计																
现金支出总计																
期末现金对账(请填余额)																

生产计划表

项目名称		第1年				第2年				第3年			
		1Q	2Q	3Q	4Q	1Q	2Q	3Q	4Q	1Q	2Q	3Q	4Q
上线计划	P1												
	P2												
	P3												
	P4												
费用	加工费												
完工入库	P1												
	P2												
	P3												
	P4												

续表

项目名称		第4年				第5年				第6年			
		1Q	2Q	3Q	4Q	1Q	2Q	3Q	4Q	1Q	2Q	3Q	4Q
上线计划	P1												
	P2												
	P3												
	P4												
费用	加工费												
完工入库	P1												
	P2												
	P3												
	P4												

生产计划及采购计划编制举例

生产线		第1年				第2年				第3年			
		一季度	二季度	三季度	四季度	一季度	二季度	三季度	四季度	一季度	二季度	三季度	四季度
1 手工	产品			P1			P1					P2	P2
	材料		R1										
2 手工	产品		P1			P1							
	材料	R1			R1								
3 手工	产品	P1			P1								
	材料												
4 半自动	产品		P1		P1								
	材料	R1											
5	产品												
	材料												
……	产品												
	材料												
合计	产品	1P1	2P1	1P1	2P1								
	材料	2R1	1R1		1R1								

生产计划及采购计划编制(1~3)

生产线		第1年				第2年				第3年			
		一季度	二季度	三季度	四季度	一季度	二季度	三季度	四季度	一季度	二季度	三季度	四季度
1	产品												
	材料												
2	产品												
	材料												
3	产品												
	材料												
4	产品												
	材料												
5	产品												
	材料												
6	产品												
	材料												
7	产品												
	材料												
8	产品												
	材料												
合计	产品												
	材料												

生产计划及采购计划编制(4~6)

生产线		第4年				第5年				第6年			
		一季度	二季度	三季度	四季度	一季度	二季度	三季度	四季度	一季度	二季度	三季度	四季度
1	产品												
	材料												
2	产品												
	材料												
3	产品												
	材料												
4	产品												
	材料												
5	产品												
	材料												
6	产品												
	材料												
7	产品												
	材料												
8	产品												
	材料												
合计	产品												
	材料												

企业经营 ERP 沙盘模拟训练

操作记录手册

（采购物流总监）

公司名称：
所在院系：
姓　　名：

业务流程处理

项目　　　　年份	起始年				第1年				第2年				第3年			
	1	2	3	4	1	2	3	4	1	2	3	4	1	2	3	4
年度规划会议																
竞单/登记销售订单																
支付广告费																
制订全年计划																
支付应缴税金																
期初现金盘点(请填余额)																
更新短期贷款/还本付息/申请短期贷款(高利贷)																
更新应付款/归还应付款																
更新原材料/原材料入库/支付原材料款																
下原料订单																
更新生产/完工入库																
投资新生产线/变卖生产线/生产线转产																
向其他企业购买原材料/出售原材料																
开始下一批生产																
更新应收款/应收款收现																
出售厂房																
向其他企业购买成品/出售成品																
按订单交货																
产品研发投资																
支付行政管理费																
其他现金收支(贴现、向其他企业出售、改原材料)																
更新长期贷款/还本付息/申请长期贷款																
支付设备维护费																
支付租金/购买厂房																
计提折旧																
新市场开拓/ISO资格认证投资																
结账																
现金收入总计																
现金支出总计																
期末现金对账(请填余额)																

续表

年份 项目	第4年				第5年				第6年							
	1	2	3	4	1	2	3	4	1	2	3	4	1	2	3	4
年度规划会议																
竞单/登记销售订单																
支付广告费																
制订全年计划																
支付应缴税金																
期初现金盘点(请填余额)																
更新短期贷款/还本付息/申请短期贷款(高利贷)																
更新应付款/归还应付款																
更新原材料/原材料入库/支付原材料款																
下原料订单																
更新生产/完工入库																
投资新生产线/变卖生产线/生产线转产																
向其他企业购买原材料/出售原材料																
开始下一批生产																
更新应收款/应收款收现																
出售厂房																
向其他企业购买成品/出售成品																
按订单交货																
产品研发投资																
支付行政管理费																
其他现金收支(贴现、向其他企业出售、改原材料)																
更新长期贷款/还本付息/申请长期贷款																
支付设备维护费																
支付租金/购买厂房																
计提折旧																
新市场开拓/ISO资格认证投资																
结账																
现金收入总计																
现金支出总计																
期末现金对账(请填余额)																

原材料采购及付款登记表

第 1 年	1 季				2 季				3 季				4 季			
原材料	R1	R2	R3	R4	R1	R2	R3	R4	R1	R2	R3	R4	R1	R2	R3	R4
订购数量																
采购入库	1															
应付材料款	1															
第 2 年	1 季				2 季				3 季				4 季			
原材料	R1	R2	R3	R4	R1	R2	R3	R4	R1	R2	R3	R4	R1	R2	R3	R4
订购数量																
采购入库																
应付材料款																
第 3 年	1 季				2 季				3 季				4 季			
原材料	R1	R2	R3	R4	R1	R2	R3	R4	R1	R2	R3	R4	R1	R2	R3	R4
订购数量																
采购入库																
应付材料款																

原材料采购及付款登记表

第 4 年	1 季				2 季				3 季				4 季			
原材料	R1	R2	R3	R4	R1	R2	R3	R4	R1	R2	R3	R4	R1	R2	R3	R4
订购数量																
采购入库	1															
应付材料款	1															
第 5 年	1 季				2 季				3 季				4 季			
原材料	R1	R2	R3	R4	R1	R2	R3	R4	R1	R2	R3	R4	R1	R2	R3	R4
订购数量																
采购入库																
应付材料款																
第 6 年	1 季				2 季				3 季				4 季			
原材料	R1	R2	R3	R4	R1	R2	R3	R4	R1	R2	R3	R4	R1	R2	R3	R4
订购数量																
采购入库																
应付材料款																

企业经营 ERP 沙盘模拟训练

操作记录手册

(财务总监)

公司名称:
所在院系:
姓　　名:

业务流程处理

年份 / 项目	起始年			
	1	2	3	4
年度规划会议				
竞单/登记销售订单				
支付广告费				
制订全年计划				
支付应缴税金				
期初现金盘点(请填余额)				
更新短期贷款/还本付息/申请短期贷款(高利贷)				
更新应付款/归还应付款				
更新原材料/原材料入库/支付原材料款				
下原料订单				
更新生产/完工入库				
投资新生产线/变卖生产线/生产线转产				
向其他企业购买原材料/出售原材料				
开始下一批生产				
更新应收款/应收款收现				
出售厂房				
向其他企业购买成品/出售成品				
按订单交货				
产品研发投资				
支付行政管理费				
其他现金收支(贴现、向其他企业出售、改原材料)				
更新长期贷款/还本付息/申请长期贷款				
支付设备维护费				
支付租金/购买厂房				
计提折旧				
新市场开拓/ISO 资格认证投资				
结账				
现金收入总计				
现金支出总计				
期末现金对账(请填余额)				

订单登记表

订单号											合计
市场											
产品											
数量											
账期											
销售额											
成本											
毛利											
未售											

产品核算统计表

	P1	P2	P3	P4	合计
数量					
销售额					
成本					
毛利					

综合管理费用明细表

单位:百万

项 目	金 额	备 注
管理费		
广告费		
保养费		
租 金		
转产费		
市场准入开拓		□区域 □国内 □亚洲 □国际
ISO 资格认证		□ISO 9000 □ISO 14000
产品研发		P2( ) P3( ) P4( )
其 他		
合 计		

利 润 表

项 目	上年数	本年数
销售收入	35	
直接成本	12	
毛利	23	
综合费用	11	
折旧前利润	12	
折旧	4	
支付利息前利润	8	
财务收入/支出	4	
其他收入/支出		
税前利润	4	
所得税	1	
净利润	3	

资产负债表

资产	期初数	期末数	负债和所有者权益	期初数	期末数
流动资产:			负债:		
现金	20		长期负债	40	
应收款	15		短期负债		
在制品	8		应付账款		
成品	6		应交税金	1	
原料	3		一年内到期的长期负债		
流动资产合计	52		负债合计	41	
固定资产:			所有者权益:		
土地和建筑	40		股东资本	50	
机器与设备	13		利润留存	11	
在建工程			年度净利	3	
固定资产合计	53		所有者权益合计	64	
资产总计	105		负债和所有者权益总计	105	

业务流程处理

项目 \ 年份	第1年			
	1	2	3	4
年度规划会议				
竞单/登记销售订单				
支付广告费				
制订全年计划				
支付应缴税金				
期初现金盘点(请填余额)				
更新短期贷款/还本付息/申请短期贷款(高利贷)				
更新应付款/归还应付款				
更新原材料/原材料入库/支付原材料款				
下原料订单				
更新生产/完工入库				
投资新生产线/变卖生产线/生产线转产				
向其他企业购买原材料/出售原材料				
开始下一批生产				
更新应收款/应收款收现				
出售厂房				
向其他企业购买成品/出售成品				
按订单交货				
产品研发投资				
支付行政管理费				
其他现金收支(贴现、向其他企业出售、改原材料)				
更新长期贷款/还本付息/申请长期贷款				
支付设备维护费				
支付租金/购买厂房				
计提折旧				
新市场开拓/ISO资格认证投资				
结账				
现金收入总计				
现金支出总计				
期末现金对账(请填余额)				

订单登记表

订单号											合计
市场											
产品											
数量											
账期											
销售额											
成本											
毛利											
未售											

产品核算统计表

	P1	P2	P3	P4	合计
数量					
销售额					
成本					
毛利					

综合管理费用明细表

单位：百万

项　目	金　额	备　注
管理费		
广告费		
保养费		
租　金		
转产费		
市场准入开拓		□区域　□国内　□亚洲　□国际
ISO 资格认证		□ISO 9000　□ISO 14000
产品研发		P2(　　)　P3(　　)　P4(　　)
其　他		
合　计		

利 润 表

项 目	上年数	本年数
销售收入		
直接成本		
毛利		
综合费用		
折旧前利润		
折旧		
支付利息前利润		
财务收入/支出		
其他收入/支出		
税前利润		
所得税		
净利润		

资产负债表

资产	期初数	期末数	负债和所有者权益	期初数	期末数
流动资产：			负债：		
现金			长期负债		
应收款			短期负债		
在制品			应付账款		
成品			应交税金		
原料			一年内到期的长期负债		
流动资产合计			负债合计		
固定资产：			所有者权益：		
土地和建筑			股东资本		
机器与设备			利润留存		
在建工程			年度净利		
固定资产合计			所有者权益合计		
资产总计			负债和所有者权益总计		

业务流程处理

项目 \ 年份	第2年			
	1	2	3	4
年度规划会议				
竞单/登记销售订单				
支付广告费				
制订全年计划				
支付应缴税金				
期初现金盘点(请填余额)				
更新短期贷款/还本付息/申请短期贷款(高利贷)				
更新应付款/归还应付款				
更新原材料/原材料入库/支付原材料料款				
下原料订单				
更新生产/完工入库				
投资新生产线/变卖生产线/生产线转产				
向其他企业购买原材料/出售原材料				
开始下一批生产				
更新应收款/应收款收现				
出售厂房				
向其他企业购买成品/出售成品				
按订单交货				
产品研发投资				
支付行政管理费				
其他现金收支(贴现、向其他企业出售、改原材料)				
更新长期贷款/还本付息/申请长期贷款				
支付设备维护费				
支付租金/购买厂房				
计提折旧				
新市场开拓/ISO 资格认证投资				
结账				
现金收入总计				
现金支出总计				
期末现金对账(请填余额)				

订单登记表

订单号											合计
市场											
产品											
数量											
账期											
销售额											
成本											
毛利											
未售											

产品核算统计表

	P1	P2	P3	P4	合计
数量					
销售额					
成本					
毛利					

综合管理费用明细表

单位:百万

项 目	金 额	备 注
管理费		
广告费		
保养费		
租 金		
转产费		
市场准入开拓		□区域 □国内 □亚洲 □国际
ISO 资格认证		□ISO 9000 □ISO 14000
产品研发		P2( ) P3( ) P4( )
其 他		
合 计		

利润表

项目	上年数	本年数
销售收入		
直接成本		
毛利		
综合费用		
折旧前利润		
折旧		
支付利息前利润		
财务收入/支出		
其他收入/支出		
税前利润		
所得税		
净利润		

资产负债表

资产	期初数	期末数	负债和所有者权益	期初数	期末数
流动资产：			负债：		
现金			长期负债		
应收款			短期负债		
在制品			应付账款		
成品			应交税金		
原料			一年内到期的长期负债		
流动资产合计			负债合计		
固定资产：			所有者权益：		
土地和建筑			股东资本		
机器与设备			利润留存		
在建工程			年度净利		
固定资产合计			所有者权益合计		
资产总计			负债和所有者权益总计		

业务流程处理

项目 \ 年份	第3年			
	1	2	3	4
年度规划会议				
竞单/登记销售订单				
支付广告费				
制订全年计划				
支付应缴税金				
期初现金盘点(请填余额)				
更新短期贷款/还本付息/申请短期贷款(高利贷)				
更新应付款/归还应付款				
更新原材料/原材料入库/支付原材料款				
下原料订单				
更新生产/完工入库				
投资新生产线/变卖生产线/生产线转产				
向其他企业购买原材料/出售原材料				
开始下一批生产				
更新应收款/应收款收现				
出售厂房				
向其他企业购买成品/出售成品				
按订单交货				
产品研发投资				
支付行政管理费				
其他现金收支(贴现、向其他企业出售、改原材料)				
更新长期贷款/还本付息/申请长期贷款				
支付设备维护费				
支付租金/购买厂房				
计提折旧				
新市场开拓/ISO资格认证投资				
结账				
现金收入总计				
现金支出总计				
期末现金对账(请填余额)				

订单登记表

订单号											合计
市场											
产品											
数量											
账期											
销售额											
成本											
毛利											
未售											

产品核算统计表

	P1	P2	P3	P4	合计
数量					
销售额					
成本					
毛利					

综合管理费用明细表

单位:百万

项　目	金　额	备　注
管理费		
广告费		
保养费		
租　金		
转产费		
市场准入开拓		□区域　□国内　□亚洲　□国际
ISO 资格认证		□ISO 9000　□ISO 14000
产品研发		P2(　　)　P3(　　)　P4(　　)
其　他		
合　计		

利　润　表

项　目	上年数	本年数
销售收入		
直接成本		
毛利		
综合费用		
折旧前利润		
折旧		
支付利息前利润		
财务收入/支出		
其他收入/支出		
税前利润		
所得税		
净利润		

资产负债表

资产	期初数	期末数	负债和所有者权益	期初数	期末数
流动资产：			负债：		
现金			长期负债		
应收款			短期负债		
在制品			应付账款		
成品			应交税金		
原料			一年内到期的长期负债		
流动资产合计			负债合计		
固定资产：			所有者权益：		
土地和建筑			股东资本		
机器与设备			利润留存		
在建工程			年度净利		
固定资产合计			所有者权益合计		
资产总计			负债和所有者权益总计		

业务流程处理

项目 \ 年份	第4年			
	1	2	3	4
年度规划会议				
竞单/登记销售订单				
支付广告费				
制订全年计划				
支付应缴税金				
期初现金盘点(请填余额)				
更新短期贷款/还本付息/申请短期贷款(高利贷)				
更新应付款/归还应付款				
更新原材料/原材料入库/支付原材料款				
下原料订单				
更新生产/完工入库				
投资新生产线/变卖生产线/生产线转产				
向其他企业购买原材料/出售原材料				
开始下一批生产				
更新应收款/应收款收现				
出售厂房				
向其他企业购买成品/出售成品				
按订单交货				
产品研发投资				
支付行政管理费				
其他现金收支(贴现、向其他企业出售、改原材料)				
更新长期贷款/还本付息/申请长期贷款				
支付设备维护费				
支付租金/购买厂房				
计提折旧				
新市场开拓/ISO 资格认证投资				
结账				
现金收入总计				
现金支出总计				
期末现金对账(请填余额)				

订单登记表

订单号											合计
市场											
产品											
数量											
账期											
销售额											
成本											
毛利											
未售											

产品核算统计表

	P1	P2	P3	P4	合计
数量					
销售额					
成本					
毛利					

综合管理费用明细表

单位：百万

项　目	金　额	备　注
管理费		
广告费		
保养费		
租　金		
转产费		
市场准入开拓		□区域　□国内　□亚洲　□国际
ISO 资格认证		□ISO 9000　□ISO 14000
产品研发		P2(　　)　P3(　　)　P4(　　)
其　他		
合　计		

利 润 表

项 目	上年数	本年数
销售收入		
直接成本		
毛利		
综合费用		
折旧前利润		
折旧		
支付利息前利润		
财务收入/支出		
其他收入/支出		
税前利润		
所得税		
净利润		

资产负债表

资产	期初数	期末数	负债和所有者权益	期初数	期末数
流动资产：			负债：		
现金			长期负债		
应收款			短期负债		
在制品			应付账款		
成品			应交税金		
原料			一年内到期的长期负债		
流动资产合计			负债合计		
固定资产：			所有者权益：		
土地和建筑			股东资本		
机器与设备			利润留存		
在建工程			年度净利		
固定资产合计			所有者权益合计		
资产总计			负债和所有者权益总计		

业务流程处理

项目＼年份	第5年			
	1	2	3	4
年度规划会议				
竞单/登记销售订单				
支付广告费				
制订全年计划				
支付应缴税金				
期初现金盘点(请填余额)				
更新短期贷款/还本付息/申请短期贷款(高利贷)				
更新应付款/归还应付款				
更新原材料/原材料入库/支付原材料款				
下原料订单				
更新生产/完工入库				
投资新生产线/变卖生产线/生产线转产				
向其他企业购买原材料/出售原材料				
开始下一批生产				
更新应收款/应收款收现				
出售厂房				
向其他企业购买成品/出售成品				
按订单交货				
产品研发投资				
支付行政管理费				
其他现金收支(贴现、向其他企业出售、改原材料)				
更新长期贷款/还本付息/申请长期贷款				
支付设备维护费				
支付租金/购买厂房				
计提折旧				
新市场开拓/ISO资格认证投资				
结账				
现金收入总计				
现金支出总计				
期末现金对账(请填余额)				

订单登记表

订单号											合计
市场											
产品											
数量											
账期											
销售额											
成本											
毛利											
未售											

产品核算统计表

	P1	P2	P3	P4	合计
数量					
销售额					
成本					
毛利					

综合管理费用明细表

单位：百万

项 目	金 额	备 注
管理费		
广告费		
保养费		
租 金		
转产费		
市场准入开拓		□区域 □国内 □亚洲 □国际
ISO 资格认证		□ISO 9000 □ISO 14000
产品研发		P2（ ） P3（ ） P4（ ）
其 他		
合 计		

利 润 表

项 目	上年数	本年数
销售收入		
直接成本		
毛利		
综合费用		
折旧前利润		
折旧		
支付利息前利润		
财务收入/支出		
其他收入/支出		
税前利润		
所得税		
净利润		

资产负债表

资产	期初数	期末数	负债和所有者权益	期初数	期末数
流动资产：			负债：		
现金			长期负债		
应收款			短期负债		
在制品			应付账款		
成品			应交税金		
原料			一年内到期的长期负债		
流动资产合计			负债合计		
固定资产：			所有者权益：		
土地和建筑			股东资本		
机器与设备			利润留存		
在建工程			年度净利		
固定资产合计			所有者权益合计		
资产总计			负债和所有者权益总计		

业务流程处理

项目 \ 年份	第6年			
	1	2	3	4
年度规划会议				
竞单/登记销售订单				
支付广告费				
制订全年计划				
支付应缴税金				
期初现金盘点(请填余额)				
更新短期贷款/还本付息/申请短期贷款(高利贷)				
更新应付款/归还应付款				
更新原材料/原材料入库/支付原材料款				
下原料订单				
更新生产/完工入库				
投资新生产线/变卖生产线/生产线转产				
向其他企业购买原材料/出售原材料				
开始下一批生产				
更新应收款/应收款收现				
出售厂房				
向其他企业购买成品/出售成品				
按订单交货				
产品研发投资				
支付行政管理费				
其他现金收支(贴现、向其他企业出售、改原材料)				
更新长期贷款/还本付息/申请长期贷款				
支付设备维护费				
支付租金/购买厂房				
计提折旧				
新市场开拓/ISO资格认证投资				
结账				
现金收入总计				
现金支出总计				
期末现金对账(请填余额)				

订单登记表

订单号											合计
市场											
产品											
数量											
账期											
销售额											
成本											
毛利											
末售											

产品核算统计表

	P1	P2	P3	P4	合计
数量					
销售额					
成本					
毛利					

综合管理费用明细表

单位:百万

项 目	金 额	备 注
管理费		
广告费		
保养费		
租 金		
转产费		
市场准入开拓		□区域 □国内 □亚洲 □国际
ISO 资格认证		□ISO 9000 □ISO 14000
产品研发		P2( ) P3( ) P4( )
其 他		
合 计		

利 润 表

项　目	上年数	本年数
销售收入		
直接成本		
毛利		
综合费用		
折旧前利润		
折旧		
支付利息前利润		
财务收入/支出		
其他收入/支出		
税前利润		
所得税		
净利润		

资产负债表

资产	期初数	期末数	负债和所有者权益	期初数	期末数
流动资产：			负债：		
现金			长期负债		
应收款			短期负债		
在制品			应付账款		
成品			应交税金		
原料			一年内到期的长期负债		
流动资产合计			负债合计		
固定资产：			所有者权益：		
土地和建筑			股东资本		
机器与设备			利润留存		
在建工程			年度净利		
固定资产合计			所有者权益合计		
资产总计			负债和所有者权益总计		

产品订单登记与核算统计表

年　份	订单登记表													产品核算统计表				
起始年	订单号													项　目	P1	P2	P3	P4
	市　场																	
	产　品													数　量				
	数　量													销售额				
	总金额													成　本				
	应收账期													毛　利				
第 1 年	订单号													项　目	P1	P2	P3	P4
	市　场																	
	产　品													数　量				
	数　量													销售额				
	总金额													成　本				
	应收账期													毛　利				
第 2 年	订单号													项　目	P1	P2	P3	P4
	市　场																	
	产　品													数　量				
	数　量													销售额				
	总金额													成　本				
	应收账期													毛　利				
第 3 年	订单号													项　目	P1	P2	P3	P4
	市　场																	
	产　品													数　量				
	数　量													销售额				
	总金额													成　本				
	应收账期													毛　利				

续表

年份	订单登记表													产品核算统计表				
第4年	订单号													项目	P1	P2	P3	P4
	市场																	
	产品													数量				
	数量													销售额				
	总金额													成本				
	应收账期													毛利				
第5年	订单号													项目	P1	P2	P3	P4
	市场																	
	产品													数量				
	数量													销售额				
	总金额													成本				
	应收账期													毛利				
第6年	订单号													项目	P1	P2	P3	P4
	市场																	
	产品													数量				
	数量													销售额				
	总金额													成本				
	应收账期													毛利				

现金流预算表

预算项目	第1年				第2年				第3年				第4年				第5年				第6年			
	1	2	3	4	1	2	3	4	1	2	3	4	1	2	3	4	1	2	3	4	1	2	3	4
期初库存现金																								
支付上年应交税																								
市场广告投入																								
贴现费用																								
利息(短期贷款)																								
支付到期短期贷款																								
原料采购支付现金																								
转产费用																								
生产线投资																								
工人工资																								
产品研发投资																								
收到现金前的所有支出																								
应收款到期																								
支付管理费用																								
利息(长期贷款)																								
支付到期长期贷款																								
设备维护费用																								
租金																								
购买新建筑																								
市场开拓投资																								
ISO 认证投资																								
其他																								
库存现金余额																								

应收账款登记表

款类		1年				2年				3年			
		1	2	3	4	1	2	3	4	1	2	3	4
应收期	1												
	2												
	3												
	4												
到款													
贴现													
贴现费													

款类		4年				5年				6年			
		1	2	3	4	1	2	3	4	1	2	3	4
应收期	1												
	2												
	3												
	4												
到款													
贴现													
贴现费													

附录 2:

沙盘助教守则

沙盘助教主要是协助任课教师上好沙盘课程,分担任课教师在上课过程中的额外工作,推进课程的进度,为课前、课中、课后做好相关的工作准备。一般助教可以选择几名学生担任。

课前:

1. 在上课前一天检查好教具,检查的教具按下表所示。

名称	数量	单位	备注
沙盘主盘	6	片	盘面为大小厂房,有 P3、P4 产品
生产线模版	96	条	手工、半自动、全自动、柔性各 24 条
产品标识	108	条	P1、P2 各 30 条;P3、P4 各 24 条
订单	255	张	共 6 年
代金币	3 200	枚	银灰共 2 000 枚,其他四色各 300 枚
币桶	400	个	
桶架	6	个	有机玻璃
纸盒	10	个	—
包装箱	1	个	—
生产准入证	30	张	本地、区域、亚洲、国内、国际市场准入各 6 张
P1、P2、P3、P4	24	张	P1、P2、P3、P4 生产资格各 6 张
ISO	12	张	ISO 9000、ISO 14000 各 6 张

2. 提前 3 天准备好上课要用的学员手册、市场预测、监控相关表单(主要包括贷款登记表、各组竞单表,必要时采购登记表也要,表单包括裁判用与参赛者用两种)。

3. 提前一周检查好挂牌是否齐全,水牌是否齐全。

4. 对于场地的安排需要两支到三支麦克风,其中要有一支是无线的,并且场地需要有白板以及白板笔。

5. 对于是客户沙盘培训的,提前两天确认好横幅、奖品。

6. 在出发去上课前的当天必须再次确认沙盘教具是否齐备,横幅是否也携带,盘面是否正确,挂牌是否携带。

7. 在教师讲解规则之前先给讲师备好学员手册以及相关市场预测、学员使用的登记表单(如贷款申请表、广告竞单表等),以便于讲师讲解规则及相关表单的使用。

8. 在讲师讲解规则之前,先在讲师所在讲台备好相关沙盘道具(如原材料、生产线),以便于讲师讲解规则及相关表单的使用。

9. 在讲师讲课前检查好白板笔是否能写,并且测试好相关仪器。

10. 在出发前须先拿好教室钥匙，以便于课程结束后沙盘可以放回公司。

课中：

11. 积极配合讲师讲课，在讲师讲规则的时候可以指导学员翻开相关页码以便于跟上讲师进度。

12. 讲师在讲解规则的同时要留在现场，以便于协助讲师上课。

13. 维持课堂秩序。

14. 在讲师上课的过程当中如遇学员提出疑问，不必马上回答，让其记下问题后等到讲师讲完再提出。

15. 在上课的过程当中，助教必须呆在原材料、银行以及客户的相关位置处，不得参与到底下的组里面去。

16. 当看到各组都基本完成运营年的流程时，助教可以到做报表相对较慢的组里指导其完成报表。

17. 在每一年开始竞单前，助教需把相关订单准备好。

18. 每一年经营结束后，助教需把各组费用收回，并发放各组竞单表。

19. 在上课的过程中，助教需拍摄相关照片以存档准备。

课后：

20. 回收各组挂牌，并检查是否遗漏。

21. 收拾检查好沙盘教具，必须把教具有条理地、工整地收拾摆放好。

附录 3：盘面登记表

成品	P1	P2	P3	P4						R1	R2	R3	R4
库存	2						原材料定单						
（个）							在运途中原材料						
							原材料库存						
价值	大厂房							小厂房					
40							Q1					Q1	
							Q2					Q2	
							Q3					Q3	
类型													
产品													
现值	2	2	2	3									
认证费用					市场开发费用					产品研发费用			
ISO 9000		ISO 14000			区域	国内	亚洲	国际		P2	P3	P4	
行政	转产	维护	营销	租金	折旧	利息	贴现	税金	其他				
	高利货												
							现金		应付款				
			Q4	Q3	Q2	Q1							
										Q1	Q2	Q3	Q4
	短期贷款												
			Q4	Q3	Q2	Q1	46		应收款				
长期贷款													
		FY5	FY4	FY3	FY2	FY1				Q1	Q2	Q3	Q4

参考文献

[1]曹胜利.大学生创业:高校素质拓展教程[M].沈阳:万卷出版公司,2006.

[2]陈荣秋,马士华.生产与运作管理[M].北京:高等教育出版社,1999.

[3]邓风祥.现代物流成本管理[M].北京:经济管理出版社,2003.

[4]樊晓琪.ERP沙盘实训教程及比赛全攻略[M].上海:立信会计出版社,2009.

[5]刘建,刘莎.现代企业管理精要[M].成都:西南财经大学出版社,2003.

[6]刘侃.企业管理原理[M].北京:经济管理出版社,2000.

[7]刘平.企业经营沙盘模拟实训手册[M].北京:清华大学出版社,2010.

[8]李湘露,李宗民.ERP沙盘模拟实战教程[M].北京:中国电力出版社,2009.

[9]刘晓欢.企业管理概论[M].北京:高等教育出版社,2009.

[10]马士华.供应链管理[M].北京:机械工业出版社,2000.

[11]潘家轺.现代生产管理学[M].北京:清华大学出版社,1994.

[12]孙金凤,王文铭,安贵鑫.ERP沙盘模拟演练教程[M].北京:清华大学出版社,2010.

[13]王利平.现代企业管理基础[M].北京:中国人民大学出版社,1994.

[14]王素梅,张兴福,王跃国.企业管理概论[M].北京:机械工业出版社,2010.

[15]夏远强,叶剑明.企业管理ERP沙盘模拟教程[M].北京:电子工业出版社,2007.

[16]徐汉文,霍澜平.现代企业经营管理[M].大连:东北财经大学出版社,2005.

[17]杨湘洪.现代企业管理[M].南京:东南大学出版社,2003.

[18]尤建新.企业管理概论[M].北京:高等教育出版社,2010.

[19]于桂平.ERP沙盘模拟对抗实训教程[M].北京:北京理工大学出版社,2009.

[20]周耀烈.现代企业管理学[M].杭州:浙江人民出版社,2000.